保育における幼児間の身体による模倣

鈴 木 裕 子 著

風 間 書 房

目　　次

序章 ……………………………………………………………………………… 1

　第 1 節　問題の所在と目的 ……………………………………………… 1

　第 2 節　保育における身体による模倣研究の現状と課題 …………… 3

　第 3 節　用語の定義 ……………………………………………………… 6

　　0.3.1. 模倣研究の先駆け ……………………………………………… 6

　　0.3.2. 模倣につながる用語や概念 …………………………………… 7

　　0.3.3. 本研究の意義に結びつく視点 ………………………………… 8

　　0.3.4. 本研究における用語の定義 …………………………………… 13

　第 4 節　研究方法 ………………………………………………………… 15

　第 5 節　本研究の構成 …………………………………………………… 17

第 1 章　幼児期における身体による模倣の機能 ……………………… 25

　第 1 節　目的 ……………………………………………………………… 25

　　1.1.1. 目的 ………………………………………………………………… 25

　　1.1.2. 本章の流れ ………………………………………………………… 25

　　1.1.3. 本研究における身体表現活動の位置付けとそこでの模倣に着目する意義

　　………………………………………………………………………………… 26

　第 2 節　方法 ……………………………………………………………… 28

　　1.2.1. 事例とエピソードの収集方法 …………………………………… 28

　　1.2.2. 模倣として抽出する事例とエピソードの定義 ………………… 30

　　1.2.3. 分析方法 …………………………………………………………… 30

　第 3 節　結果：身体による模倣機能の分類 ………………………… 32

　　1.3.1. 幼児の身体表現活動で発現する模倣機能の分類 …………… 32

1.3.2. 幼児の日常生活で発現する身体による模倣機能の分類 ……………… 34

1.3.3. 保育者の記述エピソードの類型別頻度 ……………………………… 35

第4節　考察：身体による模倣機能の特徴 ……………………………… 38

1.4.1. 身体による模倣：4つの機能の特徴 ………………………………… 38

1.4.1.1. Pattern I：行為のはじめのきっかけやタイミングを求める ………… 39

1.4.1.2. Pattern II：行為をなぞらえたり，やりとりをしたりして

楽しむ（状況）………………………………… 41

1.4.1.2. i . 一緒にできる楽しさの機会が保障される ……………… 42

1.4.1.2. ii . 同調することで行為が広がる ……………………… 45

1.4.1.2. iii. まねされることで他者に関心を持つ ………………… 49

1.4.1.2. iv. まねし合うことから自己表現が息づく ……………… 54

1.4.1.2. v . 他者と行為でつながることで世界が変わる ………… 58

1.4.1.3. Pattern III：自分の行為，心情やイメージを意識する ………… 62

1.4.1.4. Pattern IV：自分にないイメージや行為のアイディアを取り込む …… 66

第5節　総括 ……………………………………………………………… 72

第2章　保育における身体活動場面での模倣の役割 ………… 77

第1節　問題と目的 ……………………………………………………… 77

2.1.1. 目的 ……………………………………………………………… 77

2.1.2. 身体活動における模倣に着目する意義 ……………………………… 78

第2節　方法 ……………………………………………………………… 81

第3節　結果：身体活動場面で発現する模倣 ……………………………… 82

2.3.1. 身体活動場面として抽出された保育者の記述エピソード ……………… 82

2.3.2. 身体活動場面への模倣機能類型の適応の是非 ……………………… 82

第4節　考察：身体活動場面での身体による模倣の役割と保育者の援助　86

2.4.1. 身体による模倣が安心感や勇気をもたらす ………………………… 87

2.4.2. 一緒にすることによって快感情が生まれる ………………………… 88

2.4.3. 他者と身体感覚を共にする ……………………………………… 90

2.4.4. 他者の能動性を受け止めて自己肯定感を高める ……………… 92

2.4.5. 他者との関係のなかで自己表現を導く ………………………… 95

2.4.6. 他者との関係のなかで新たな世界を生み出す ………………… 96

2.4.7. 他者認識を通した自己認識が自己理解を促す ………………… 98

2.4.8. 他者の感覚や意図を取り込んで自分の技能や表現を豊かにする ……… 100

2.4.9. 他者にあこがれる気持ちが挑戦する意欲を育む ……………… 102

第5節　全体的考察：流行を生み出す力 ………………………… 104

2.5.1. 身体による模倣が遊びの流行を生む ………………………… 104

2.5.2. 身体活動場面における保育者の援助 ………………………… 107

第3章　模倣された子どもを焦点とした身体による模倣 ………… 111

第1節　問題と目的 ……………………………………………… 111

3.1.1. 目的 …………………………………………………………… 111

3.1.2. 模倣された子どもに着目する動機と経緯 …………………… 111

3.1.3. 模倣された子どもに着目する意義 …………………………… 112

第2節　模倣された子どもにもたらされる身体による模倣の機能…… 116

3.2.1. 目的 …………………………………………………………… 116

3.2.2. 方法 …………………………………………………………… 116

3.2.3. 結果と考察 …………………………………………………… 117

3.2.3.1. 模倣された子どもにもたらされる身体による模倣の機能 ………… 117

3.2.3.1.ⅰ. 他者とかかわることの端緒が得られる …………………… 118

3.2.3.1.ⅱ. 他者の行為に気づき他者のイメージを認めて
新たな行為が生まれる ………………………………… 120

3.2.3.1.ⅲ. 自己の行為のイメージに気づき他者との
かかわりが広がる …………………………………… 122

3.2.3.1.ⅳ. 自己の行為のイメージに気づき行為が自覚的になる………… 123

iv

3.2.3.1.ⅴ.自己が肯定され他者に対しての

直接的な行為が生まれる ……………………… 125

第3節　身体による模倣機能が相互行為に果たす役割 ………………… 126

3.3.1. 目的 …………………………………………………………… 126

3.3.2. 方法 …………………………………………………………… 127

3.3.3. 結果と考察 …………………………………………………… 128

3.3.3.1). 複数の子ども間で異なる機能が発現し混在して

相互行為が進む ………………………………………… 128

3.3.3.2). 共に流れるような相互行為 ……………………………… 131

3.3.3.3). 途切れる ……………………………………………… 132

3.3.4. 総括 …………………………………………………………… 133

第4章　模倣されたことから広がる

子ども間の身体による相互行為の発達的特徴 ……………… 137

第1節　問題……………………………………………………………… 137

4.1.1. 目的と経緯 …………………………………………………… 137

4.1.2. 本章の構成 …………………………………………………… 138

4.1.3. 方法 …………………………………………………………… 139

4.1.4.「模倣された子どもにもたらされる身体による模倣の機能」から広がる

相互行為として収集された事例の年齢別発現数の比較 ……………… 140

第2節　模倣されたことから広がる子ども間の身体による相互行為

：3歳児と4歳児の発達的特徴 ……………………………… 141

4.2.1.「ⅰ.他者とかかわることの端緒が得られる」機能として

分類された身体による相互行為を対象として ……………………… 142

4.2.1.「ⅱ.他者の行為に気づき他者のイメージを認めて新たな行為が

生まれる」機能として分類された身体による相互行為を対象として… 144

4.2.1.「ⅲ.自己の行為のイメージに気づき他者とのかかわりが広がる」

目　次　v

　　　機能として分類された身体による相互行為を対象として …………… 148

4.2.1.「ⅳ. 自己の行為のイメージに気づき行為が自覚的になる」

　　　機能として分類された身体による相互行為を対象として …………… 151

4.2.1.「ⅴ. 自己が肯定され他者に対しての直接的な行為が生まれる」

　　　機能として分類された身体による相互行為を対象として …………… 153

4.2.2. 全体的考察 ……………………………………………………………… 156

第3節　模倣されたことから広がる子ども間の身体による相互行為

　　　：5歳児の発達的特徴…………………………………………………… 159

4.3.1. 5歳児の傾向：「模倣された子どもにもたらされる身体による模倣の

　　　機能」から広がる相互行為として収集された事例の発現数 ………… 160

4.3.2. 5歳児における模倣された子どもから広がる相互行為の特徴 ………… 163

4.3.2.ⅰ. 自己欲求を整理し自己表現の動機とする …………………………… 163

4.3.2.ⅱ. ナラティブ的思考と論理的思考が共存する ……………………… 165

4.3.2.ⅲ. 自己の意図をもち相互行為の見通しをもつ ……………………… 166

4.3.3. 5歳児において仲間間の相互行為を成立させる方略は何か ………… 168

4.3.3.ⅰ. 全体をイメージしながら他者の行為の部分を切り取って

　　　　自分の行為に取り入れる ……………………………………………… 169

4.3.3.ⅱ. 自分を客観的に捉えて，場の状況を語って仕掛ける …………… 171

4.3.4. 総括 ……………………………………………………………………… 173

第5章　幼児間の身体による模倣に関する総括的討論 ……………… 177

　第1節　結果の総括 …………………………………………………………… 177

　第2節　身体による模倣の類型化・図式化の意義……………………………… 182

　第3節　身体による模倣の力

　　　　：「まねしてもいいよ」と言える理由と援助の視点 ………… 184

　5.3.1. 他者との身体的な相互行為を活性化させる力 ……………………… 185

　　5.3.1.1). 模倣機能の多様性からうかがえる身体的な

相互行為の実相 ……………………………………… 185

5.3.1.2). 身体的な相互行為としての模倣 ……………………… 186

5.3.1.3). 援助の視点：通じ合い，「共に」を感じ合う過程を

見つめて意味付ける ……………………………… 188

5.3.2. 自己理解と他者理解を促す力 …………………………………… 190

5.3.2.1). 模倣機能別に見た自己理解と他者理解の実相 ………… 190

5.3.2.2).「模倣された子ども」という視点から捉えられた

自己理解と他者理解…………………………………… 195

5.3.2.3). 援助の視点：子どもと一緒に変わる身体を意識する ……… 200

5.3.3. 独自な表現を導く力 ……………………………………………… 202

5.3.3.1). 創造への端緒としての身体による模倣の価値の再認識………… 202

5.3.3.2). 身体による模倣が創造する世界 ……………………… 203

5.3.3.3). 援助の視点：「模倣ができる子ども」と捉える ……………… 205

第4節 「好ましくない模倣」を考える………………………………… 206

第5節 展望と課題 …………………………………………………… 209

5.5.1. 展望 ……………………………………………………………… 209

5.5.2. 今後に残された課題 ……………………………………………… 211

引用・参考文献………………………………………………………… 215

謝辞 …………………………………………………………………… 227

序　章

第1節　問題の所在と目的

　本研究の目的は，保育という場において，幼児間の身体による模倣行為の機能と役割を明らかにすることである。具体的には，幼児期の身体による模倣行為を，自己と他者がお互いに影響し合う相互行為という視点で捉え，身体による模倣の機能を明らかにし，保育の場において模倣の果たす役割を実証的に検討する。それを通して，身体による模倣が，子ども達にどのような変化をもたらし，どのような力を与えるのかを論じる。

　幼児期の模倣，特に「子どもが他者の動きをまねる」ことへの関心は，保育現場での実践や観察を中心とした身体表現や身体活動に関わる研究から生まれた。動きをまねるとは，すなわち身体による模倣行為である。身体による模倣の研究に向かう直接の動機となった事例を以下に記すところから本論を始める。

　ある保育園の身体表現活動を観察したときのことである。いろいろな動物になってみようという活動のなか，じっと皆を見つめたまま，なかなか動き出さないアキラに向けて，担任の保育者が「自分で思いつかなかったら，お友だちのまねしてもいいよ」と言葉を掛けた。直後，園長先生から「まねしてもいいなんて…。それは言わない方がよいのではないか，いや言うべきではないのではないか」という意見が発せられた。その後，園内研修でその言葉を巡り，ひとのまねをしてもいいということの意味と影響を含めて，模倣の解釈や援助方法について討議される場面に出会った。

　保育者の多くは，子ども達の生活のなかで身体による模倣が重要な意味を

2

持っていると感じられる場面に遭遇する。模倣が再現的な現象に留まらず，新たなものを作り出すための一過程であることも感覚的に了解している。また，ひととひとがお互いに影響し合う関係という視点から子どもの活動を見つめてみると，他者と身体でかかわることによって生み出される表現の豊かさに目を奪われることもある。そして，その豊かさの多くの部分を，「模倣（まねる）」，特に「身体による模倣」という行為が占めていることに気づかされる。しかし一方で，ひとのまねをすることばかりが目につく子どもがいたとしたら，保育者や大人はそれを肯定的には受け止めにくく，さらには，その子どもへの援助には戸惑いを覚える。特に幼児が，他者の行為をそっくり身体でまねしてしまう場合には，模倣への意図が感じられず，保育者は，その模倣を有益なものと捉えがたい。

　それでは，「まねしてもいいよ」と言うことに，保育者や大人がためらいを覚えるのはなぜなのだろうか。それは，これまで，模倣行為を幼児期の子どもの主要な相互行為という視点で検討し研究することが少なかったことに由来するだろう。そして，そのような視点で模倣の研究が行われてこなかった原因は，大別して以下の2点にまとめられる。

　1点目は，心理学の領域，特に発達心理学において，模倣行為を，乳児の言語獲得の機序として追究することが主流であったためである。そこでは，外的行為が発達に伴って内面化した状態を思考と呼び，思考力が形成されると身体や動きの役割が減少するという考えが一般的であった[1]。そして，模倣を個人の知的発達の機能と捉え，言語コミュニケーションが始まる時期，つまり乳児期を研究の対象としたため，幼児期を対象とする意義が認識され難かった。具体的には，模倣は発達初期の段階における知的発達の機序を示す行為とする方向性から，身振りやふりと言われる行為の発生や象徴機能の変容を追究し，延滞模倣の発現が知的能力の指標[2]となるというメカニズムに，模倣の価値を置いてきたためである[3]。

　2点目は，模倣が，美学や芸術における創造性と並行して論じられ[4,5]，

創造の過程として必要であるが，あくまでも過程に留まる行為と捉えられたことにある[6.7.8]。また，芸術の世界に限らず，近年の教育の世界では新しい価値を生み出す過程とその結果としての創造性の意義が強調され[9]，模倣は対概念にある行為と受け止められる傾向が強く[10.11]，切り捨てられてきたという見方[12]さえできる。一般的には，模倣を受動的な行為，さらには非主体的というイメージで受け止め，子どもの模倣行為を受容し難くさせたと考えられる[13]。

　以上のような背景から，現在，保育者は，幼児の模倣行為がもたらす効果を感覚的に捉えることはできても，保育という場において，子ども達に「まねしてもいいよ」と言える明確な理念を共有していないと考えられる。本研究において，相互行為としての身体による模倣の機能や役割を論じることを試みたいと考えるのは，このような理由からである。

第2節　保育における身体による模倣研究の現状と課題

　本節では，近年，保育の領域において，ひととひとの身体的なかかわりへの関心が高まっていることに注目する。

　例えば，榎沢[14]は，行動し他者や事物とかかわる「主体身体」という身体の在り方を主題とし，子ども達が相互に相手の身体の志向性を感知し相乗りすることで生き生きと遊ぶことができると説く。保育空間において身体の在り方がかかわり合いの基盤をなすことを論じている[15.16]。無藤[17.18]は，子ども達の発達が身体的な基礎を持つことを前提としたうえで，保育を「身体知の獲得」という視点で捉え，主体のこころの働きを，対象とのかかわりによる身体の動きと捉えた。そのなかで動きをまねることに着目し，子ども間の関係は身体的な動きの相互の模倣であるとし，子ども同士のやりとりが「見倣い」の過程であると述べている。その理論を受けて，ごっこ遊びのなかで「同じ動きをする」ことの解釈としての砂上ら[19.20]の視点は，身体性という

核に寄せて幼児間のコミュニケーションを捉えている点において示唆に富んでいる。そこでは，相互作用における模倣などの同型的行為の重要性が相対的に希薄になるとされる3歳以降においても，他者と同じ動きをすることが仲間意識の共有と密接にかかわることを見出している。同じ動きをすることが，個々のイメージだけでなく，他者とのイメージを共有する機能を担っているからだとする。

さらに佐伯[21]は，模倣に関連して，人間性の発達を「共感的かかわり」を軸にして考え直し，共感性の育成を提唱する。共感に必要な行為として模倣を取り上げ，相手に「なってみる」ことの重要性とそのプロセスを解いている。「横並びのまなざし[22]」という現象をきっかけに模倣が発現するのは，相互に同じことを思うことが，同じ動きを交わし合うことにつながるとしている。さらに，模倣を，他者の意図の理解の有無によって表層模倣と深層模倣に区別する。そして，意図の理解とは，置かれた状況の理解であり，従来の「心の理論」説の問題すなわち他者の心を理解することが心についての理論を獲得することと捉えた問題点を指摘している。他者の意図の理解は「他者になる」ことに始まるとした。

一方，浜田[23]，鯨岡[24]，宇田川[25]，麻生[26]は，幼児期の自閉症をはじめとした発達障害児に見られる能動と受動のやりとりの混乱を，模倣発現の不具合の様相から解釈している。身体は個別的であると同時に共同的であり，個人の内部に個と社会が二重化されていることが人間存在の根源的な両義性であると逆説的に模倣機能の社会化を説いている。模倣が，身体を媒体に社会的な相互作用を成立させ促進する役割を持つことを強調的に示している点において興味深い。なかでも宇田川[27]は，保育者としての自己が自閉的な障碍のある子どもとかかわるなかで，「共に生きる」ということはどういうことなのかを指摘している。そこでは，「共に生きる」ことを「他者の意図を共有し，協働すること」として，模倣により身体感覚を共にするということの意義を多くの事例をもとに論じている。

一方，近年の諸外国に目を向ければ，Jones[28] は，模倣の縦断的な発達調査から，模倣は，１つの根本的なメカニズムを備えた１つの行動の能力ではなく，異なるタイプの知識を組み合わせて発現する行為と報告している。また，Forman[29] は，模倣に対する親の受容的な姿勢が，初期の道徳的発達において重要であることを述べ，模倣を善悪の観念の発達のメカニズムの中心的役割と位置付けている。双子を対象とした調査を行った McEwen, et al.[30] は，親から模倣を促されて育った子どもは，言語だけでなく，ふりや社会的な洞察力のある行為の発達が促進される傾向にあることを示した。これらの研究は，模倣が乳幼児期の知的発達だけでなく，その後の人格形成にも影響を与え続けることを示唆している。

以上，保育における幼児の身体による模倣研究を通覧した。これらの先行研究では，切り込み方の違いはあっても，ひととひとの身体的な相互行為へと集束される模倣を焦点とし，子どもの生活を豊かにするための有益な視点が準備されていた。しかし現状では，身体による模倣と相互行為の関係そのものを取り上げた研究は少なく，幼児の相互行為としての一連の文脈に発現する身体による模倣行為それ自体の機能や役割にまで踏み込んだ研究は，ほとんど行われていない。また，幼児期，特に保育という場における実証的な研究が少ないこともうかがえた。その少ないなかで，奥[31] は，幼児の描画過程における模倣について，描画に向かうための自己解決への道という効果を指摘し，保育者が肯定的なスキルとして模倣を認めるための視点を提供している。しかし描画の特性として，そこでの模倣はあくまでも視覚的な情報摂取が中心であり，紙面に描かれるものを媒体としている。したがって，模倣の効果を，創造やオリジナルへの契機として保育者の視点で再構築するに留まっており，ひととひとの相互行為として捉えるには充分ではなかった。

現時点では，保育の場において，模倣より創造の方がすばらしいという感覚的な了解を超えるだけの模倣行為の持つ力が見つかっていない。換言すれば，模倣の仕方や模倣の見方を正面から考えることがなかったため，保育内

6

容に還元される手がかりが得られていない。そのためには，幼児期における相互行為としての身体による模倣の構造，例えば誰と誰のかかわりがどのような相互行為に影響し，どのようなプロセスや機能があり，何が得られるのかなどを具体的に明らかにすることが求められる。その際には，保育の場において保育者の保育行為に及ぼす影響を視野に入れた考察を進めることが重要となるだろう。それによって，身体による模倣が豊かに機能するような環境や支援を探究することができると考えられる。

第3節　用語の定義

0.3.1.　模倣研究の先駆け

本研究における「身体による模倣」を定義する前提として，模倣発達研究の学問的な先駆けであるピアジェ論（Jean Piaget, 1896~1980）とワロン論（Henri Wallon, 1879~1962）[32] について触れておこう。

模倣の発達を最初に体系付けたのがピアジェであることに異論はないであろう[33]。ピアジェは，模倣を同化（assimilation），つまり外的対象を内にあるものに適応させるのではなく，内側にあるものを外的対象によって変更する面が強い行為（シェム）であるとした[34]。同時に，同化の行為を修正するための調節（accommodation）を伴うとしている。例えば，活動において同化が調節を上回ると，その行為は遊びとなり，調節が同化を上回ると模倣となり，両者が均衡しているときは知的行為となる。知能の発達が進み，思考が内面化すると，模倣はその役割を終えると解釈される。

浜田[35,36] は，このようなピアジェの理論に対して，対物行動と対人行動の差異が看過され，特に感覚運動期（生後から2歳頃まで）の模倣行動に関しては，対人行動との関係が無視されていることを指摘している。ピアジェ論が対物行動と対人行動の差異を看過したと指摘されるのは，その後のワロン論が，関係論的視点を包括した発達論を展開していると評価されたという背景

もある[37]。模倣には知覚と運動を媒介する表象の操作が伴うとされ，幼児期の模倣発現として，社会的側面や認知的側面を内包した多様な要因の関与を示している。

このように幼児期の模倣研究は，ピアジェに始まった個としての発達的な視点を超えて，ワロンにおいて転換し他者との身体を媒体とした相互行為への関心へと移行している。

一方，ワロン論が本研究に示唆する点は，その身体観にもある。ワロンは，ひとや物とのかかわりのなかで周囲を変化させる機能として身体を位置付けている。しかし，ワロン論が難解であるため，ワロン論に依拠した身体による模倣研究は少ない。名須川[38, 39]が，ワロンの身振りによる模倣を保育の場に照らして，子どもの身体表現における現れを考察し，模倣が間身体による共同世界を構築する役割を果たし重要なコミュニケーション力になっていることを具体的に描き出している研究が，わずかに見られるのみである。

0.3.2. 模倣につながる用語や概念

本節では，本研究における「身体による模倣」を定義するために，模倣につながる用語や概念を整理する。

模倣を扱った主だった研究を探索すると，発達心理学，社会心理学，文化人類学，療育[註0-1]，ヒューマンインターフェース分野[註0-2]など多岐にわたり，そこでは模倣という概念を広く包括する現象が様々に見られた。すべてを網

註0-1，療育
　　療育は，発達障害のある子どもの機能を高め社会的自立生活に向けて援助することとされる。本研究では，特に障害児保育の周辺を中心に捉えた。

註0-2，ヒューマンインターフェース
　　ヒューマンインターフェース（Human Interface）とは，人間と人間の周りの様々な機械・機器との間で情報をうまくやりとりできるように，人間の特性を応用していこうとする技術である。コンピュータなどの情報機器と人間との対話，いろいろな表示や標識，バーチャルリアリティ（人工現実感）の実現，さらには人間をとりまく情報環境を人間の特性に合わせて創造していこうという考え方をもとにした人と技術のかかわりに関する総合的な学術分野である。（特定非営利活動法人　ヒューマンインタフェース学会）

8

羅するとなると，その作業は心理学分野に限ったとしても膨大である。本研究の目的は，相互行為としての身体による模倣の実証的な検討であるため，ここでは，相互行為，身体，に関連付けられる用語や概念を取り上げ，特にそれらの用語や概念を扱った先行研究をもとに整理する。

　対象とした用語・概念は，「ふり（フリ）」「同化／同化行動」「同期」「同調／同調行動」「エントレインメント／引きこみ」「成り込み」「共鳴」「共振」である。それらの用語・概念について，先行研究における諸理論からまとめられた「定義」とあわせ，特に本研究に関連する「身体の捉え方，身体との関係」，「他者との関係」という視座から整理し，表0-1に記す。

　なお，それぞれの用語や概念については，後章の考察において再び取り上げて特質を述べるため，本節では，本研究における「身体による模倣」の定義のための背景として整理し提示するに留める。

　いずれの用語や概念からも，模倣を身体による相互行為として意味付けられることが示唆された。「身体」という視点では，ひととひとの相互行為が，模倣による身体のかかわりあいに由来することを浮き彫りにしていた。また「他者との関係」という視点では，模倣が相互行為としての意味を有する可能性を説き，最終的に，ひとが社会的な存在であることを説いていた。

0.3.3. 本研究の意義に結びつく視点

　上述した模倣につながる用語や概念から，本研究の意義に結びつく視点は，以下の4点にまとめられる。

　第1に，特に発達心理学の領域を対象として，模倣は発達初期に留まらず言語を獲得しても続き，ひとのコミュニケーションの重要な部分を担う行為という方向性が浮かびあがった。このことは，本研究の意義に深く関連すると思われる。近年，乳幼児期では，模倣を身振りによる情報の伝達としての非言語コミュニケーションという概念を超えて，「ふり」などの象徴機能の形成に大きな関心が払われていた。

序　章　9

表0-1　本研究における「身体による模倣」につながる用語や概念の整理

用語・概念 ／本表をまとめる際に用いた引用・参考文献	定　義	身体の捉え方 身体との関係	他者との関係	扱われている主な領域 本論文において主に扱う章
ふり [40, 41, 42, 43, 44, 45, 46, 47] （フリ）	・ひとの内部の外部化である。 ・手本やそれを写す行為との一致や同型でなく，ズレの認識が存在する現象である。	・表情，身振り，しぐさ，言葉づかいによって現れる内部と外部との通路として身体が存在する。	・他者に意味を提供し，他者との関係のなかに，自己を生み出す現象である。	発達心理学 第5章第1節
同化 [48, 49, 50, 51, 52] assimilation 同化行動 assimilative-behavior	・モデルの動機，感情や状況，社会的な意味への配慮が少なく，社会的な意識性を欠く無意図的な行動である。 ・生後間もない段階（ほぼ感覚運動期に該当する生後2ヶ月目ころから3歳以前頃まで）に生起する機制であり，成人においても，その生起が認められる。	・他者の動きに対してつられる，うつるという状態をつくりだす媒体が身体である。	・他者理解（感情伝播や感情的共感）のための反射的で無意図的な行動である。 ・対人コミュニケーションにおける二者間の関係の非言語的なメッセージである。	社会心理学 第1章第1節 第1章第4節 第5章第5節
同調 [53, 54, 55, 56, 57] synchrony	・個人の考えや感情を，相手に伝えることではなく，かかわりを持つ人々を含みながら一定のパターンのなかで展開される社会的行動である。 ・聞き手が，話し手の発話の音程，音節，あるいは語にきわめて正確に合わせて動く現象である。 ・周期が一致する。	・相互行為過程での様々な現象が身体動作として現れる。	・人間の生得的な社会性を実証する行動である。 ・大人同士にも起こる。	発達心理学 文化人類学 他，広く用いられる。 第1章第4節 第2章第3節 第3章第2節 第4章第2節 第5章第4節

同調 [58,59,60,61,62,63,64,65] 同調行動 synchronization sympathize conformity behavior, conforming behavior	・自分の行動を他者の言動に合わせたり近づけたりすることである。 ・広義には，個人が他者と同様な態度や言動をとるあらゆる場合を指す。 ・狭義には，個人が集団や他者の設定する基準や社会的な規範，期待に沿って行動を変化させ，一致行動をとることを指す。	・同調した身体の動きは人間の相互行為の基本である。 ・身体の動きの起こり方の形式から同型的同調と応答的同調に分けられる。	・他者との関係において一種の感応や共振が起こる。 ・同調を繰り返すことで，他者と共感的相互行為を成立させる。	文化人類学 社会心理学 哲学 第1章第4節 第3章第2節 第4章第2節 第5章第2節 第5章第3節
エントレインメント [66,67,68,69,70,71] 引きこみ entrainment	・発達段階（乳児期）における乳児期の母子相互の働きかけを指す。 ・同調，相互作用と同義でもある。	・話し言葉（音声言語）に対して，手の動きや身ぶり，表情など体の動き（行動言語）のリズムが引きこまれるように同調する。 ・生体リズムが相互に同期化する現象である。	・言葉のリズムと身体のリズムを同調させることによって，母と子の間には独特なコミュニケーションの場ができる。 ・人間のコミュニケーションのはじまりと考えられる。	発達心理学 ヒューマンインターフェース分野
成り込み [72,73]	・乳児が自己調整を獲得する過程で生じる。 ・母親は，子どもの無志向的な情動表出を間主観的に理解し，その上で母親自身が乳児の自己となり，乳児に起こるはずの行為を自ら先取りする。そこに乳児が引き込まれ，乳児の側に母親の意図した行動が浸透していく様子。	・身体は，能動性と受動性の両義性を併せ持ち，他者との一体化を生み出す媒体である。 ・自分の気持ちを相手の身体に届け，その身体に自分の身体を合体させる。 ・養育者の行為に子どもが引き込まれ，養育者に合体する行為が模倣的な行為である。	・一緒に満足感を共有することが原初的コミュニケーションの根底的な構造である。 ・主体が相手の身体の位置に我が身を重ね，そこで相手の身体を生きるという事態を「成り込み」とする。	発達心理学

共振[74, 75, 76, 77, 78, 79, 80] sympathetic	・異なる身体同士が相互に能動性と受動性を発揮することで発現する心理的な一体感を伴う身体的な同期の状況である。	・身体は，言葉にする前の，あるいは言葉にならないやりとりを感じとる媒体である。	・身体と身体の共振とは間身体のコミュニケーションである。 ・幼児は共振動作を交換することによって，模倣行為をしている主体としての自己と観察される模倣の背後にある他者を知る。 ・幼児の遊びの成立や発展に影響を及ぼす。	文化人類学 発達心理学 哲　学
				第2章第1節 第3章第1節 第5章第2節
共鳴[81, 82, 83, 84] sympathetic resonance	・身体が自然に他者と同じ型をとる。 ・異なる身体同士の心理的な一体感を伴う身体的な同期，特に音声やリズムの同期である。 ・模倣意図の有無によって，模倣と区別する場合がある。	・身体は，外と内を響き合わせ，自己と他者が混じり合うための媒体である。	・共鳴は模倣や共振りの発生の根っこである。 ・ひとは生涯にわたり響き合いうたう関係を持つ。 ・同じリズムに振動する同じような感覚を備えた身体を持つことが，コミュニケーションの基盤になる。	発達心理学 文化人類学 哲　学
				第3章第1節

　さらには，他者との交流のなかでの「共振」，「共鳴」などの身体が応答し合う現象に焦点が当てられ，育児者の音声言語に対して，乳児が「ひきこみ」・「エントレインメント」という「同調現象」や，「成り込み」という「同化行動」を用いて，無意識に他者をまねるという様相が語られ始めていた。その背景には，乳児が身体を通した他者との相互行為をもとに関係をつくりだす能力を持った主体的な存在であるという考えが見られる。そこでは，模倣は，身体同士が無意識的にあるいは意識的に同じような姿形をとってしまう同型性と，相手の身体と自分の身体の間で能動と受動をやりとりする相補性という2つの概念のもとに，ひとが身体を持って生きるゆえの本源

12

的共同性を示す具体的な現象と捉えられていた[85]。

　第2に，特に社会心理学の領域では，乳児期に見られる本源的に備わっている模倣的な行為は，同型性を礎として，幼児期以降には徐々に意図的な模倣が組み立てられ，大人になっても様々な形態で発現すると考えられていた[86]。また，成人の対人的行動や集団行動の文脈における「同化行動」を，無意図的模倣と意図的模倣に分け，個人の発達的側面を超えた社会的影響過程の一形態として描き出し，子ども，大人を問わず円滑な対人関係の礎石となることを明らかにしようとしていた[87]。このことは，模倣がひととひとの相互行為に果たす役割が生涯にわたって続くことを示していた。

　第3に，特に哲学の領域では，他者との関係において，「身（み）」や「身体」の果たす役割にかかわる思索を中心として模倣につながる現象を説いていた。「同調」，「共振」，なぞりの現象に拡大して論じられ，身体性の本質は他者とのかかわりにこそ存在し，模倣という身体性がそれをつないでいることを浮かび上がらせていた。「同調」について，人の身になることで，他者との共感を築く前段階として必須な経験と意義付けている点[88]は，身体的な相互行為として模倣を捉える意義を語る論拠となった。また幼児期における「同調」による身体の相互行為は，言語を獲得した児童期以降にも有益であり，そのことを身体のコミュニケーションの育成という視座から提唱している点は，保育という場に還元される議論として認められる。

　第4に，模倣を社会的な相互行為と位置付ける理論が実相として解かれていた。文化人類学では，非言語コミュニケーションに関心を持ち，言葉以上に身体の果たす役割の解明に独特な切り込みを行うことで，現代社会の状況の対極から問題を投げかけていた。それは，言語を多く持たないアフリカ各地の民族の生活に入り込み，身体の「同調」，「共振」，「身振り」といった現象を説くことで，身体的なコミュニケーションの本質的な姿を捉えようとするものであった。さらに，保育とは全く異質と思われる分野，人間が機械と交わりやすくするための技術を開発するヒューマンインターフェースという

分野においても，ひととひとのこころが通う状態を様々な身体感覚から解明しようとすることに専らの関心が置かれていた。これらの研究は，模倣行為を通して，こころと結びついた身体の在り様を探ることが，ひととひとの相互行為の在り方を明らかにすることになるという意義を示唆している。

本節で通覧した諸研究は，必ずしも幼児に定位している訳ではない。しかしながら，これらの研究より提起されている視点は，子どもの身体による相互行為としての模倣を解明する上において有意義であると思われる。幼児期の「身体による模倣」の機能を明らかにし，保育という営みのなかで果たす役割を実証的に検討しようとする本研究に広い視野をもたらした。

0.3.4. 本研究における用語の定義

模倣に通じる用語や概念の整理とその全体的な考察を経て，本研究における用語を定義する。

本研究における「身体による模倣」は「ある子ども（模倣する子ども）に，他者・他児（模倣された子ども）と同一の行動または類似した動きが身体に現れた現象であり，かつ模倣された行動と模倣する子どもの模倣行動が比較的短時間の間隔で見られ，一連の文脈として捉えられる現象」と操作的に定義する。広義には，その場にない対象を思い描いて表す延滞模倣をより創造的な模倣とする解釈もあるが，本研究では，「模倣対象として他者・他児（模倣された子ども）の身体に起こる動きや行為がある程度確認でき，模倣する子どもと模倣される他者・他児との間に何らかの一致が見られる状況」と解釈できることを条件とした。したがって本研究で取り上げる「身体による模倣」は，共鳴や共振という無意識的な身体相互のやりとりというよりも，複数の幼児間に起こるまとまりのある行為としての模倣である。それは，共振や共鳴に比して本人にとって，その行為を自覚できる部分もあるが，その場合でも行為の発現の段階において意識的か無意識的かを完全に分離することは困難[89]であると考えられる。

14

　なお，本論文において，「模倣」を「まね」と表記する場合もあるが，両語は同義に扱う。「まね」は，「まねする」「まねしないでよ」「まねっこしよう」などの口語的な場面での文脈としての自然さのために，また保育者の記述においては原文を尊重するために用いる。

　また，模倣に近い用語として「モデリング」がある。Bandura[90,91]は，学習者自らは経験せずに，他者の行動を観察することによって成立する学習を観察学習と称し，報酬や試行錯誤なしに他者の行動の観察のみにより行動が習得されることをモデリングと呼んでいる。Rachman[92]は，模倣は，他者や動物の行動，あるいは無生物（例えば音）の状態などを観察した結果として獲得した行動の変化を意味し，観察した事柄や観察した経験との類似性に特徴付けられるとする。しかも，模倣が，その事柄や経験に似せようとする意図的な努力がされていることが多いのに対して，モデリングは，社会的模倣の意味に用いられ，模倣と観察学習の両方の下位分類となるが同義語ではないとしている。一方で研究の施行上，観察学習過程を記述するために，モデリング，模倣，同一視，代理学習，社会的学習，役割演技等といった用語を各々の研究者が使っているが，それらは本質的には同一の行動過程を述べているという考え方も見られる[93]。そこで本研究では，模倣とモデリングは，互換性の強い用語であると位置付けるが，その意味を区別して用いることはかえって混乱を招くと考え，「モデリング」の用語は用いないものとした。

　「からだ」の表記については，同様に口語場面あるいは保育者記述の原文尊重として用いる場合もあるが，柴[94]の「精神も身体もすべてひっくるめた，心身一如のからだを『まるごとのからだ』と呼んでいるが，それを『からだ』と表記する。『まるごとの』とは，そのひとの全存在をかけてという意味をこめた強調した言い回しである」という論に依拠し，「からだ」を概念的表記とし，「身体」と使い分けて用いる場合もある。それは，佐々木[95]の「フィジカル（医学・生理学的な身体），メタフィジカル（哲学的思索として

の身体論）の間ぐらいに位置する『からだ』」の定義にも依る。これに対して，「身体」は生理学・解剖学・物理学的な機能としての意味合いを強調した語と捉える。また，本論文では「人」は「ひと」，「関わる」は「かかわる」と統一して表記することとする。

さらに「相互行為」を，「自己と他者が相互に能動性と受動性を発揮してかかわる様相」と捉える。換言すれば，自己と他者との関係性において身体の働きや作用が互いに把握でき共有できる行為である。幼児期の相互行為は「身体による相互行為」と称するまでもなく，身体と身体の体験によって成立する現象である。このような身体性の視座を基軸とし，「身体による（起こる）」とは，身体から発する多様なシグナルを総称し，身体の動作，運動のみでなく，表情，発する言葉や口調，歌うことなどを含めて「周囲や他者にかかわる主体としての身体全体が為す現象」と位置づける。したがって「身体による（起こる）」は，「身体的」と置き換えて用いる場合もある。また，相互行為とコミュニケーションは本研究においては，ほぼ同義的に扱い，「コミュニケーション力」を「ひとがひとを分かり，分かり合う営みに必要な力」と定義する。

本研究で用いる「保育」とは，乳児や幼児に対する教育すなわち「幼児教育」と同義的に用いる。厳密に言えば，保育所と幼稚園との違いがあるが，そこでの子どもを理解する保育の理念は概ね共通していると考えられる。本研究における「保育」は，保育所と幼稚園における子どもと保育者の営みを包括した用語とする。

第 4 節　研究方法

本研究の目的は，保育における幼児の身体による模倣行為の機能や役割を明らかにすることである。そのために，本研究では，観察によって得られた事例や，調査によって収集されたエピソードの解釈に基づく質的な研究方法

によって考察を進める。ひととひとの相互行為を見るためには，できるだけ自然な子どもの生活の流れのなかで，事象を検討することが有効という意図に基づいている。

　乳幼児を対象にした模倣研究が多く行われてきた発達心理学領域では，そのほとんどが実験的状況のなかで標準的な子どもの姿を捉えるという方法をとってきた。自然な場面での子ども相互の模倣を観察した研究は海外にわずかに見られるのみである[96,97]。しかし近年，赤ちゃんである我が子ひとりの日常を見つめ続けるという方法に関心が集まり[98,99]，模倣行為を捉える新たな視点が生まれた[100]。それは観察者自身が自分の言葉を用い，そこに感情をも絡ませて発する語りに徹底的に着目していくアプローチであり質的な研究とされる[101]。保育・教育という営みでは，共通性や普遍性と同時に，一回性や多様性を重視しなくてはならず，それらを量的に捉えることは不可能である。それと同時に，そこでの活動がもたらす要因に関する仮説生成や検証において，質的な記述に基づく検討は，量の追究に対するアンチテーゼに終わらない有効性が認められている[102]。さらに，幼児の身体の非言語的な表出は，現れた文脈を含んで理解するべきであり，それらの研究は，仮説検証よりも現象の分析と論証を目的とするため，事例の解釈が有効とされる[103]。

　また，本研究においては対象に生じる現象を研究者にとって都合のよい部分だけ収集するのではなく，まず全体を捉えたうえで焦点を絞り込む方法が有効と考えられた。そこで，本研究では，データの質を確かにするために，2つの方向から考察を進めた。1つは筆者の観察事例の解釈である。ここでは，「あるがまま」[104]の事例の解釈を深めることに努めて考察を進めた。もう一方は保育者の記述エピソードをもとにした。保育者の記述は，筆者が直接見聞きしたり，聞き取ったりしたエピソードではないため，内容を深く省察することには限界がある。しかしながら，その場面や内容の広さに関心を置くことで，観察事例によって得られた結果の裏付けには有効と考えた。観

察エピソードの解釈では厚さを意識し，保育者の記述分析では幅広さを重視し，双方を批判的に内省しながら模倣の機能と役割を検討していきたいと考える。実践の場と研究を結びつけ，双方にフィードバックさせることを願うものである。

第5節　本研究の構成

　本論文は，序章を含む以下，全6章からなる。

　序章は，問題の所在と目的で始まる。次いで，模倣につながる用語や概念の整理を行いながら，幼児期の模倣を身体の相互行為として考察する背景としての知見を俯瞰する。それによって「身体による模倣」が保育という場においてどのような課題を持っているのかを焦点化した。

　第1章では，「幼児期における身体による模倣の機能」を分析考察する。その手がかりとして相互行為としての模倣の機能を分類し，その機能を命名することを試みる。はじめに幼児の身体表現活動における他者との相互行為が展開する場面に着目し，身体による模倣はどのような働きをしているのかを考察し，模倣機能として分類を試みる。その後，保育者が記述したエピソードをもとに，幼児の日常生活において，その分類が適応できるかを検討し，身体による模倣機能の特徴を明らかにする。

　続く第2章は，「保育における身体活動場面での模倣の役割」である。身体表現活動，運動遊びなどの身体活動場面を対象として，子ども達にとって模倣はどのような役割を果たしているのかを実証する。その際，第1章で明らかにした身体による模倣機能の類型をもとに事例を分類し，そこで子どもに何が起こっているのかを省察し，同時に，保育者の援助の在り方を検討する。

　第3章では，「模倣された子どもを焦点とした身体による模倣」を追究する。第1章において，子どもにとっての他者にまねされることは，相互行

為として模倣を捉えるなかで大きな意義を持つことが示唆されたため，「模倣された子ども」の姿を焦点化し，模倣されることによってもたらされる機能を明らかにする。

続く第4章では，模倣された子どもにもたらされる身体による模倣の機能が，身体による相互行為に及ぼす要因を検討する。特に，「模倣されたことから広がる子ども間の身体による相互行為の3歳児，4歳児，5歳児の発達的特徴」を明らかにする。

第5章は，「幼児間の身体による模倣に関する総括的討論」である。それまでの章で得られた結果と考察に基づき，幼児期における模倣の持つ力について，他領域の身体による模倣につながる論考とのかかわりを背景として総括的に論じる。さらに，保育現場における保育者の保育行為に及ぼす影響や意義を整理し，保育者の援助に求められる視点を論述する。本研究で得られた知見からの保育への提言と展望，今後の課題で結ぶ。

引用・参考文献

[1] 佐伯胖（1987）補稿，なぜ，今「わざ」か，生田久美子，「わざ」から知る，東京大学出版会，150

[2] 内藤哲雄（2001）無意図的模倣の発達社会心理学：同化行動の理論と社会心理学，ナカニシヤ出版，54-56

[3] 鈴木裕子（2007）身体的コミュニケーションとしての模倣に関する論考，名古屋柳城短期大学研究紀要，29，119-133

[4] Lukacs,G.，城塚登，高弊秀和訳（1979）芸術の哲学，紀伊國屋書店，51-195

[5] 木幡順三（1980）美と芸術の論理，勁草書房，171-175

[6] 村上隆夫（1998）模倣論序説，未来社，5-21

[7] 竹宮惠子（2003）模倣が育てる創造の土壌，山田奨治編，模倣と創造のダイナミズム，勉誠出版，17-48

[8] 内田伸子（1994）想像力，講談社，7-10

[9] Sike, G. B.，岡田陽・高橋孝一訳（1973）子供のための創造教育，玉川大学出版部，6-7

[10] 佐藤学（1995）「表現」の教育から「表現者」の教育へ，佐伯胖・藤田英典・佐藤

序　章　19

学編，表現者として育つ，東京大学出版会，221-238

[11] 板倉聖宣（1978）模倣と創造，仮説社，61-76

[12] 松岡心平（1995）芸の伝承：想像力の共同体，佐伯胖・藤田英典・佐藤学編，表現者として育つ，東京大学出版会，159-192

[13] 古市久子・横山勝彦（1996）身体学習における『模倣』の構造：幼児教育と武道の技能獲得過程の類似点を通して，大阪教育大学紀要第Ⅳ部門，45(1)，59-72

[14] 榎沢良彦（1997）園生活における身体の在り方：主体身体の視座からの子どもと保育者の行動の考察，保育学研究，35(2)，258-265

[15] 榎沢良彦（1998）子どもの行動空間と身体性：生きられる空間の視座からの子どもの行動の解釈，保育学研究，36(2)，177-184

[16] 榎沢良彦（2004）生きられる保育空間：子どもと保育者の空間体験の解明，学文社

[17] 無藤隆（1997）協同するからだとことば，金子書房，161-176

[18] 無藤隆（1996）身体知の獲得としての保育，保育学研究，34(2)，144-151

[19] 砂上史子（2000）ごっこ遊びにおける身体とイメージ：イメージ共有として他者と同じ動きをすること，保育学研究，38(2)，177-184

[20] 砂上史子・無藤隆（2002）幼児の遊びにおける場の共有と身体の動き，保育学研究，40(1)，64-74

[21] 佐伯胖（2008）模倣の発達とその意味，保育学研究，46(2)，347-357

[22] 佐伯胖（2007）共感：育ち合う保育のなかで，ミネルヴァ書房，1-37

[23] 浜田寿美男（1998）私のなかの他者，金子書房，53-99

[24] 鯨岡峻（2006）ひとがひとをわかるということ，ミネルヴァ書房，266-275

[25] 宇田川久美子（2004）「自閉症児の心の世界」への参入と統合保育における共生の可能性：「モノ的世界」と「ヒト的世界」の橋渡しを手がかりにして，保育学研究，42(1)，59-70

[26] 麻生武（2003）ことばの背景としてのからだ，麻生武，浜田寿美男編，からだとことばをつなぐもの，ミネルヴァ書房，51-68

[27] 宇田川久美子（2008）障碍児と「共に生きる」保育：自閉傾向のある子どもとのかかわりを通して，青山学院大学大学院文学研究科博士論文（未刊行）

[28] Jones, Susan S. (2007) Imitation in infancy：The development of mimicry, *Psychological Science*, 18(7), 593-599

[29] Forman, D. R., Aksan, N., & Kochanska, G. (2004) Toddlers' responsive imitation predicts preschool-age conscience, *Psychological Science*, 15(10), 699-704

[30] McEwen, F., Happe, F., Bolton, P., Rijsdijk, F., Ronald, A., Dworzynski, K., & Plo-

min, R.（2007）Origins of individual differences in imitation-links with language, pretend play, and socially insightful behavior in two-year-old twins, *Child Development,* 78（2），474-492

31　奥美佐子（2004）幼児の描画過程における模倣の効果，保育学研究，42（2），163-174

32　浜田寿美男訳編（1983）ワロン／身体・自我・社会，ミネルヴァ書房

33　Piaget, J.，大伴茂訳（1968）模倣の心理学，黎明書房

34　Piaget, J.，中垣啓訳（2007）ピアジェに学ぶ認知発達の科学，北大路書房

35　浜田寿美男（1994）ピアジェとワロン：個的発想と類的発想，ミネルヴァ書房

36　浜田寿美男（2002）身体から表象へ，ミネルヴァ書房，59-76

37　前掲32

38　名須川知子（2006）保育内容「表現」論，ミネルヴァ書房，111-125

39　名須川知子（1997）幼児前期の身体から派生する表現活動に関する研究，兵庫教育大学研究紀要，17（1），115-122

40　麻生武（1996）ファンタジーと現実，金子書房

41　麻生武（1997）乳幼児期の"ふり"の発達と心の理解，心理学評論，40（1），41-56

42　岡本夏木（2005）幼児期：子どもは世界をどうつかむか，岩波書店，85-91

43　高橋たまき（1998）ふり遊びにおけるメタ・コミュニケーション能力の発達，科学研究費補助金成果報告

44　石田春夫（1989）「ふり」の自己分析：他者と根源自己，講談社

45　井上洋平（2007）幼児期におけるふり行動の発達的研究：ふり行動の二重性に関する一考察，立命館産業社会論集，43（1），77-93

46　関根和生（2008）自発的身振りの発達に関する心理学的研究の展望：幼児期の変化を中心に，教育心理学研究，56（3），440-453

47　藤井美保子（1999）コミュニケーションにおける身振りの役割：発話と身振りの発達的検討，教育心理学研究，47（1），87-96

48　前掲2

49　岸太一（2003）感情的共感と同化行動に関する研究，早稲田大学大学院人間科学研究科博士論文（未刊行）

50　Bates, L. E.（1975）Effects of a child's imitation versus nonimitation on adult's verbal and nonverbal positivity, *Jounal of Personality and social Phychology,* 31, 840-851

51　池上貴美子（1998）早期乳児の顔の模倣の発生的機序に関する研究，風間書房

序　章　21

52 市川浩（1975）精神としての身体，勁草書房，228

53 佐藤眞子（1996）乳幼児期の人間関係，人間関係の発達心理学2，培風館

54 Condon, W. S., & Sander, L. W. (1974) Synchrony demonstrated between movements of the neonate and adult speech, *Child Development*, 45, 456-462

55 今村薫（1996）同調行動の諸相：ブッシュマンの日常生活から，菅原和孝・野村雅一編，コミュニケーションとしての身体，大修館書店，76-82

56 前掲46，440-453

57 正高信男（2001）子どもはことばをからだで覚える，中公新書，76-79

58 前掲2

59 市川浩（1975）精神としての身体，勁草書房

60 市川浩（1985）＜身＞の構造：身体論を超えて，青土社

61 鷲田清一（1998）悲鳴をあげる身体，PHP研究所

62 鷲田清一（2005）表象としての身体，大修館書店

63 北村光二（1996）身体的コミュニケーションにおける「共同の現在」の経験：トゥルカナの「交渉」的コミュニケーション，菅原和孝・野村雅一編，コミュニケーションとしての身体，大修館書店，288-315

64 前掲49

65 前掲55，75-76

66 小林登（2000）育つ育てるふれあいの子育て，風濤社

67 渡辺富夫（2005）身ぶりは口ほどにものを言う，長尾真編，ヒューマン・インフォマティクス，工作舎，85-104

68 渡辺富夫（1985）成人間コミュニケーションにおけるエントレインメント（音声‐体動同期現象）の分析，情報処理学会論文誌，26(2)，272-277

69 生田久美子（1987）「わざ」から知る，東京大学出版会，77-82

70 小林登（2008）胎児・新生児の「動き」から「心と体」の関係を考える：母子間のエントレインメントも含めて，人体科学，17(1)，1-8

71 渡辺富夫（1999）エントレインメントと親子の絆，正高信男編，赤ちゃんの認識世界，ミネルヴァ書房

72 鯨岡峻（1997）原初的コミュニケーションの諸相，ミネルヴァ書房，103-117

73 前掲24

74 前掲55

75 菅原和孝（1996）ひとつの声で語ること：身体とことばの「同時性」をめぐって，菅原和孝・野村雅一編，コミュニケーションとしての身体，大修館書店，246-287

76 北村光二（1996）身体的コミュニケーションにおける「共同の現在」の経験：トゥルカナの「交渉」的コミュニケーション，菅原和孝・野村雅一編，コミュニケーションとしての身体，大修館書店，288-315

77 西洋子（2002）身体によるインタラクティブなコミュニケーション，神戸大学大学院人間科学研究科博士論文（未刊行），14

78 井上知香（2008）共振的かかわりにみる保育者の身体的応答性：「揺らぎ」と「揺るぎなさ」の存在，人間文化創成科学論叢，11，349-357

79 森司朗（1999）幼児の「からだ」の共振に関して：対人関係的自己の観点から，保育学研究，37(2)，152-158

80 千葉浩彦（1990）むかう感情・ゆれる感情，佐伯胖・佐々木正人編，アクティブ・マインド：人間は動きのなかで考える，東京大学出版会，128-140

81 やまだようこ（1996）共鳴してうたうこと・自身の声がうまれること，菅原和孝・野村雅一編，コミュニケーションとしての身体，大修館書店，40-70

82 やまだようこ（1987）ことばの前のことば，新曜社

83 増山真緒子（1991）表情する世界＝共同主観性の心理学，新曜社，119-135

84 前掲36，76-82

85 浜田寿美男（1999）「私」とは何か，講談社選書メチエ，108-109

86 前掲2

87 前掲49

88 前掲59，52-58

89 横山滋（1991）模倣の社会学，丸善ライブラリー，8-12

90 Bandura, A., 原野広太郎訳（1979）社会的学習理論：人間理解と教育の基礎，金子書房

91 Bandura, A., 原野広太郎訳（1975）モデリングの心理学：観察学習の理論と方法，金子書房

92 Rachman, S. (1997) The best of behaviour research and therapy, *Elsevier Science*

93 Wehman, P. (1977) Imitation as a facilitator of treatment for the mentally retarded, 田嶋善郎訳，精神薄弱児指導における模倣学習，リハビリテーション研究，25，2-10

94 柴真理子（1993）身体表現：からだ・感じて・生きる，東京書籍，まえがき・57-71

95 佐々木正人（1987）からだ：認識の原点，東京大学出版会，vii-x

96 Nadel-Brulfert, J., Baudonniere, P.M.E. (1982) The social function of reciprocal

imitation in 2-year-old peers, *International Journal of Behavioral Development*, 5,
95-109

[97] Grusec, J. E., Abramovitch, R. (1982) Imitation of peers and adults in a natural
setting : A functional analysis, *Child Development*, 53 (3), 636-642

[98] 麻生武 (1992) 身ぶりからことばへ，新曜社

[99] 前掲81

[100] Meltzoff, A. N., Moore, M.K. (1977) Imitation of facial and manual gestures by hu-
man neonates, *Science, New Series*, 198 (4312), 75-78

[101] 遠藤利彦 (2007) 第1章イントロダクション：「質的研究という思考法」に親しも
う，遠藤利彦・坂上裕子編，はじめての質的研究法，東京図書，19

[102] 中澤潤 (2006) 発達研究における量的なアプローチ・質的なアプローチ，発達，27
(105)，2-9

[103] 前掲19，177-184

[104] 鯨岡峻・鯨岡和子 (2007) 保育のためのエピソード記述入門，ミネルヴァ書房，
7-8

第1章　幼児期における身体による模倣の機能

第1節　目的

1.1.1.　目的
　本章の目的は，幼児期における身体による模倣の機能を検討することである。その手がかりとして相互行為としての模倣の機能の分類を試み，各機能の特徴を考察する。

1.1.2.　本章の流れ
　本章における考察の流れを図1-1に示す。

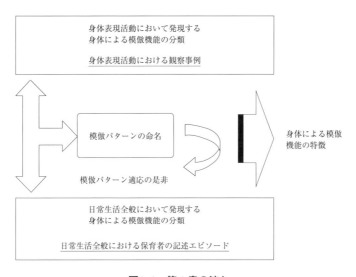

図1-1　第1章の流れ

初めに，幼児の身体表現活動において他者との相互行為が展開される場面に着目し，身体による模倣がどのような働きをしているのかを考察する。その考察をもとに，模倣機能としての分類を試みる。

身体表現活動を対象とする理由は，身体や運動という媒体が強調される活動であるために，身体的な相互行為における典型性の高い模倣機能として解釈できると考えられたためである。

また，続いて，幼児の日常生活において，その分類が適応できるかの検討を通して，身体による模倣機能の特徴を明らかにする。ここでは，保育者による記述エピソードをもとに，筆者の観察事例を加えて考察を進める。

なお，本論文では，以降，筆者が観察したり記述したりしたできごとを「事例」，保育者が記述したできごとを「エピソード（Ep）」と便宜的に表記して用いる場合がある。

1.1.3. 本研究における身体表現活動の位置付けとそこでの模倣に着目する意義

本節では，本研究で扱う「幼児の身体表現活動」について述べる。

保育における「身体表現」の定義や内容は曖昧であり，「身体表現」の価値認識と実施状況が合致せず研究上支障をきたす場面がある[1]。本山[2]は，「身体表現」は「イメージを中心とした『動きの表現』」「音楽的なものに付随したものとしての『動きのリズム』」「日常的に自然にあらわれるもの」に大別しながらも，明確な枠組みとして普遍化されない実態を指摘する。

本研究での「身体表現活動」は，『動きの表現』と同義と考え，幼児期の自然な模倣遊びやごっこ遊びへの欲求を礎石とし，子どもが自らのイメージを自らの動きで表す活動と定義する。「活動」の文言の付加は，「身体表現活動」を「身体表現」に包括された保育内容として位置付けるためである。「日常的に自然にあらわれるもの」でなく，保育活動として意図された時間のなかで営まれる「活動」と限定することを確認しておく。

第1章 幼児期における身体による模倣の機能　27

　次いで幼児の身体表現活動における模倣の捉え方と，模倣を解釈する新た
な視点が求められる背景を概括し，身体表現活動を通して模倣を捉える意義
を述べる。

　幼児の身体表現活動においては，日常的・慣習的な動きにより誰もが同じ
ような表現をする模倣表現と，創造的表現に分けられる。模倣表現には，同
一の題材に対して他者の動きを模式的に模倣する低次の段階と，様々なイメ
ージで捉え相応しい動きで表現する高次の段階があるとされる[3]。模倣表現
は，創造的表現と境界線がなく，加齢による創意性の強まりと共に減少する
一方で，創造的表現を見出す過程では繰り返し発現する。模倣が，創造的表
現あるいはその子どもらしい表現を生むための重要な要素となる[4]ことは理
論上自明である。

　しかし一方で，幼児の身体表現に関する研究を概観すると，模倣がどのよ
うに発現し，どのようなプロセスや役割を持つかを実証的に捉えたものは少
ない。現状では，動きの模倣を促す教材[5]，ダンス学習における模倣の意
義[6,7]，からだの表現の定型化[8]などの研究が行われ，動きの習熟過程や変容
から模倣の特性を解明する試みは見られるが，多くは実験的な手法を用いて
おり，文脈のなかで他者との相互行為として模倣を見つめる視点は充分とは
言えない。

　身体表現活動の場では，普段の友人関係を超えたかかわりが生まれやすい
という保育者の声を聞くことがある。それは，この活動が身体を媒体として
いるために再び繰り返すことのない予想に反する場面が生まれやすく，意識
で捉えられる合理的なもののみでない広がりを持つ活動だからであろう。し
たがって，他者との相互行為に焦点を当て，活動する子ども同士の関係性の
視点から事例を検討することで，新たな模倣の役割を見出す可能性が期待で
きる。

　このような問題意識から，鈴木は，「からだとこころ」の動きの一端を，
「動きとイメージ」と捉え，その相互作用を実証的に検討する試みを続けて

28

きた。具体的には，幼児が身のまわりの様々な事象を身体や動きを使って表現する活動の特徴や援助の視点を検討した[9]。さらに，子どもが，「からだを使って物語る」場面を分析し，子どもの世界観を紐解いてきた[10]。これらの研究では，生き生きとした表現とは，個人内の動きとイメージの交流によって生まれるというパラダイムを基軸にしてきた訳であるが，近年，お互いに影響し合う相互行為という別の軸からそれらの活動を見つめ直してみると，他者と身体でかかわることによって生み出される表現の豊かさに目を奪われる場面に多く出会った。同時に，その豊かさの多くの部分を「模倣（まねる）」という行為が占めていることに気づいた。そこから模倣を，「からだとこころ」を存分に使って自己を発揮し，他者とやりとりする行為として捉え直してみるという考えに至った。

　以上のような動機と経緯から，本研究では，まず始めに身体表現活動を焦点として身体による模倣の機能を検討する。

第2節　方　法

1.2.1.　事例とエピソードの収集方法

　身体表現活動の事例，保育者の記述エピソード，参与観察による事例に分けて，期日，対象，抽出方法をまとめた。

表1-1　事例とエピソードの収集方法

	1）身体表現活動における観察事例	2）日常生活全般における保育者の記述エピソード	3）参与観察による事例
期日	2001年〜2007年	2006年9月〜12月	2007年4月〜2008年11月

第1章　幼児期における身体による模倣の機能　　29

対象	・愛知県内，幼稚園3園（豊川市私立F幼稚園，豊田市私立R幼稚園，岡崎市私立A幼稚園）保育園2園（蒲郡市立K保育園，N保育園） ・年中4歳児・年長5歳児のクラス単位で，筆者または担任保育者が保育した身体表現活動を対象とした。 ＊年中児・年長児（4〜6歳児）を対象にしたのは，この年齢が，言語によるコミュニケーションを持ち始めながらも，身体的なコミュニケーションを活発に並行させる時期と考えられたためである。そこで発現する模倣が，言語獲得期の知的発達の指標としての認知機能に留まらず，相互行為としての意味を内包すると考えられた。	・愛知県，埼玉県，東京都の幼稚園・保育所を対象に自由記述式の質問紙調査を依頼し郵送で回収した。保育歴2年以上の保育者に回答を依頼した。 ・その結果，私立幼稚園18園（保育者78名）公立保育所53園（保育者197名）私立保育所1園（保育者3名）公立幼保園1園（保育者2名）の保育者合計280名（園ベースの回収率69%）の回答を得た。 ・回答した保育者の平均年齢は32.59歳（SD 9.70），保育経験平均年数は11.38年（SD 9.1)であった。 ・回答の自由記述からは，524例（1人あたりの平均1.87例）のエピソードが抽出された。	・兵庫県国立H幼稚園 ・原則的に2週間に1日訪問し，2007年 4月 〜 2008年 3月は年少3歳児クラス，2008年4月〜11月は年中4歳児クラスを中心に，保育全般に参与観察者としてかかわった。
事例とエピソードの収集と抽出方法	**事例の抽出** ・身体表現活動は，「からだ」「まねっこ探検隊」「風船」「雲の上で遊ぶ」「よりみちエレベーター（絵本をもとに）」などのテーマをもとに遊戯室または保育室にて，筆者または担任保育者により20分〜40分程度展開された。 ・筆者が保育した実践または観察した実践で，かつ実践後に筆者と保育者との実践内容に関する討議の時間が設定された実践のみを対象とした。VTRや記録，保育者からの聞き取りを中心に模倣が発現した場面を抽出し，観察された対象者（模倣する子ども）の言動とそれが生起した状況を事例として記述した。	**質問紙の形式と内容** ・質問紙はA4用紙1枚とした。用紙上部に「子ども達の生活のなかで，模倣（まねること，まねされること，まねし合うこと）が良い影響を及ぼしていた，何かが豊かになったと感じられた場面を思い起こしてください。それが具体的な結果や作品を生んだものでなくても構いません。表現領域に限らず，どのような場面でも構いません。エピソード（何歳男女児など）を自由にお書きください」と質問し，それ以下を自由記述欄とした。	**事例の収集** ・ビデオ撮影は行わず，適宜メモを取り，終了後速やかに，模倣発現の場面をエピソードとして記述し事例を収集した。 ・調査結果の裏付けを含め，模倣の実際の姿を描き出すことで考察の一助とした。

＊保育における身体表現活動の内容：テーマ「からだ」を例にして

　「からだ」は，身体表現活動の題材としては比較的初期段階で行われる場合が多い。その際，保育者は，からだの部位や動かし方を意識させながら，動く楽しさを味わわせるというねらいを掲げる。「走って一止まってポーズ」「自分の手で頭のてっぺんを触ってみよう」などの流れを繰り返しながら，「かっこいいポーズをしてみよう」「こんな動きをしたらどんな感じがするのかな」「次は何になってみようか，何になりたいかな」など保育者が子ども達に言葉をかけて，子ども達と動きや言葉をやりとりしながら進める。子どものイメージや動きを引き出しながら，身体で表現することを様々に楽しむ活動である。

1.2.2. 模倣として抽出する事例とエピソードの定義

本研究で扱う「模倣」の定義については，序章で述べたが，本章の事例やエピソードにおいて発現する行為を「身体による模倣」と捉える枠について再度確認しておきたい。以下のように操作的に定義し事例とエピソードを抽出した。

表1-2　模倣として抽出する事例とエピソードの定義

1）身体表現活動における 　　観察事例	2）日常生活全般における 　　保育者の記述エピソード	3）参与観察に 　　よる事例
①原則的に1人の子ども（模倣する子ども）に，他の子ども（模倣される子ども）と同一の動きまたは類似した動きが現れた場合。 ②模倣された子どもと模倣する子どもの相互的な行動が比較的短時間の間隔で見られ，一連の文脈として捉えられる場合。 　その場にない対象を思い描いて表す延滞模倣をより創造的な模倣とする広義の解釈もあるが，今回は模倣対象として他児（模倣される子ども）の動きが確認できることを条件とした。 ③ただし，同一の行動を要求されたような場合（皆で一緒に踊ることを保育者などに求められた場合など）や，文脈として表現と異なる日常的な行動（皆で同じ方向に歩く場面など）は除外する。	・模倣の定義や条件をあらかじめ提示したうえでエピソードを記述させるのではなく，保育者が考える幼児の模倣行為をエピソードとして記述してもらう方法をとった。	・「身体表現活動における観察事例」と同様とした。

1.2.3. 分析方法

1）身体表現活動における観察事例

本研究では，他者との相互行為を捉えるためには，自然な子どもの事象検討が有効であり，幼児と同じ場所に身を置きながら観察や保育活動をすることで，文脈に根ざした事例が収集できるという質的研究の有効性に依拠して進める。

しかし，身体表現活動の場合，クラス単位で行っている活動を対象としており，複数の対象者を個別に観察することは困難である。目に留まりやすい子どもに記述が集中しやすいため，研究者の志向性が全く介入していないとは言い切れず，そこに事例抽出と考察の限界が認められる。その点を認識し，抽出された事例に対して，身体表現活動を分析する理論的な枠組みとして，身体と動きを媒体とした本活動の特性を重視し，空間，時間，力性という表現運動を捉えるための動きの成立要素に関する理論[11]を援用し，模倣する子どもと模倣された子ども双方の動きの特徴を，フォルム，リズム，空間の使い方から捉えることを基軸とした。それを基に子どもの視線，位置関係，発話，模倣後の変容の表記とあわせて，双方の意志や思いに対する保育者の省察を加えた研究者側の解釈から考察をした。

2) 日常生活全般における保育者の記述エピソード

エピソード内容の読み取りによって，各エピソードの特徴を分類し，各機能のいずれに該当するかを検討し分類を試みた。

1回目は模倣機能の特徴を考察し，その機能を分類し命名した。その後の2回目は，1回目の結果を勘案せず，1回目と同様の読み取りを行った。3回目は2度の読み取りで異なった結果となった事例を検討し，同時に分類した機能や命名の妥当性を検討した。

読み取りは，保育者や他の研究者に意見を求め参考にする場合もあったが，原則的には筆者が行った。研究方法として，複数人による合議や並行した読み取りが客観性を保障するという考えが一般的であるが，非言語的なコミュニケーションの場においては，伝え手が客観的にそうであったかどうかよりも，受け手にどう感じられたかという事実が尊重されるべき[12]とされ，エピソード解釈に基づく質的な研究方法が広く認められている[13,14]。同時に，研究データというものに対する自らの立ち位置や固有の観点を自覚し，それに対する自らの影響を反省的に意識し，それを明示しながら議論を進める者こそが強い客観性を有するという考えも支持されている[15]。本研究のよ

うな文脈の読み取りに関しては，個別性や状況・文脈にかかわるものを捨象し，人間一般や状況一般に通底するものだけを残して理論化するとリアリティが損なわれる[16]と考えられた。そこで，状況や研究の志向性を理解しにくい他者との合議は必ずしも有効でなく，保育現場での継続的な参与観察などを並行させることで，当該研究者の見方を深めることがより有益であるという研究意図に基づき，模倣の実際の姿を描き出すことで読み取りと分析考察の一助とした。

3）参与観察による事例

　参与観察における事例は，幼児と同じ場所に身を置きながら観察や保育活動をすることで，文脈に根ざした考察ができるという意図に基づいて収集された。子どもの模倣行為の実際の姿を描き出すことで，身体による模倣の機能に関する考察を深めた。事例は，各機能の考察文中に随時記載する。

第3節　結果：身体による模倣機能の分類

1.3.1.　幼児の身体表現活動で発現する模倣機能の分類

　初めに，幼児の身体表現活動で発現する模倣について，抽出された事例をもとに考察を進めた。内容の読み取りによって，模倣する子どもと模倣される子どもの関係とその変容が類似するものを集約して分類した。その後，分類された事例の特徴を「機能」として命名し，再度，各事例がどの機能に該当するかを，保育者の印象を参考に，あるいは保育者との合議で検討して「幼児の身体表現活動で発現する模倣機能」として4パターンに分類した[17]。

　身体表現活動における模倣とは，様々な要素が含まれる複雑な現象のようにも見えるが，実は一つひとつの細かな現象が重なっているとも思える。それは法則の追究というよりも解釈の問題として捉えるべきであろう。そこで本研究では，事例間で共通する現象を研究者の視点からまとめ，「機能」として名付けた。命名は，短い単語や専門的用語で示すことが一般的だが，こ

第1章　幼児期における身体による模倣の機能　　33

こでは保育者の捉えやすさとイメージのしやすさに配慮した表現を用いることにした。「模倣する」ではなく，保育者の記述のほとんどに使われていた「まねする」を用いる。

　以下は，導き出された「幼児における身体による模倣機能の分類」である。

　Pattern I：動きのはじめのきっかけやタイミングを求める

　Pattern II：動きをなぞらえたり，やりとりをしたりして楽しむ

　Pattern III：自分の動きやイメージを意識する

　Pattern IV：自分にないイメージや動きのアイディアを取り込む

　なお，「Pattern II：動きをなぞらえたり，やりとりをしたりして楽しむ」機能については，愛知県 A 幼稚園４歳児３クラス，2005年度１年間の身体表現活動における事例を検討し，模倣のもたらす現象の異なりから５つの細分化が適当という結果を得た[18]。そこで以下のように，「動きをなぞらえたり，やりとりをしたりして楽しむ」状況の結果として５つの機能が生まれると捉えた。

　Pattern II：動きをなぞらえたり，やりとりをしたりして楽しむ（状況）

　　（その結果として）

　　　i 一緒にできる楽しさの機会が保障される

　　　ii 同調することで動きが広がる

　　　iii まねされることで他者に関心を持つ

　　　iv まねし合うことから自己表現が息づく

　　　v 他者と動きでつながることで世界が変わる

　本研究において「動きをなぞったり」とせずに，「動きをなぞらえたり」としたのは，辞書的な意味としての「なぞらえる（準える・擬える）：たとえる，まねする」と「なぞる：文字・絵などの上をたどってそのとおりに書く」の違いと合わせて，尼ヶ崎[19, 20]の解釈に依拠したためである。尼ヶ崎は，身体の哲学的な思索において「なぞらえ」とは未知の事例を既知の事例

のようなものとして見たりすることであり，「なぞり」は，手本のようなものになるために，身体的な学習をしてみることとしている。

また，「イメージ」は，多様な用い方や実態があるために未だ定義が一致しない用語でもある[21]。本研究では，心象，形象といった用語に置き換えられる一般的な意味として用いる。具体的には，心の中に思い浮かべる姿や情景，目の前にない対象を直観的・具体的に思い描いた像，知覚したそのままの姿でなく想像して作り出されるもの，などを示す。

1.3.2.　幼児の日常生活で発現する身体による模倣機能の分類

次いで，保育者の記述した524例のエピソードに対して，4つの模倣機能のいずれに該当するかを検討した。

その際，身体表現活動に特化して用いた「動き」という用語を，普遍的な解釈に適応しやすくするために，「行為」と置き換えることとした。そのうえで，身体表現活動の事例から導き出された模倣機能の分類を，日常生活のエピソードに照らして考察し有効性を確認する作業を進めた。

その過程において，身体表現活動で「PatternⅣ：自分にないイメージや動き（行為）のアイディアを取り込む」とした機能について再検討をする必要性が生じた。身体表現活動において，子どもが何を取り込むために模倣しているのかを検討した際には，イメージや動きのアイディアなどが混在し，明確な分類を必要としなかった。しかし，日常生活のエピソード解釈に際しては，何を取り込んだのかという要素を分けて捉えた方が，その模倣の性質が明確になると考えられた。そこで，方法や技術のアイディア，イメージ，感情や感覚，対象へのあこがれとして，の4つに細分化することとした。

以下が，幼児期の身体による模倣機能の類型である。

PatternⅠ：行為のはじめのきっかけやタイミングを求める

PatternⅡ：行為をなぞらえたり，やりとりをしたりして楽しむ（状況）
　（その結果として）

第1章 幼児期における身体による模倣の機能　35

　　ⅰ一緒にできる楽しさの機会が保障される

　　ⅱ同調することで行為が広がる

　　ⅲまねされることで他者に関心を持つ

　　ⅳまねし合うことから自己表現が息づく

　　ⅴ他者と行為でつながることで世界が変わる

PatternⅢ：自分の行為，心情やイメージを意識する

PatternⅣ：自分にないイメージや行為のアイディアを取り込む

　　ⅰ主として方法や技術のアイディアを取り込む

　　ⅱ主としてイメージを取り込む

　　ⅲ主として感情や感覚を取り込む

　　ⅳ主として対象へのあこがれとして取り込む

1.3.3.　保育者の記述エピソードの類型別頻度

　524例の保育者による記述エピソードのそれぞれが，4つの類型（Pattern
Ⅱ，PatternⅣの2類型については細分化された機能）のいずれの類型に該当する
のかを検討した。

　以下の図1-2，図1-3，図1-4では，保育者の記述エピソード総数524例の傾
向を示した。

　模倣出現場面の頻度や割合は，あくまでも保育者による記述数の多寡であ
り，子どもの生活に実際に発現する模倣の頻度でないことを了解しなければ
ならない。しかしながら保育者の記述したエピソード524例は，4類型のい
ずれかに分類できることが認められた。その結果，幼稚園・保育園での子ど
もの生活のほとんどの場面において模倣が発現することが示唆された。本研
究において収集した保育者の記述エピソードによって，幼児の模倣機能の全
体像を捉えることができると考えられた。

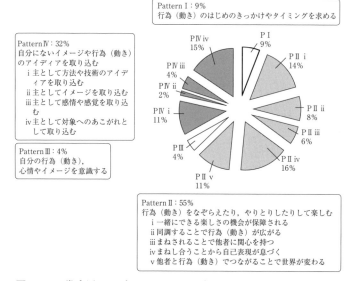

図1-2 日常生活のエピソードにおいて頻出した模倣機能類型の割合

　図1-2は，保育者の記述エピソード総数524例に対する各機能のエピソードの占める割合を示した。各機能の割合は，以下の通りであった。

　PatternⅠ：行為のはじめのきっかけやタイミングを求める：9％（47例）
　PatternⅡ：行為をなぞらえたり，やりとりをしたりして楽しむ（状況）
　　　　　：55％（288例）
　PatternⅢ：自分の行為，心情やイメージを意識する：4％（21例）
　PatternⅣ：自分にないイメージや行為のアイディアを取り込む：32％
　　　　　（168例）

　図1-3に示すように，記述されたエピソードは，描画／ぬりえ，生活行動（あいさつ，食事，排泄等），ごっこ，製作／粘土，運動遊び，身体表現ごっこ，踊り／リズム，歌遊び，音（楽器）遊び，ゲーム／遊び，言葉遊び，砂場遊び，読み聞かせなどの13場面に見られた。

第1章　幼児期における身体による模倣の機能　37

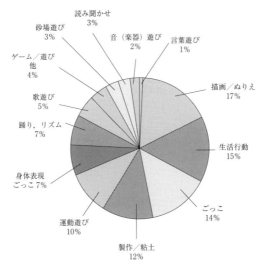

図1-3　日常生活のエピソードにおいて頻出した模倣の場面の割合

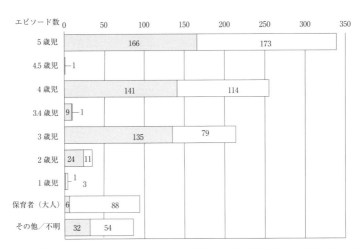

図1-4　日常生活のエピソードにみられる模倣する者と模倣される者の年齢別頻度

図1-4では，保育者のエピソードにみられる模倣する者と模倣される者の記述頻度を示した。模倣する者と模倣される者ともに，５歳児に関するエピソードが最も多かった。３歳児では，模倣する場合のエピソード（135例）が模倣されるエピソード（79例）を大きく上回っており，模倣される者として保育者（大人）が対象となるエピソードが88例と多く見られた。

第4節　考察：身体による模倣機能の特徴

1.4.1.　身体による模倣：４つの機能の特徴

本節では，身体表現活動事例と子どもの日常生活における保育者の記述エピソードをもとに，筆者の参与観察事例を加えながら，具体的なできごとに即して，模倣機能４分類の命名に至った過程を述べ，各機能の特徴を考察する。

考察に先立ち，表1-3～表1-10の見方を記す。表のはじめの部分に記載したのは，身体表現活動において発現した模倣の観察事例（【事例NO.】と表記）である。その下の矢印横の囲み部分に，模倣機能として命名された文言を記した。それ以降の部分は，日常生活における保育者のエピソード（＜EpNO.＞と表記）である。

子どもの名前については，観察事例内では片仮名による仮名，保育者の記述エピソード内ではＡ男（男児），Ａ子（女児）と表記した。

保育者の記述エピソードには，それを記述した保育者の所属（公：公立，私：私立，幼：幼稚園，保：保育園），保育歴（年）を付記した。

また，「　」内のタイトル部分は，筆者が観察事例や保育者の記述エピソードの読み取りをもとに記した各事例や各エピソードの要旨である。

1.4.1.1. Pattern I：行為のはじめのきっかけやタイミングを求める

表1-3　Pattern I における身体による模倣機能の分類の流れ

身体表現活動における模倣の観察事例

＊事例中の下線部は，模倣する子どもと模倣された子どものフォルム，リズム，空間の使い方などの動きの特徴，位置関係，視線，発話，模倣後の変容など，考察の手がかりとした現象

【事例1-1】「からだ」R 幼稚園年長クラス　2003.11.10
「ヨシミの動きがリサに表す勇気を与えた」
　保育者の「背中はどこかな？」などの言葉に応じて，からだの部位をさわったり動かしたりする遊びを行った。リサは保育者の言葉かけを聞くと，右となりに立つヨシミが自分の背中を触るように動き出したのを見て，ヨシミの動きからワンテンポずらして，同じ身体部位を使って同じような動きをすることを繰り返した。クラスの子ども達が遊技室に散らばり始め，各々違う方向へ動き始めると，リサの模倣行為はなくなった。

【事例1-2】「そしたらそしたら（絵本：谷川俊太郎，福音館書店）」
　R 幼稚園年中クラス　2001.11.29
「チエに表す勇気を与えたユキとエリと動き」
　「とっぽーん」という保育者の声と魔法の鈴の音（保育者の鳴らす鈴の音）を聞いた子ども達は，各々ビー玉になり丸まって床を転がる。チエはじっと立ちすくんでいたが，目の前でユキとエリが身を縮めてハイハイした後に横転したのを見て，恐る恐る前方へ倒れこみ，足を伸ばしたまま，ゆっくり横転し始めた。

Pattern I
行為（動き）のはじめのきっかけやタイミングを求める

保育者の記述による模倣エピソード	
Ep1-11 （公保18）	「食べてみよっと！」 給食時，野菜が嫌いで食べなかった A 男が，となりに座った B 男がおいしそうに食べる様子を見て，その食べ方をまねして同じ野菜を食べ出した。 （生活行動，4 歳児）
Ep1-12 （公保32）	「描いてみようかな」 C 男は，絵を描くことが苦手で，いつもなかなか描き始めようとしない。友だちの D 男が，C 男のすぐとなりで楽しそうに描き始めた。それを見た C 男は，D 男と全く同じような絵を描き始めた。 （描画／ぬりえ，4 歳児）

Ep1-13 (公保32)	「わたしも，一緒に描いてみていい？」 B子は描くことが苦手なのだが，C子に誘われて描き始めた。最初は戸惑っていたB子だが，C子に「りんご，こう描いたら？」と言われ，嬉しそうにまねて描こうとしていた。その後も一緒に描くことができていた。 （描画／ぬりえ，4歳児）
Ep1-14 (私幼5)	「見たまま描いたら逆さま」 C男は，絵を描く際には，正面に座っている子どもの絵をまねして描くことが多い。見たままを描くので，C男の絵は，逆向きになっていた。 （描画／ぬりえ，4歳児）
Ep1-15 (私幼6)	「よし，挑戦してみよう」 E男は，全く鉄棒のやり方が分からない様子で，鉄棒を持とうともしなかった。皆と一緒に遊んだとき，仲良しのF男が何度も逆上がりをしたのを見て，E男は思わずまねして鉄棒に手をかけた。 （運動遊び，5歳児）
Ep1-16 (私幼6)	「やってみたらできちゃった」 G男は，水に顔をつけるのが恐いようであった。プールで友だちが鼻の頭だけ水面につけている姿を見て，G男はおもしろそうと感じたのか，まねして同じように鼻だけをそっと水につけ始めた。何度か試した。その結果，最終的に顔全部を水につけることができるようになった。 （運動遊び，3歳児）
Ep1-17 (公保4)	「やってみたよ」 踊りの音楽が流れるとD子が動き始め，その様子を見て，いつもなかなかやらないE子も踊り始める。その後，E子はほっとした表情を見せていた。 （踊り／リズム，3歳児）

「行為のはじめのきっかけやタイミングを求める」とは，まさに何かを始めるきっかけとしての模倣の機能である。

身体表現活動における【事例1-1】のリサ，【事例1-2】のチエは，ともに活動の始まりでいくらかの戸惑いを見せていたが，【事例1-1】のヨシミ，【事例1-2】のユキとエリの動き出す様子を見て，その動きを少しだけ遅れて模倣することで，動き始めるタイミングをつかむことができた。このように，リサやチエは他者（ヨシミ，ユキとエリ）の模倣をすることで動き出しのきっかけを得ているが，一方で，動き方などの具体的な情報を得ている訳ではないようだった。このような場合，模倣された子どもは，模倣する子どもの視野に入る範囲におり，動きの気配が感じられる程度の近さに位置する事例が多かった。また，模倣された子どもの動きは，単純で大きい動作かつ単

調で短いリズムパターンとなっている場合が多い。しかも，それらの動き
は，特別に独創的で印象的なものとは限らない。この類型の模倣は，模倣す
る子どもにとって，情報の受け取りが中心でなく，傍にいる他者の行為を
きっかけに，表現することへの不安を解消させ，皆と一緒にする勇気を得るた
めの機能を担っているようであった。

　このような身体表現活動の事例から見出された「動き（行為）のはじめの
きっかけやタイミングを求める機能」は，保育者の記述エピソードを通し
て，子ども達の日常生活においても様々に見られた。特徴的なエピソードと
しては，＜Ep1-11＞野菜を食べなかったA男が，となりに座ったB男がお
いしそうに食べる様子をまねして同じものを食べ出した，＜Ep1-12＞C男
はとなりで絵を描き始めたD男の楽しそうな姿を見て，絵を描く行為をま
ねした，のように，他者の何気ない行為をなぞることによって安心感がもた
らされたり，やってみようという意欲を喚起させたりするきっかけになって
いる様子が描かれているものが多く見られた。＜Ep1-14＞正面に座ってい
る子どもの絵を見たまま描くので，絵が逆さまになったというエピソード
は，模倣が，模倣する子どもにとって具体的で正確な情報を得るためではな
く，他者の身体に現れた行為をなぞること自体に合図のような意味を有する
場合があることをうかがわせた。また，＜Ep1-13＞の絵を描くことが苦手
なB子，＜Ep1-15＞遊具での遊び方の分からないE男などのように，得意
でないことや苦手なことに挑戦するきっかけとしても，子どもは模倣行為を
発現させているようだった。

　以上，身体表現活動の事例，保育者のエピソードの双方から，身体による
模倣が，子どもにとって自己を外に表すための意欲を喚起させる安心感や合
図の機能を担っていることが示された。

1.4.1.2.　PatternⅡ：行為をなぞらえたり，やりとりをしたりして楽しむ（状況）

　「行為をなぞらえたり，やりとりをしたりして楽しむ」模倣は，模倣する

子どもが，模倣される子どもの動きをなぞらえるように模倣することに始まり，相互のやりとりに発展する現象を示す。その機能は5つに細分化された。

1.4.1.2.i. 一緒にできる楽しさの機会が保障される

表1-4　PatternⅡ-ⅰにおける身体による模倣機能の分類の流れ

身体表現活動における模倣の観察事例
＊事例中の下線部は，模倣する子どもと模倣された子どものフォルム，リズム，空間の使い方などの動きの特徴，位置関係，視線，発話，模倣後の変容など，考察の手がかりとした現象
【事例1-3】「雲の上で」A幼稚園年中クラス　2006.10.19 「センセイと一緒にうさぎになってみたい」 　　保育者が「雲の上を泳いでみよう」と声をかけながら，床にうつ伏せで泳ぐ。子ども達も<u>保育者のまねをしてうつ伏せになり泳ぐまねをした</u>。少しするとダイキが立ち上がり，頭上に両腕を広げて立てて，うさぎのようにぴょんぴょん跳ねた。それを見た保育者もダイキの後を追って同じようにぴょんぴょん跳ねた。<u>ダイキは保育者を見ながらまねて，嬉しそうに跳ねた。他の子ども達は，2人につられるように立ち上がり，部屋中を跳び回り始めた。</u>
【事例1-4】「海の中の探検隊」A幼稚園年中クラス　2005.10.20 「捕まえられた気持ちを味わいたい」 　　子ども達は探検隊になって海の中に出かける。海の中でカニになる表現を始める。多くの子どもが，両腕をハサミに見立てて保育室内を走り回る。アキヒコは両脚を大きく広げ，腰を低くしてゆっくり横歩きする。保育者は「（アキヒコは）カニさんだね，捕まえた」とアキヒコを後ろから抱きしめる。近くにいた数名の<u>子ども達は走るのを止めて</u>，アキヒコと保育者に様子を見る。その後，<u>アキヒコの動きをまねしながら保育者に身体を寄せ始める</u>。保育者が「捕まえた」と子ども達を順番に抱きしめる。抱きしめられた子ども達は，満足そうにした後，思い思いにカニになり横歩きを続ける。

PatternⅡ
行為（動き）をなぞらえたり，やりとりをしたりして楽しむ
（状況）ⅰ　一緒にできる楽しさの機会が保障される

保育者の記述による模倣エピソード
Ep1-211　「一緒に歌手になって」 （私幼10）　A子が，大きなソフト積み木にのって，その上で歌い出すとB子やC子も一緒に積み木にのって，マイクを持ち，ステージの歌手のように歌っていた。 　　　　　（歌あそび，3歳児）

Ep1-212 (私幼16)	「先生と一緒に挨拶」 私（保育者）は，毎朝，門に立って子どもを迎え入れ，握手しながら朝の挨拶をする。A男が，三輪車に乗って，門の近くにやってきて，その様子を見つめていた。しばらくすると，私（保育者）のそばに立ち，A男が手を出し，登園する子ども一人ひとりに私と一緒に握手して，（3人で同時に）大きな声で「おはようございます」と言う。そのことが何回か続くうちに，他の子どももその様子をまねて挨拶をするようになった。 （生活行動，3歳児）
Ep1-213 (私幼5)	「一緒に踊るのって楽しいね」 ラジカセから流れる曲に合わせてB男が踊っていた。それを見ていたC男が，B男のあまりに楽しそうな様子につられるように，B男と一緒に踊り出した。特別仲良しではない2人だったが，顔をあわせて笑顔で踊り，しばらくの間，楽しさを共感し合っていた。 （踊り／リズム，5歳児）
Ep1-214 (公保33)	「まねっこ，楽しい」 D子がお人形をおんぶすると，E子が同じように自分の気に入った人形を，保育士におんぶさせてもらう。D子が「行ってきます」とおつかいごっこを始めると，E子もまねして「行ってきます」と楽しそうに後を追いかけた。D子が保育士に「○○を買ってきた」と言葉で言うと，E子も「買ってきたよ」と保育士に言葉で伝えた。その後，2人で手をつなぎ，ままごとをし始めた。 （ごっこ，3歳児）
Ep1-215 (私幼13)	「同じだね」 お絵かき，粘土が好きなF子のそばでじっとしていたG子だったが，いつの間にかF子と同じもの，同じような女の子の絵を描くようになり，G子から「同じだね」と喜ぶ声が出るようになった。同じ気持ちになれることが嬉しかったようだった。 （描画／ぬりえ，3歳児）
Ep1-216 (公保10)	「一緒だね」 空き箱で家を作る。H子がモールをねじってストローの中に入れて家の壁を作り，「I子ちゃんこれどう？」と聞く。I子は「そのモールどこにあったの？」と聞いて自分でモールを取りに行き，すぐにまねして作り始めた。H子は「一緒だね」とI子の顔を見て微笑む。 （製作／粘土，5歳児）
Ep1-217 (公保5)	「みんなチョウチョになって」 散歩に出たとき，J子はチョウチョがとんでいるのを見て，その動きをまねし始めた。その姿を見て周囲の子がまねし始めると，J子が「こうやってやるとかわいいよ」と花に口を近づけたり，ぐるりと回転したりと様々な姿を見せた。全体に遊びが盛り上がった。 （身体表現ごっこ，3歳児）

　身体による模倣が，他者と同じことを一緒にする楽しさの感情を，無条件に子どもに保障する行為であることを示している。模倣としての最も素朴な

機能であろう。

　この機能は，身体表現活動における【事例1-3】ダイキと保育者がウサギになってまねし合う様子，【事例1-4】アキヒコがカニになって保育者と楽しそうにかかわる様子のなかで観察された。そこでの他児の身体による模倣は，ダイキやアキヒコと同じ気持ちを味わいたくて，同じことをした行為と捉えられた。ダイキやアキヒコの様子が，他児にとって無条件に楽しそうに感じられ，やってみたい，なってみたいという気持ちを喚起させたようであった。身体による模倣によって，他者の感情が，身体を通して受け止められ，他者と同じことをする楽しさの感情が確実に保障されている。

　この類型の模倣は，素朴ながらも他者と一緒にすることを通して，他者とのかかわりを導く手段のひとつと思われ，他者との相互行為を促進させる機能を持つようであった。

　日常生活では，＜Ep1-211＞A子が，大きなソフト積み木にのって，その上で歌い出すと，B子やC子も一緒に積み木にのって，マイクを持ち，ステージの歌手のように歌っていたエピソードが見られた。楽しそうにごっこ遊びをする子どものしぐさをまねて，遊びに加わるという様子から，他者の形や動きを一緒にすることによって心地よさを感じている様子がうかがえた。

　＜Ep1-212＞では，子ども達が，保育者のルーティーンとも言える朝の挨拶の習慣をまねることで，保育者あるいは子ども同士が一緒であることを楽しみながら，その習慣を自然と身につけていく様子が捉えられていた。

　＜Ep1-213＞特別仲良しではない2人が，顔を合わせて笑顔で踊り，しばらくの間，楽しさを共感し合っていたという記述からは，身体による模倣が他者とのかかわりの幅を広げる機能を持つことを感じさせてくれる。

　＜Ep1-214＞はままごと，＜Ep1-215＞描画，＜Ep1-216＞製作，＜Ep1-217＞身体表現ごっこなど，いずれの場面でも，模倣する子どもは，楽しそうに何かをする他者を模倣することで，他者と一緒の状態を楽し

んでいる。

　また，3歳女児の水遊びの場面では，以下の事例が筆者によって観察された。

　『テラスでのビニールプールでの水遊び。ひとつのビニールプールに数名ずつ入って遊ぶ。そんななか，スミ子が，水着の上半身を脱いでパンツだけの姿になろうとする。何度か保育者が遮ると，「だって（みんなと）一緒じゃないもん，一緒にする」と言う。ビニールプールに入っている周囲がすべて男児であった。(2007.6.18, H 幼稚園)』

　この事例が示すように，特に3歳児では，物を通して自己と他者の違いを見つけ，それをきっかけにして他者とのかかわりを拓くようであった。子ども達の活動において，何かと何かの違いは，まずは視覚的に把握されるが，それに留まらず，身体感覚や運動感覚的に感受され，それが喜びとなり，一緒にすることへの実感となることがうかがえた。同時に，他者と一緒になりたいという気持ちが，自己と他者の違いを見つけることを経て発するものであることを示唆していた。

1.4.1.2.ii.　同調することで行為が広がる

表1-5　Pattern Ⅱ-ii における身体による模倣機能の分類の流れ

身体表現活動における模倣の観察事例

＊事例中の下線部は，模倣する子どもと模倣された子どものフォルム，リズム，空間の使い方などの動きの特徴，位置関係，視線，発話，模倣後の変容など，考察の手がかりとした現象

【事例1-5】「まねっこ探検隊」A 幼稚園年中クラス　2005.10.20
「まねっこ探検隊！のリズムを合わせることで動きが生まれる」
　保育者は「隊長さんのまねをして，ついてきてね」「出発するよ，まねっこ探検隊，まねっこ探検隊」と歌うように言葉をかけながら足踏みをする。アキラは「まねっこ探検隊，まねっこ探検隊」と保育者に合わせて歌いながら，膝を高くあげ，腕を大きく振り，顔を横に向けて歩き始めた。オサムとススムはアキラの後に続き，脚と腕の動きを同じにし，顔は進行方向を向けたまま足踏みする。「まねっこ探検隊，まねっこ探検隊」の口調を合わせて進む。アキラが「まねっこ探検隊」の「隊」を言い終わると同時に首を振り始めると，オサムとススムはますます大きな声で口調を合わせ，同じタイミングで首を降って足踏みするリズムを繰り返した。周囲にいた子ども達も，そのリズムと動きに合わせ始めた。

【事例1-6】「よりみちエレベーター（土屋富士夫　徳間書店）」
　　　　　　A幼稚園年中クラス　2005.12.7
「おばけだ〜のリズムの一致が動きやイメージを広げた」
　エレベーターはおばけの国に到着する。保育者が両腕を前に出し「おばけだ〜」とおどろおどろしく言う。カスミが動きと声をまねする。ユリヤもカスミのまねをしながらカスミの後方からついていく。その後，2人は向かい合い，顔の横に両手首を垂らすようにする。舌を出しながら，両手首を同じリズムでぶらぶら揺らす。エミコが寄ってきて，2人と同じリズムで舌を出し手首を揺らす。しばらく3人一緒に行うと，次に3人は縦一列になって蛇行しながら，小走りでおばけになり続ける。

Pattern Ⅱ
行為（動き）をなぞらえたり，やりとりをしたりして楽しむ
（状況）　ⅱ　同調することで行為（動き）が広がる

保育者の記述による模倣エピソード	
Ep1-221 （公保4）	「カスタネットのリズムで会話する」 A子とB子がカスタネットで遊んでいた。A子がカスタネットをたたくと，B子も同じようなリズムで自分のカスタネットをたたいた。B子はA子のまねをし続けた。2人で笑い合う様子は，カスタネットでお話をしているようだった。 （楽器遊び，5歳児）
Ep1-222 （公保28）	「アブラハムが広がっていく」 C子が，D子と鏡のように向かい合って，アブラハムやその他の歌のリズムを変化させ踊りながら歌っていた。D子にひっぱられるようにして踊り楽しむC子の姿が印象的であった。その後，近くにいた周囲の他児も，一緒に2人のリズムに合わせ始めた。 （踊り／リズム，5歳児）
Ep1-223 （私幼6）	「カエルとびがカエルダンスに」 E子が，部屋に，カエルのお面が落ちていたのを発見した。そのお面をつけ蛙になって飛び出す。その姿を近くで見ていたF子は，E子と一緒にカエルになり，一緒にカエルとびをし始めた。その後，2人揃って歌を歌いながらカエルの踊りを楽しんでいた。 （身体表現ごっこ，4歳児）
Ep1-224 （私幼10）	「ガタンガタン，長い電車になる」 1人が，自分の前にいる子どもの両肩に手をかけてつながり，歩く速さとリズムを合わせる。それまで各々が電車になっているだけだったが，少しずつ他の子どもも両肩に手をかけてつながり始め，長い電車になっていった。 （ごっこ，3歳児）

Ep1-225 （私幼19）	**「クルクル，ヒラヒラのリズム」** Ｇ子が，くるくる剣を広告で作り，その先にタフロープを長めに切ってつけたものを新体操のリボンの選手のようにして踊っていた。その姿を見て，他の3人（5歳男児，4歳女児2人）が，何も持たずに，同じようにリズムを合わせて腕をまわし始めた。その後，3人はリボンを作り始め，できあがると，みんなでリボンをくるくると同じリズムで回し，ひらひらさせながら踊っていた。 （製作／粘土，4，5歳児）
Ep1-226 （私幼3）	**「言葉のリズムを合わせると」** Ｈ子がＡ男に話しかけると，Ａ男はＨ子が今言った同じ言葉を返した。Ｈ子は嫌がり「やめて」と言ったが，Ａ男は同じように「やめて」と返した。Ａ男は，Ｈ子が発した言葉とその感じを何度かまねしていた。まねされていたＨ子も初めは嫌がったが，4度目くらいから楽しくなったようで，笑顔でまねされることを楽しんでいた。 （言葉遊び，5歳児）
Ep1-227 （公保7）	**「ペットボトルを振るリズムにあわせて」** 保育士がペットボトルに小石を入れていると，Ｂ男が「ねえ，それ振ると音がするんだよね」と言って，近くにあったペットボトルに石を入れて振り出した。そこへＣ男が「ぼくも」とやってきた。それを見たＩ子が「うるさいな」と言いながらもじっと見ていた。しばらくすると，Ｉ子は2人に誘われるようにまねして一緒にやり始めた。保育士が曲を流すと，3人は，そのリズムに合わせて振ったり，周囲をくるりと歩き回ったりし始めた。 （ゲーム／遊び，4歳児）

　リズムを同期させて動く快感を媒体にし，他者と身体を同調させイメージを共有する現象である。リズムの同期という時間的な一致が強調され，それが媒体となって相互の身体が同調していく模倣と捉えられた。この場合の「同期」とは，周期やタイミングを合わせて運動することである。それは時間的に分節化され体制化されてまとまりを持ったリズムパターン[22]に対してとは限らず，一部分のみを一致させる場合も含む。これに対して「同調」とは，自分の行動を他者の言動に合わせたり近づけたりする現象と捉え，「同期」を含む。

　【事例1-5】オサムとススムが，アキラの「まねっこ探検隊」の動きのリズムに同期させて動くことにより，周囲の他児にもそのリズムが派生していた。そこでの身体による模倣は，リズムを同期させて動くことで通じ合い，他児をも巻き込んでいく機能として捉えられた。また【事例1-6】では，保育者の「おばけだ〜」というリズムに，カスミは即座に同期して動き始め，

その後に2人の女児が続いている。同じリズムで同じ動きをすることを繰り返すうちに，3人で縦一列になって蛇行しながら小走りするといった新しい動きを創り出した様子がうかがえた。自分の動きに，他者からのリズムが刺激として与えられることで，時間的にまとまりを持った動きとなっていく。それによって，自分と他者双方の身体が同調し，一体感がもたらされ，双方に新たな動きが生まれていた。子ども同士では，自分のイメージを明瞭な言葉にしなくても，リズムを合わせて模倣し合うことによって他者との身体的なかかわりを持っているようであった。

　保育者のエピソード＜Epl-225＞は，リボンをクルクル回すというリズムが，リボンを持たない子どもの身体にも派生し，その後，皆でリボンを作って遊ぶという流れに広がっている。＜Epl-227＞では，身体による模倣によって，リズムの同期を楽しむ様子が描かれている。C男の「ペットボトルを振ると音がするんだよね」にD男が合わせたことで，「うるさいな」と言っていたI子も，2人に誘われてまねして一緒にやり始める。I子は，ペットボトルを振るリズムに同期することで2人と気持ちをも同調させていく。そこでタイミングよく保育士が曲を流すことにより，さらにリズムの同期が続き，遊びが広がっている。子どもの遊びを豊かにする保育者の援助方法として示唆に富むエピソードであった。

　＜Epl-224＞皆が肩に手を置いてつながり，歩く速さを合わせることで長い電車になる様子は，子どもの遊びのなかでしばしば類似した光景が見られる。この事例では，保育者が，その光景を子ども達が身体を使って相互に模倣し合う様子と捉えて記述したことに注目した。この保育者は，子ども同士が模倣し合うことを身体的なかかわりと捉え，そのことが一緒に遊ぶことを支え，子どもの遊びそのものを豊かにしていると捉えている。まさに何気ない光景に見られる身体による模倣を，相互行為の一端と解釈する視点と考えられた。

　さらに，以下の観察事例は，リズムの同期を媒体とする身体による同調が，子ども達の生活に及ぼす豊かさを示唆していた。

『5歳児クラス，水槽の中のナメクジを順番に見る場面。なかなか水槽から離れられない何人かの子ども達に向かって，1人の男児が「ミタラ，モドルゥ，ミタラ，モドルゥ」と調子よく歌うように言う。他の男児がまねして「ミタラ，モドルゥ，ミタラ，モドルゥ」と，リズムを同期させると他児にも広がる。その声に合わせるようにして，交代のルールがほどよくできあがる。(2007.5.18，H幼稚園)』

　自分自身の要求や他者への指示を秩序ある言語にしなくとも，「ミタラ，モドルゥ」という身体のリズムを介して模倣し合うことで伝え合えたようであった。

　この類型の模倣は，身体による模倣のリズムの同期から生まれる快感を媒体にし，他者と同調し，他者とのイメージの共有を誘発する機能を持つと捉えられた。

1.4.1.2.iii.　まねされることで他者に関心を持つ

表1-6　PatternⅡ-iii における身体による模倣の機能分類の流れ

身体表現活動における模倣の観察事例
＊事例中の下線部は，模倣する子どもと模倣された子どものフォルム，リズム，空間の使い方などの動きの特徴，位置関係，視線，発話，模倣後の変容など，考察の手がかりとした現象
【事例1-7】「海の中の探検隊」A幼稚園年中クラス　2006.10.20 「ユミとミカにまねされたアヤは，エミコの動きに関心を持った。保育者にほめられ，皆にまねされたトシオは自分の動きを意識した」 　「プール遊び」の様子を表現する遊び。 　子ども達はザブーンと言いながら「プール」に入るまねをする。 　アヤは床に腹這いで平泳ぎのように両腕をまわして泳ぎ始める。保育者が「アヤちゃんが泳いでいるよ」と言葉をかけると，アヤの横にいたユミとミカがまねして平泳ぎで泳ぎ始めた。保育者が「先生も泳ぐね」とまねして泳ぎ始めると，周囲の子どもが泳ぐ動作をまねし始める。アヤは，その様子を微笑んで見つめた。 　直後，近くにいたエミコが両腕で弧を描くように大きく動かすのを見ると，アヤはエミコの動きをじっと見つめた後，まねして泳ぎ出した。アヤと少し離れた場所で，トシオが背泳ぎのように仰向けで泳ぎ始めた。保育者はトシオを見て「トシオくんは背泳ぎしているよ！」と言う。トシオは，保育者に言われた途端に，背泳ぎをやめ，うつ伏せになって手足をバタ足のように早く勢いよく動かして前進し始めた。保育者は「早い早い！」と励ますように言う。トシオは表情を変えずに両脚を交互に踏ん張るようにして，何人かのかたまりの先頭に出るようにして力強く前進し始めた。所在なげに手脚を動かしていた子ども達は，その様子を見て一斉にまねしてうつ伏せで前進し始めた。トシオの動きはさらに大きくなった。

【事例1-8】「よりみちエレベーター（絵本：土屋富士夫，徳間書店）」
A幼稚園年中クラス　2005.12.7
「ユキオのおばけをマコトがまねした。ユキオはマコトのおばけに気づき，自分のおばけも意識した」
　架空のエレベーターは骸骨の国に到着した。
　保育者は「何がいるのかな？」と子ども達に聞く。子ども達の口々に出る話をもとに，こうもり，ドラキュラになる場面を続ける。ユキオは，両手5本の指を恐ろしげに開き両手首を下に折り，伸ばした両腕を交互に振り下ろし一歩ずつゆっくり前進する。その様子を正面から見たマコトは，ユキオの腕の動きをまねするように片腕ずつ交互に振り下ろす。ユキオはマコトが自分をまねている様子に気づき，マコトを見つめる。ユキオは，自分のしていた動きを繰り返しながらも，今度はマコトのように腕だけを動かしながら腰を深く曲げてマコトの動きに答えるように動く。そのやりとりが終わると，2人は，おばけの戦いをそれぞれのおばけの動きで表しながら楽しみ出した。

Pattern Ⅱ
行為（動き）をなぞらえたり，やりとりをしたりして楽しむ
（状況）　ⅲ　まねされることで他者に関心を持つ

保育者の記述による模倣エピソード
Ep1-231 （公保18）	「わたし，おねえちゃんになったの」 いつも誰かのまねをするA子。A子がだれかのまねをしないで行動することがほとんどないようにさえ感じられていた。ある日，保育士のまねをして，乳児B子の世話をしたところ，B子にとてもなつかれた。B子に「A子おねえちゃん」と言われ，自分が近づくとB子の機嫌がよくなり，自分のすることをなんでもまねようとするB子の様子をびっくりするように見ていた。その後，A子は自分に自信がついたのか，積極的に他の子どもの世話をするようになった。 （生活行動，5歳児）
Ep1-232 （公保13）	「わたしが先生」 やきいもグーチョキパーで，「ジャンケンどっちが勝ちゲーム」を保育士が知らせた。その後の自由遊びの際，C子が「みなさ〜ん」と大きな声で話しながら，歌を歌い出した。保育士も子ども役になり，「C子先生，どっちが勝ちですか？」と話しかけてC子のすることをまねした。C子はニコニコと笑顔になり，遊びを盛り上げていった。遊びのなかで，いつもひとと交代するのを嫌がるC子が，その後，他児と役割を交代しながら遊んでいた。 （ゲーム/遊び，3歳児）
Ep1-233 （公保36）	「ぼくって，そんなふう？」 A男は，仲の良い友だちの前では明るく振舞うことができるが，人見知りがあり，クラスのみんなの前になるとおとなしくなってしまう。ある日，A男の口癖「ちがうだろー！」を保育士がまねをして言った。それを，クラスの子ども達がまねし始め，クラスの流行語のようなものになった。A男の存在がみんなにとっても大きく変わっていったようで，A男自身もだんだんと素の自分を見せてくれるようになってきたように感じられた。 （生活行動，5歳児）

第1章　幼児期における身体による模倣の機能　　51

　ここでの事例やエピソードは，模倣される側を焦点として模倣の機能を捉えている。子ども達は，模倣されたことで他者の存在を意識し，他者の表現に関心を持つようであった。

　身体表現活動【事例1-7】のアヤは，ユミとミカにまねされ，保育者に認められたことで，自分の行為を意識したようだった。アヤは自己を意識したことで周囲への関心が促され，それがエミコの動きを注視することにつながった。一方，トシオは，アヤらの一連の様子からきっかけを得たように動き始めた。保育者に認められても，アヤのように嬉しそうにしなかったが，その後，周囲に自分をまねることを誘うように独特な動きで表し続けた。いずれの場合にも言語的なやりとりがほとんど発生しておらず，子どもは身体の動きを媒体にして他者の存在を意識し，自らの行為を確認していた。

　また【事例1-8】では，マコトが，ユキオの動きをまねしたことで，ユキオはマコトに関心を寄せ，次にマコトの動きのまねを始めていた。ユキオはマコトに，動きをまねされたことで，自分のおばけの表現を「僕はそんなふうにしていたんだ」と意識したようであった。同時に，自分になってくれたマコトの存在を意識しマコトとかかわることに関心を持ったようであった。

　このように，身体表現活動では，自分の動きを他者に模倣されたことで，他者の存在に気づき，他者の存在を意識し，他者の表現に関心を持つようになる場面が見られた。模倣されたことで，安心して他者の動きを見つめ，他者の模倣をし始めていた。また，模倣されたことをきっかけに，他者との友好的なかかわりを創り出す場面を目にすることもあった。それは，他者から模倣されることで，他者を認めることができるようになった結果と考えられた。子どもにとって，他者に見られることや模倣されること自体が，他者を認識する過程に影響を及ぼすようであった。

　一方，模倣する子どもと模倣される子どもの関係がしばしば転換する様相から，模倣する子どもは，特定の「ひと」に関心を持つというより「身体」や「動き」に惹きつけられると解釈された。身体表現活動における模倣の関

係が，必ずしも日常の特定の人間関係に依存せず，多様な交流が生まれることが多いという保育者の印象に対する根拠の一端がうかがわれた。

以上の身体表現活動で明らかにされた本機能は，保育者エピソードにも描かれていた。＜Ep1-231＞では，いつも誰かの模倣をしていたＡ子が，年少の子どもに模倣され頼られることで，自信を持つようになる様子が描かれていた。模倣された直後に，Ａ子がびっくりする様子が認められており，模倣された経験がその後のＡ子の変容を促すきっかけであったことが捉えられる。＜Ep1-232＞では，ゲームのなかで，Ｃ子がすることを皆がまねたところ，Ｃ子はニコニコし遊びを盛り上げ，さらに他児と役割を交代して遊んでいく様子が捉えられていた。＜Ep1-233＞では，なかなか人前で自分を出せないＡ男が，自分の口癖を保育者や他児にまねされ，クラスのなかでのＡ男の存在が大きく変わり，Ａ男が自分を表現できるようになった様子が捉えられた。模倣されたことでＡ子，Ｃ子，Ａ男は，自分以外の他者を意識し始めている。それは，いつもの仲のよい友達とは限らないようであった。その結果として，自分に自信を持ったり，自分らしくなったり，他者をおもいやったりなどの行為が生まれている。模倣されることが他者との関係を広げていくためのきっかけになっていると考えられた。

以下のような観察事例も見られた。

『朝の自由遊びの時間，ユキコ（5歳）が，廊下で両脚を交差するようにして歩いていた。その後ろから，イツミ（5歳）がやってきて，ユキコの後方に立ち，ユキコの足元を見ながら，同じように両脚をゆっくり交差して歩いた。その様子に気づいて振り返ったユキコに対して，イツミが「おそろいだね」と言う。ユキコは，その後，後ろから自分をまねするイツミにも分かるように動作を大きくして歩いた。ユキコはイツミにしぐさをまねされたことで，まねしたイツミを気にし始めたようであった。(2007.10.12, Ｈ幼稚園)』

この事例からは，何気ない日常の行為を模倣することが，ひととひととの関係作りに大きな役割を果たすことがうかがえた。ユキミは，模倣されたこ

第1章　幼児期における身体による模倣の機能　　53

とをきっかけにイツミを意識するようになっている。さらに，以下の観察事
例からは，その役割の過程が生み出すものは何かを考えることができた。

　『ヒロコ（5歳）は，普段から皆がすることにあまり興味を示さないよう
に見えた。新しい体操を覚える際，保育者がふりを忘れ，とっさにヒロコの
方を見て，ヒロコの腕の動きをまねした。ヒロコは，保育者を見て「わたし
のまねしていいよ」と言い，周囲を見渡すようにした。皆はどういうふうに
しているのかなという感じで見ていた。その後，皆のなかに加わることが増
えてきたように感じられた。(2007.9.14，H幼稚園)』

　この事例からは，ヒロコが，自分の事物や行為を他者（保育者）に模倣さ
れたことで他者の存在に気づき，「わたしはそんなふうにしていたんだ」と
自分を意識し出す様子が読み取れた。さらに，模倣されたことをきっかけ
に，他者に教え始める様子も見られた。それは，自分が他者に認められたこ
とで，他者に対してより積極的なかかわりを持てるようになったためであろ
う。このように，子どもにとって，身体による模倣が自己肯定感の高まりを
支えると考えられた。

　以上，子どもにとっての他者に模倣される効果の実相が様々に捉えられ
た。これらの事例からは，他者に模倣されることの子どもに与える影響が，
身体による模倣を相互行為として捉えるうえで大きな意義を持つことが示唆
された。

　そこで，「模倣された子ども」について，後章（第3章，第4章）で，さら
に実証的に考察することとする。

1.4.1.2.iv. まねし合うことから自己表現が息づく

表1-7　PatternⅡ-ivにおける身体による模倣の機能分類の流れ

身体表現活動における模倣の観察事例

＊事例中の下線部は，模倣する子どもと模倣された子どものフォルム，リズム，空間の使い方などの動きの特徴，位置関係，視線，発話，模倣後の変容など，考察の手がかりとした現象

【事例1-9】「大きくなれ，小さくなれ」A幼稚園年中クラス　2006.9.5
「リョウヘイとキヨシがかっこいいサルになる」
　保育者のタンバリンの音と，「走って」「自分の好きなポーズでストップして」の言葉に合わせて，子ども達は，走って止まって，思い思いのポーズで静止する遊びを繰り返す。
　保育者は「今度はかっこいいポーズでストップ」と言う。リョウヘイは，右手を頭に，左手をへそに置き，サルのまねをするようにして止まる。一緒に走ったキヨシは戸惑った様子で，リョウヘイを見て立ちすくむ。
　再度，保育者の「スタート！ストップ」の声。リョウヘイは先回と同じようにサルのポーズ。キヨシは，リョウヘイを見ながら，リョウヘイと向かい合ってサルになる。リョウヘイはキヨシを見て，サルのポーズのまま軽くジャンプする。「スタート！ストップ」。キヨシは，先回のリョウヘイと同じジャンプをする。リョウヘイは向かい合ってジャンプした後，四つん這いになって片足を高く挙げる。
　次の「スタート！ストップ」。2人は互いの様子をうかがわず，各々四つん這いになり片脚を高く挙げて静止した。リョウヘイは前よりも高い位置に脚を挙げようと両腕を伸ばし，キヨシは顔を上に向けて腰を捻って片足を挙げてポーズをとった。

【事例1-10】「よりみちエレベーター（絵本：土屋富士夫，徳間書店）」
　　　　　　A幼稚園年中クラス　2005.12.7
「チエミとルミはきれいなお花になりっこする」
　架空のエレベーターはハワイに到着した。チエミとルミは遊戯室の壁に背中をつけて直立する。チエミが両腕を頭上でひろげて花になる。ルミがその動作をまねる。チエミは膝を折って低い姿勢で花になる。ルミがまねる。チエミは背伸びするように高くなる。ルミは高くなって両手をゆらゆら揺らす。チエミは膝を折ってゆらゆらと両腕を揺らす。その後，別の場面になっても，2人は申し合わせたように同じ場所に来て，相互に動きをかかわらせながら自分の花を表し続けていた。

PatternⅡ
行為（動き）をなぞらえたり，やりとりをしたりして楽しむ
（状況）　iv　まねし合うことから自己表現が息づく

保育者の記述による模倣エピソード

| Ep1-241
（公保18） | 「おそろいがきっかけになる」
いつも他児に面倒を見てもらうことの多いA子だが，最近，まわりの子どもを意識して，ちょっとしたことをまねするようになった。ある日，B子と持ち物を「おそろい」にするなかで，A子のまねでなく，自分の考えで振る舞う場面が見られた。
（生活行動，4歳児） |

Ep1-242 （公保16）	「うまくなくても，描いてみるね」 絵を描くことが苦手なC子のとなりで，絵の得意なD子が描き始めた。C子はそれをまねし始めた。D子もそれを見ながら，逆にC子のまねをするようにして描いた。そのとき，C子は「思いはあっても，うまく描きたいのに描けない」という自分自身の殻から解かれたように見えた。その後，自分の思うことを描いてみようとするようになった。 （描画／ぬりえ，4歳児）
Ep1-243 （私幼6）	「ぼく達の忍者修行だ」 A男，B男，C男が，年長児クラスの忍者の運動会練習の姿を興味深げに見ていた。年長児から少し離れた所から年長児の踊りに合わせてまねして踊り，「修行」をしていた。その後，部屋に戻り，3人で頭にタスキを巻き，「忍者をするぞ」と腰を低くしてなりきってテラスを走り始めた。お互いに修行の中味を出し合いながら遊びが続いていた。 （運動遊び，4歳児）
Ep1-244 （公保12）	「砂場にダムができた」 D男が，砂場で大きな池を掘って遊んでいたので，保育士がまねをして，となりで池を作り始めた。するとD男は，池から細い道を作り，その道をどんどん長くしていった。保育士も，D男の手つきをまねて同じように道をのばしていった。そのうちに，D男の道と保育士の道が合体をして大きなダム作りへと発展していった。その後，D男は裸足になって思う存分に遊んでいた。 （砂場遊び，4歳児）
Ep1-245 （私幼3）	「道路とダムを作った」 E男が，かまぼこの板でインターチェンジを作るのを見て，F男が「入れて」と言う。F男は「ぼくは高速道路のトンネル作る」と近くで作り始めた。その様子を見ていたG男が「入れて」と参加し「ドライブインの駐車場」とはりきって作り始めた。3人は，お互いの作るものを交互にまねし合っていた。その後，各々が自分の家をかまぼこの板で作り始め，友だちの作った道路につなぐなど遊びが続いた。 （製作／粘土，4歳児）
Ep1-246 （私幼15）	「積み木が迷路になる」 ホールでスチールの積み木を使っての自由遊び。H男が，立方体，三角柱，直方体をつなげて長い橋を作っていた。H男は，それを迷路と名付けて落ちないように渡るのを楽しみ始めた。それをまねし始めたI男は，その後，三角柱と直方体を組み合わせてシーソーに変形した。今度は，H男が，その一部をまねて別の形を作り出す。2人はたくさんの積み木を使用し大きな空間を作って遊び始めた。 （ゲーム／遊び，5歳児）

「まねし合うことから自己表現が息づく」とは，どちらからともなく動きをまねし合う相互同時的な模倣の現象から，他者と動く感覚を共にしてイメージを広げ，自己表現を芽生えさせる機能である。この機能の模倣は，相互同時的，または模倣の相互関係を転換させた行為のなかで発現し，言語では

なく動きによる身体的な相互行為が相互関係を支えている。まねしているうちに生き生きしてきた，その子らしさが出てきたなどのように，独自の表現に至るプロセスを支える非常に力強い機能だと捉えられた。

身体表現活動【事例1-9】のキヨシは，リョウヘイの動きをまねしたことをきっかけに，リョウヘイとのまねしあいを楽しむ時間のなかで，徐々に自分なりのイメージから動きを加えているようだった。

【事例1-10】では，チエミの花の動きをルミがまねし，その後は，どちらからともなくお互いに動きをまねし合う行為を繰り返していた。その過程で，2人は動く感覚を共にしながらイメージを共有させていく。そのイメージを支えにして自分なりの表現をも芽生えさせているようであった。

以上の事例は，保育者にとって，身体表現活動がうまく展開したと感じられるような場面に多く見られた。それは，保育者の具体的な支援がなくても，子ども同士の模倣が，子ども一人ひとりの自己表現を促し，表現する時間と空間を豊かにつないでいったからと考えられた。そこからは，独創的な表現が，個のなかで完結した特殊な能力によって発揮されるばかりでなく，他者の存在が大きな力となることが示唆された。そして，一人ひとりの子どもにとって，その他者をどのくらい取り込めるかが重要な力になると考えられた。

本機能は，保育者による日常のエピソードにおいても最も多く抽出された。

＜Ep1-241＞では，いつも他児に面倒を見てもらうB子が，まわりの子どもを意識して模倣するようになり，「おそろい」という感覚を持つようになる。それによって，まねでなく自分の考えで振る舞う場面が見られるようになった。他者と模倣し合うことが，その子どもにとって「コピー」ではなく「おそろい」になったことで，他者を通して自分という存在を意識し始めていると解釈できる。

＜Ep1-242＞では，絵を描くことが苦手だったC子が，D子とまねし合

第1章 幼児期における身体による模倣の機能　57

って描くことで，自分の思いに沿って描くことができるようになっていく。思いはあっても，うまく描きたいのに描けないという自分自身の殻から解かれたようだったとする保育者の読み取りからは，身体による模倣が自己表現を喚起させると示唆された。

　また，＜Ep1-243＞忍者ごっこでは，A男，B男，C男が交互に他者をまねし合うことで遊びをつないでいる。＜Ep1-244＞＜Ep1-245＞＜Ep1-246＞からも，模倣のやりとりが，遊びをつなぎ広げていく様子が読み取れる。

　以上のエピソードからは，まねしているうちに生き生きしてきた，その子らしさが出てきたなどの様相も読み取れる。このような身体による模倣が，独自の表現に至るプロセスを支えるための機能として裏付けられた。

　一方，子ども達の模倣し合う様子を観察していると，模倣している子どもがリラックスしてきて自然に自分なりの表現になっていくような場面に出会うことがあった。例えば，運動会のリズム体操などの練習の場面で，一生懸命練習している子どもを見てまねする他クラス，他年齢の子ども達の方が生き生きと楽しそうに自己を発揮しているような場面である。また，車が大好きで，車や信号しか描かなかった男児が，他児が虫を描いているのを見てまねして描き始め，するとその後，虫以外にもいろいろな絵を描くようになった場面も見られた。男児は，他児の描く絵の材料をまねすることで，自分の殻を少しずつ崩し始めているようであった。

　子ども達が独自の世界を表現するということは，多くの他者のなかである程度の制約を受けながら，その子どものなかで様々な情報が圧縮されて生まれ出るものなのではないかと考えられた。身体による模倣は，そのプロセスに直接的にかかわる行為であり，子ども達の表現に豊かで発展的な変容をもたらすと感じられた。また，身体による模倣が導く独自さは，個のなかに終わらず，他者との相互行為そのものを独自にしていく可能性を持つと考えられた。

1.4.1.2.v. 他者と行為でつながることで世界が変わる

表1-8　PatternⅡ-vにおける身体による模倣の機能分類の流れ

身体表現活動における模倣の観察事例

＊事例中の下線部は，模倣する子どもと模倣された子どものフォルム，リズム，空間の使い方などの動きの特徴，位置関係，視線，発話，模倣後の変容など，考察の手がかりとした現象

【事例1-11】　「よりみちエレベーター（絵本：土屋富士夫，徳間書店）」
　　　　　　A幼稚園年中クラス 2005.12.7
「空想の世界で同じ動きをすることで皆のイメージが一致し，ヒロカを始めとした皆のアキコへのおもいやりの気持ちが，アキコにきっかけを与え，アキコの表現も皆の表現も共に豊かになった」
　架空のエレベーター，機関車の階で遊んだ後，保育者の鈴の合図でエレベーターとされた場所に戻る。「扉が閉まっちゃう」と皆は大急ぎでエレベーターへ走り込む。一緒にやろうとしない双子の一方のアキコは遊戯室の隅に座り込む。ヒロカがアキコに「早くおいで」とエレベーターから飛び出し，走り寄って手を引こうとする。アキコは，「いいから」と触れられないように後ずさりする。皆が「早く～，いっちゃうよ」と口々に呼ぶ。ヒロカは困ったように皆とアキコを交互に見るがエレベーターに駆け戻る。
　次の宇宙の階，宇宙で遊んだ後，再び鈴の合図。ヒロカはエレベーターに戻りかけるが，同じ所で横座りしているアキコに駆け寄り，強く手を引く。アキコは強く嫌がる。皆が「早くおいで」と叫ぶ。エレベーターからタツヤが，ヒロカと同じようにアキコを誘いに来る。その様子に合わせるように皆が「早く～」と叫ぶ。アキコは足をばたつかせて拒む。2人は諦めてエレベーターに走り込む。
　次のおばけの階。アキコは遊戯室の真ん中まで移動して皆の動きを見ながら座る。鈴の合図。アキコは，皆の方をうかがいながら，遊戯屋の隅，わざわざ先ほどと同じ場所に移動して座る。ヒロカはエレベーターの中からアキコを呼び，再度アキコを誘いに行く。ユキが後を追う。ヒロカがアキコの手を引くとユキも手を引く。アキコは，無言で2人を見つめながら軽く手を払おうとする。双子のもう一方のハルコが走り寄り3人に割って入り手を解き離そうとする。そのとき，保育者が「アキコもおいで」と軽く呼ぶと，それを鈴の音と同様の，きっかけの合図にするかのように，アキコは3人の手を自ら払いのけて，喜々とした様子であっと言う間にエレベーターに走り込む。皆は自然に迎える。
　次のハワイの階では，アキコは，皆に交じって動きを楽しみ出した。

【事例1-12】　「雲の上で遊ぶ」A幼稚園年中クラス 2006.10.21
「空想の世界で同じ動きをすることで，サトルとタツキは皆のイメージのなかに巻き込まれ，皆と一緒にいることを感じた」
　保育者は「雲に乗ってみよう」と子ども達を集め，小さな声で「怖いんだけどね，あっちに雷の雲があるんだって。行ってみたい？」と遊戯室の隅を指して言う。「行きたい！」と子ども達。サトルとタツキは，保育者の指した方向めがけて走り出した。その姿は，雷雲に乗りたいというよりも，何でも一番にしたがる「いつもの2人」。その場所に走り込み得意気に皆を見たが，皆は2人に関心を示さない。保育者は，2人の方は見ずに，皆に「雷が落ちるかもしれない，そーっと，ゆっくり，しー」と口に指を当てて抜き足差し足で歩き始めた。すると周囲の子ども達も，雰囲気を捉えて静かにゆっくりと抜き足差し足で歩き出した。サトルとタツキは，立ったまま皆の様子をうかがう。保育者は，手で耳をかざしながら「聞こえる？ゴロゴロ」と言う。女児らは「キャー」と叫んで反対方向へ走り去った。ワタルが床をドンドン踏み鳴らすと，周囲の男児らがまねる。サトルとタツキも加わるが，大きな音を出すことだけが目的のように足踏みする。ワタルが「こうやってドンドンやると雷が落ちるんだって」と両足を揃えてジャンプすると，女児らが戻ってきて一緒にジャンプする。皆が同じように手をつないで一緒に跳び始める。サトルとタツキは足踏みをやめて，皆と同じように手をつないで合わせて両脚で跳ぶ。2人は，いつのまにか皆の輪に加わっていた。

第 1 章　幼児期における身体による模倣の機能　59

Pattern Ⅱ
行為（動き）をなぞらえたり，やりとりをしたりして楽しむ
（状況）　ｖ　他者と行為でつながることで世界が変わる

保育者の記述による模倣エピソード	
Ep1-251 （公保18）	「お泊まり保育，楽しみになってきたよ」 Ａ男は，お泊まり保育に行くことに不安なようだった。お泊まり保育に行く前に，クラスで電車に乗るための練習として切符の自動販売機を作って遊んだ。Ａ男は，初めは不安そうにしていたが，皆をまねして自動販売機作りを始めた。家に帰っても自分で切符や自動販売機を作ったようだった。その後，何度も自動販売機を作って繰り返し遊んだ。Ａ男の様子から，お泊まり保育への不安が期待へと変わったように見えた。 （製作／粘土，5歳児）
Ep1-252 （公保18）	「戦隊ショーごっこになっていく」 Ｂ男が，昨日，戦隊ショーに行ったという話をし始めた。「ぼくも行ったことある！」と数名で話が盛り上がった。それぞれが，戦士の名前を使って戦いごっこが始まった。自分が知らないポーズなどを「こう（すればいいのかな）？」と言いながら，他児とまねし合う。知っていることは「こうだよ」と教えてあげたりして遊びが続いた。まねし合うことで具体的なイメージを共有し，リアルな戦隊ごっこが盛り上がっていったように見えた。 （ごっこ，4歳児）
Ep1-253 （私幼6）	「動物園みたい」 Ａ子が犬のまねをした。それを見たＣ男とＤ男が，Ａ子のまねをし始めて，犬になった。Ａ子が振り返ってそれを見た。その後，3人で申し合わせたようにして，他の動物（猫，鳥など）になって遊び出した。それを見ていた周囲の子ども達も3人の遊びに加わった。動物園ごっこに広がっていった。 （身体表現ごっこ，3歳児）
Ep1-254 （公保4）	「"なかよしさん"が，双子ごっこになった」 Ｂ子は，Ｃ子の絵をまねして絵を描き始めた。Ｃ子が，Ｂ子の様子に気づいて「（私達は）なかよしだね」と言う。Ｂ子も嬉しそうに頷いていた。2人とも，一緒で仲良しという気持ちになったようで，その後，双子を演じながら遊び始めた。 （ごっこ，5歳児）

　「他者と行為でつながることで世界が変わる」機能とは，自分とは違う他者のイメージを身体で共有させながら「共に」の場面を創り出す現象と捉えられた。

　身体表現活動【事例1-11】でのアキコは，10月の運動会頃から少しずつ皆

に加わるようにはなってきたが，アキコが何かをやらない状況を他児はあまり気にかけていない。この事例では，それぞれの子ども達のこころの動きに関して，その背後関係を踏まえた多くの解釈が錯綜するが，特に関係性という視点で考えてみた。ここでの遊びの時間と空間は，子ども達にとって，エレベーターに乗っていろいろな所に行くという意味付けられた模倣のストーリーの世界であり，空想と現実の境界線がつけられない。そこに身を置いているからこそ，日常では「一緒にやろう」という誘いがスムーズに発せられない距離であっても，「エレベーターに乗り遅れるよ，置いていかれちゃうよ」という緊張感に突き動かされる思いで，素直にアキコをおもいやっている。さらにヒロカに誘われるように他児が一連の行為を模倣するように他者をおもいやり，その行為が表れない子さえも，エレベーターで旅する仲間としてイメージを一致させ，見事なほどに「共に」の空間を作り上げている。身体による模倣行為が発現していない子どもであっても，徐々に他者とイメージを沿わせて「共に」の空間を作り上げていた。立ち会った筆者には，他者をおもいやる気持ちが，子ども達の表現を豊かにしたと受け止められた。

【事例1-12】のサトルとタッキにおいても，何でも一番初めにやりたがる彼らの様子は，普段は他児からさほど気にかけられていない。10月当時，2人の行動を他児が規制したり誘ったりする場面がほとんど見られなくなっており，日常では，皆と一緒にすることがうまくいかない距離にあった。しかし，この場所と時間が，雷という架空のストーリーへの興奮と緊張感に包まれることによって，2人と皆が相互に模倣をし合って動き始めていた。雷のイメージを共有させて，「共に」の空間を作り上げていく様子が見られた。

これらの身体による模倣は，子ども一人ひとりが自分とは異なる他者のイメージを身体で共有し，個の世界を超えて，「共に」の場面を作り出す機能と捉えられた。動きによる模倣が発現していない子どもであっても，徐々に他者とイメージを沿わせて「共に」の空間を作り上げている。空想と現実が入り交じる子ども世界独特の現象と考えられた。そこでは，子ども達のなか

に他者をおもいやる気持ちが自然に生まれ，それが表現を豊かに膨らませたと感じられた。他者をおもいやるとは，他者に自身の身体を沿わせることから始まるのであろう。本類型の模倣が，子ども自身のこころを心地よく温めていると思われた。

　以上の身体表現活動で見られた機能は，保育者の記述エピソードにも見られた。保育者エピソード＜Ep1-251＞では，お泊まり保育に行くことに不安を持っているA男が，他児と同じ行為をすることで，皆が感じている期待や喜びを感じ取り，徐々に自分の不安を減らし，それによって自分の世界を広げている様相が読み取れる。＜Ep1-252＞では，B男が戦隊ショーに行った話から，他の子ども達もそれぞれが持つ情報を身体で表し，それを模倣し合うことから具体的なイメージを共有し，ごっこ遊びに発展させている。＜Ep1-253＞の3人での動物ごっこからの展開も同様である。ごっこ遊びが，今以前の経験の再現である延滞模倣を中核としているとはいえ，ごっこの成立や展開に相互行為としての身体による模倣が大きな影響を及ぼしていると考えられた。

　また，＜Ep1-254＞の保育者の視点は興味深い。B子が，C子の絵をまねして描き始め，C子がそれに気づいて「仲良しだね」と言う。その後，2人の遊びが双子ごっこへと転じていく。他者と身体という媒体を通じてつながることによって，B子とC子がお互いに仲良しという気持ちになり，違った世界を作り出す様子と捉えられた。ここでは，その始まりがB子の模倣行為にあったと捉えた保育者の視点が，援助方法への示唆に富む。

　以上，本類型の身体による模倣では，他者とのイメージを共有させ，そこから「共にある」空間を作り，自己と他者ともに新たな広がりを持った世界が生成される機能が認められた。

1.4.1.3. PatternⅢ：自分の行為，心情やイメージを意識する

表1-9　PatternⅢにおける身体による模倣の機能分類の流れ
身体表現活動における模倣の観察事例

＊事例中の下線部は，模倣する子どもと模倣された子どものフォルム，リズム，空間の使い方などの動きの特徴，位置関係，視線，発話，模倣後の変容など，考察の手がかりとした現象

【事例1-13】　「できるかな？あたまからつまさきまで（絵本：エリック・カール，偕成社）」
　　　　　　A幼稚園年中クラス　2007.10.21
「ユタカはヒロキをまねした後，自分のキリンになった」
　「できるかな」の絵本に沿って遊ぶ。
　「私はキリンです。首をグイーンと曲げられます。あなたはできますか」と保育者が言葉をかける。子ども達は首を様々に曲げて動かす。ユタカは座ったまま首をゆっくり前に倒す。右前方のヒロキが，正面を向き，首を横に傾けて伸ばす。ユタカは同じように首を横に傾けてみる。右となりにいたショウコが立て膝になって右手を伸ばし，その腕に首を沿わせるように腰と背中を伸ばす。ユタカはショウコの様子を見て，同じように立て膝になり首を伸ばす。その後，床に頭をつけてお尻を持ち上げるようにして，片足を天井に突き上げて，「キリン（になったよ）！見て！」と言う。

【事例1-14】　「そしたら　そしたら（絵本：谷川俊太郎,福音館書店）」
　　　　　　R幼稚園年中クラス　2001.11.29
「ジュンコは，男児のまねをした後，自分の動きをはっきり意識して表した」
　「これは，なあに？すってんきりんだね」という保育者の声と，鈴の音と共に，子ども達は，きりんになって各々床にひっくりかえった。
　ジュンコは周囲の様子をうかがいながら，ゆっくりと背中を床につけて脚をそっと垂直に挙げて膝を少し曲げたまま仰向けになった。すぐ横でヨシキが脚を曲げて，ごろんと横向きに転がりながら移動すると，それを見たシンジが後を追うように同じように勢いよく転がる。ジュンコは，その様子を見た後，伸ばした脚を曲げて試すようにヨシキやシンジと同じ動きをする。
　保育者が「もう一度やろうね，すってんきりん！」と言うと，ジュンコは，初めの自分の動きを今度は膝をまっすぐに伸ばして，周囲をうかがうことなく，すぐさま行っていた。

PatternⅢ
自分の行為（動き），心情やイメージを意識する

保育者の記述による模倣エピソード
Ep1-31 （公保18）	「ボクとみんな」 A男は，4月に入園し，一人遊びが多く，自分の世界だけで遊んでいることが多かった。最近，友だちが遊んでいる様子に興味を持ち始め，同じ遊びをまねする姿が見られるようになった。最初はまねをしているだけだったが，徐々に，その場面に合った会話もできるようになった。それまで他の子ども達からは，たまに一緒に遊んでも遊びの邪魔をする子どもというレッテルを貼られていたが，皆に誘われて上手く遊べるようになっていった。 （生活行動，3歳児）
Ep1-32 （公保9）	「まねして描いた絵だけど，いつのまにか私の絵」 同じ課題で絵を描く際，グループ全員が，1人の女児A子の絵をまねしながら描き始めた。その後，まねしながらも，皆でいろいろと話しながら描いていた。そのうちに，描く絵が一人ずつ違ってきた。まねしながらも，少しずつ自分の描いた絵を自分で認めながら，描き加えるようにしている様子に見えた。 （描画／ぬりえ，4歳児）
Ep1-33 （公保13）	「好きなふうに描いてみようかな」 絵を描くことが苦手なB子が，C子と一緒にお話を聞いたことで，C子と同じ場面を描きたいと思ったのか，C子のまねをして描き出した。C子の絵を見てまねして描きながら，楽しそうに話をしていた。お互いのイメージを話し合ったりすることがとても楽しかったのか，B子は，いつになく楽しんで描く姿が見られた。また，C子が何でもためらいなく自由に描く姿を見て驚き，自分が描くことにもためらいが減り，少し自信を持ったようだった。 （描画／ぬりえ，5歳児）
Ep1-34 （公保9）	「5歳さんのアイスクリーム屋さん，ぼく達もやりたい，ぼく達にもできるよ」 3歳児が，5歳児のしているアイスクリーム屋さんに出かけていき，お客さんになってアイスクリームを作ってもらい，アイスクリーム屋さんごっこを楽しんだ。5歳児が次の遊びに移ったのを機に，5歳児の使っていたアイスクリーム屋のセットを貸してもらって自分達の部屋の前に置いて遊び始めた。初めは，5歳児のしていたことをまねして行っていたが，そのうちに自分達なりのアイスクリーム屋になっていった。 （ごっこ，3歳児）
Ep1-35 （私幼6）	「ぼくってこういうふうに話しているの？」 B男は少し言葉のイントネーションが違う。他の子が「B男みたい」とまねしているのを聞いて，最初，B男は「違うもん」と言っていたが，その後，他児が自分をまねするのをまねしていた。それからは自分の話し方を意識するようになったと感じられた。 （生活行動，5歳児）

「自分の行為，心情やイメージを意識する」とは，模倣することで自分の身体や動き，さらには自分の意図を意識し始める現象である。

身体表現活動【事例1-13】のユタカ，ヒロキ，ショウコは，各自で自分なりに動きながらも他者の模倣をしていた。特にユタカは，ヒロキ，ショウコ

の動きを観察し模倣することによって，自らの身体感覚を覚醒させ身体への意識を持ったようであり，それによって感情や意欲を喚起させ，イメージを明らかにさせていたと捉えられた。

【事例1-14】のジュンコは，ヨシキの動きを模倣したというよりも，ヨシキの模倣をしたシンジに倣って動いたようであった。シンジのように膝を伸ばして動いたことによって，その直前にしていた「膝を曲げていた自分の動き」を自覚的に意識し，それによって「膝をまっすぐ伸ばすといいな」ということに気づいたようであった。ジュンコの変化に見られるように，本機能の模倣は，他者の動きを観察して模倣して動くことによって，自らの身体感覚を覚醒させ，表現する意欲や自分のイメージを明確にしていく可能性を持つと言える。

保育者の記述したエピソードでは，模倣直後に感じた自己の姿への意識が，その子どもにとっての何かしらの気づきを促し，その後の生活に影響を及ぼしている様子が描かれていた。例えば保育者エピソード＜Ep1-31＞では，一人遊びが多く自分の世界だけで遊んでいたり，たまに他児にかかわってもうまくいかなかったりしたA男が，友だちの遊びをまねするようになったことで，徐々に他児とのかかわりを広げていく様子が描かれていた。＜Ep1-32＞＜Ep1-34＞の描画やごっこ遊びの場面では，模倣しているうちに，模倣した子どもの表現が意図的になっていく様子が捉えられていた。

また，＜Ep1-33＞では，絵を描くことが苦手なB子が，友だちと一緒に同じ絵を描いていくなかで，友だちが何でもためらいなく自由に描く姿に気づき，自分が描くことに少し自信を持つようになっている。自分を表現することにつまずきを感じている子どもが，他者と同じことをするなかで，自己の行為を自覚し，それをきっかけに小さな挑戦に臨む様子が見られた。＜Ep1-35＞では，少し言葉のイントネーションが違うB男が，自分をまねた他児の言い回しを模倣することで，自分の話し方を意識するようになった様子が捉えられていた。

第1章　幼児期における身体による模倣の機能　　65

　以上の事例やエピソードから，子どもが他児を模倣することは，自分の様子を意識する機会となり，客観的に自分を見つめるプロセスになることが示されていた。それは，観察における4歳児のぬりえの場面でも見られた。

　『ノリコが，マサコの絵の一部をまねして描き始めた。マサコの絵は，紙の隅まできれいに丁寧に塗ってあった。ノリコは，しばらくすると，マサコの絵と自分の絵の違いを感じたようであった。自分の塗り方の雑さに気づき，自分の描いた部分を塗り重ねて，絵を直し始めた。その間，ノリコの視線が，自分の画用紙とマサコの画用紙を行ったり来たりする様子が見られた。クレヨンの色の選び方も，マサコのする通りにしていた。その後，塗り直しを終えてからは，あまりマサコの絵を見ていないようであった。こうしようという自分なりのイメージが，ある程度定まったからのように感じられた。(2007.9.11，H幼稚園)』

　ノリコは，マサコをまねたことで，自分の描き方の雑さに気づいたようだった。そこから自分の絵を描き直し始め，その後は自分のイメージを確かにしながら進める姿が見られた。このように，子どもは，他者の動きをまねることによって自分に気づき，自分を少し変える勇気を持ち，そこから主体的で独自な表現を生み出すのであろう。

　本類型の身体による模倣は，他者を模倣することで自己の行為への認識が進み，自己理解が促されていく機能を持つと捉えられた。

1.4.1.4.　PatternⅣ：自分にないイメージや行為のアイディアを取り込む

表1-10　PatternⅣにおける身体による模倣の機能分類の流れ

身体表現活動における模倣の観察事例

＊事例中の下線部は，模倣する子どもと模倣された子どものフォルム，リズム，空間の使い方などの動きの特徴，位置関係，視線，発話，模倣後の変容など，考察の手がかりとした現象

【事例1-15】　「大きくなあれ，小さくなあれ」A幼稚園年中クラス　2006.9.5
「ケンタ，カナコ，ユウキの動きのアイディアを取り込んでまねした後，クラスの皆それぞれのイメージが豊かになった」
　　雨のなかのかたつむりを表す場面。ケンタは「こういうふうにやればいい」と，頭の上に両手の人差し指を立てて見せた。保育者が「すごいね，ツノができたんだね」とほめる。その様子を見て，カナコが「こう，だよ」と身体を丸くする。ユウキが「ひとり，だれかを載せればいいじゃん」と自分の背中を指しながら言う。ユウキは，近くにいたエイジを自分の背中に乗せ，四つん這いになって力強く前に進んだ。その後，周囲の子ども達は，それぞれ，ツノのあるカタツムリ，2人組で背中に乗せたカタツムリ，自分の身体を丸くするカタツムリになった。

【事例1-16】　「紙になる」F幼稚園年長クラス　1998.12.8
「ケイコは，ミドリの動きのアイディアを取り込んで模倣した後，自分のイメージを豊かにしていった」
　　紙になってみようという表現遊びを遊戯室で行った。
　　ケイコは顔だけを上げてうつ伏せに寝て周囲を見渡す。保育者の「風が吹いてきたら紙ってどうなる？」という言葉がけを聞くと起き上がり，両手を広げて立った。保育者が皆の動きを誘うようにピアノを弾くと，ケイコは円を描くように両手を広げて走り出した。その前でミドリが両腕を鳥のようにゆっくりと羽ばたかせて走るのを見て，ケイコはミドリと少し距離を保ちながらも並行してかなり正確に同じように両腕を動かす。その後，広げていた両腕を左右交互に上下させて斜めにしながら走る。ピアノの音が終わると，ほとんどの子どもはうつ伏せになって床に寝たが，ケイコは両手を広げたまま片膝を立ててしゃがみ，平らな紙を表していた。

【事例1-17】　「よりみちエレベーター（絵本：土屋富士夫，徳間書店）」
　　　　　　　A幼稚園年中クラス　2005.12.7
「センセイの気持ちになって，サメになる」
　　架空のエレベーターがハワイに到着する。保育者の言葉で，子ども達は海の中の生き物になる。ジュンキは魚になって腕を振りながら，遊戯室の柱の陰に隠れた。そこへ保育者がサメになりきって両手を広げ，「ガブッ！」とジュンキの身体を抱くようにして食べたふりをする。それを見ていたアッシとダイスケが，保育者のまねをしてサメになり，保育者を食べるふりをするように，両手を広げ保育者に抱きつく。その直後から，保育者に食べてもらおうと魚になる子ども，サメになって保育者や他の子どもに抱きつく子どもなどのいろいろな姿が，いろいろな場所で見られた。

第1章 幼児期における身体による模倣の機能　67

PatternⅣ
自分にないイメージや行為（動き）のアイディアを取り込む

		保育者の記述による模倣エピソード
i 主として方法や技術のアイディアを取り込む	Ep1-411 (公保13)	「手脚をまっすぐ伸ばして」 踊りを踊る際，上手な子どもがつま先で立ち，指先をまっすぐ伸ばしていた。A子は，その動きをよく見ていて，その動きをまねし始めた。 （踊り／リズム，5歳児）
	Ep1-412 (公保25)	「色使い」 A男は，いつも絵を描くときは単色使いである。となりで気の合うB男が鮮やかな色合いで描いているのを見て，それをまねし始めた。様々な色を使い始めた。「きれいだね」と保育士に言葉をかけられたA男は，嬉しそうに笑い，楽しそうに描き続けた。 （描画／ぬりえ，3歳児）
	Ep1-413 (公保5)	「いろいろな材料を使う」 C男は，廃材箱の中から小さいペットボトルを見つけ，そのペットボトルを薬にみたて，ぬいぐるみを自分の子どもにして病院ごっこを始めた。周りの子どもが，その様子を見ながらぬいぐるみを持ち，C男を中心に病院ごっこが始まった。周りの子ども達は，初めはペットボトルだけを使ってC男のまねをしていたのに，そのうちにそれぞれが好きな材料を取り出し，いろいろなものにみたてて遊び出した。 （ごっこ遊び，5歳児）
ii 主としてイメージを取り込む	Ep1-421 (公保4)	「車以外のイメージ」 車が大好きで，絵も車や信号しか描けなかったD男が，E男が虫の絵を描いているのを見てまねて描くと，そのほかにもいろいろな絵を描くようになった。 （描画／ぬりえ，4歳児）
	Ep1-422 (公保10)	「赤ちゃん？おかあさんになる」 B子が，「バブちゃん，ごはんですよ，バブちゃん，いい子ですね」と言いながら，自分の弟をイメージして（何もいないけれど）ごっこ遊びをしていた。近くにいた2人の女児が，それをまねするように，赤ちゃんとおかあさん役になって遊び始めた。 （ごっこ遊び，4歳児）
	Ep1-423 (私幼10)	「大きい組さんの山のイメージで」 4歳男児数名が，「大きい組さんが，この間やっていたよ」と言いながら，思い出しながら山作りをしていた。初めは近くにいた大きい組さんのまねのようであったが，最後には自分達の山作りになっていき，彼らなりの達成感を感じているようだった。 （砂場遊び，4歳児）

iii 主として感情や感覚を取り込む	Ep1-431 (公保18)	「優しい気持ちになってみて」 泣いているC子に, E男が優しく頭をなでてあげた。それを見た数人の子どもが同じように, C子の近くに来て, 頭をなでてあげ始めた。E男の優しい気持ちに共感した行動のように感じられた。 (生活行動, 4歳児)
	Ep1-432 (公保33)	「プレゼントしてみたい」 F男（5歳）が誕生日に折り紙のプレゼントをあげようと楽しそうに折っていた。D子は, それを見て, 折り紙を折り始めた。「あの子にあげたい」という思いを嬉しそうに保育者に話してくれた。D子は, F男の折り紙を折る様子をまねしたことで, 自分もだれかにプレゼントをあげたいという気持ちになったようだった。 (製作／粘土, 4歳児)
	Ep1-433 (公保6)	「いっぱい食べる！」 給食後, G男は, 食器の中におかずが残ってないこと, きれいに食べたことを認めてもらおうと「もう食べたもん」と食器を持って皆に見せた。まだ食べていたH男は, G男の嬉しそうな様子を少しうらやましそうに見つめた。その後, H男は急ぎ食べ終え, 同じように食器を保育者に見せた。 (生活行動, 3歳児)
iv 主として対象へのあこがれとして取り込む	Ep1-441 (私幼5)	「年長さん, 上手だね」 運動会の練習での年長児の踊りを, 年中児が見よう見まねで踊り始めた。 (踊り／リズム, 4歳児)
	Ep1-442 (私幼4)	「先生みたいに」 保育者が絵本を読むのをまねて, E子は嬉しそうに友だちを前にして保育者のように読んでいた。保育者のようであった。 (読み聞かせ, 5歳児)
	Ep1-443 (公保3)	「男の子に, あこがれる？」 トイレに行ったとき, 仲の良いI男が男子便器でおしっこをしているのを見ていたF子。その後, F子もズボンとパンツを下げ, 男子便器の前で立っておしっこを始めた。保育園に入園し, 男子便器を見て, 仲の良い男の子のまねをしたかったようだ。 (生活行動, 3歳児)
	Ep1-444 (公保3)	「年長さんは, 何でも知ってる」 砂場で保育者を中心に何人かの子ども達で, お団子を作っていた。1人2人と一緒にする子どもが増えていった。年長児がお団子に白い砂（乾いた砂）をかけ始めると, それを見て, 年中・年少児もまねてかけ始めた。年長児が「こうすると固いお団子ができるんだよ」と言ってきたので周りの子どもも一生懸命固くしようとがんばっていた。 (砂遊び, 3, 4歳児)
	Ep1-445 (公保8)	「先生達の劇, やってみるからね」 誕生日会のプレゼントとして保育者が劇をしたところ, それを見ていたG子は部屋に戻ると即座に, 同じように台詞を言ってまねて演じ始めた。G子は友だちに観客になってもらい演じ出した。大型積み木を舞台にして, 自分達でお話を創り出して楽しそうにやっていた。 (ごっこ遊び, 5歳児)

第1章　幼児期における身体による模倣の機能　69

「自分にないイメージや行為のアイディアを取り込む」とは，何かを取り込むため，あるいは何かを取り込むことによって模倣が発現する機能である。

身体表現活動【事例1-15】では，ケンタやユウキが，かたつむりの表現のアイディアとなる動き方を提案しており，クラスの皆は彼らから動きのアイディアを取り込んでいる。後半には，動きをまねるというよりも，カタツムリのイメージを取り込んでいく様相もうかがえた。また，ユウキの表現へのあこがれをもとに皆が模倣に至っている様相も見られる。

【事例1-16】のケイコのように，模倣によって自分にはなかった動き方に気づき，新たなイメージやアイディアが生まれる様子も見られた。ケイコは，ミドリの腕の動きにあこがれを持ち，かなり正確にその動きを模倣し，その後，自分なりの紙の表現をすることに結びついている。模倣される子どもの動きは，身体の型，リズムパターン，空間の使い方などが独創的な場合が多い。このように，模倣には，上手な子や年長児，大人へのあこがれや尊敬が動機となり自分もそうなりたいという思いで相手の行為に自分を沿わせる機能がある。また，動き方のアイディア，イメージを取り込む機能も見られた。

【事例1-17】では，他者の感情や感覚的なものを取り込む様相が認められた。アツシとダイスケは，保育者に抱きつかれたジュンキの様子を見てジュンキの喜びを感じ取りながらも，ジュンキの模倣をするのではなく，保育者の模倣をし始めている。さらに，クラスの皆は，食べる側，食べられる側両方に分かれている。他児と同様の感情や感覚を味わいたい気持ちから，それぞれが「なってみる」行為に至っていた。この場合の模倣は，正確で具体的な情報や意図を取り込むというよりも，感情や感覚のレベルで共感を求めるための役割を担っているようであった。

その場合には，模倣する子どもは，模倣以前にも自分なりの表現をしており，模倣することで自分になかった動き方に気づき，アイディアやイメージ

が生まれている。その後には，独創的な表現へと発展する場合や，独創的とまでは至らないが意識された表現となり，子ども自身が自信を持って表現する場合が見られた。

身体表現活動では，何を取り込むためか，あるいは何を取り込むのかという点においては，あこがれ，イメージや動きのアイディア，感情や感覚などが混在し，明確な分類を必要としなかった。続く日常生活のエピソード解釈からは，主となる要素が強調されて取り込まれていく様相が見出されたため，4つの機能に細分化することとした。

「ⅰ他者の方法や技術」や「ⅱイメージ」を取り込んで自分もしてみる行為は，最も理解しやすい模倣の機能であろう。＜Ep1-411＞＜Ep1-412＞＜Ep1-413＞では，他児の踊り方や，色の使い方，ペットボトルの加工という具体的な方法や技術を模倣する様子が読み取れた。＜Ep1-421＞＜Ep1-422＞＜Ep1-423＞では，他児の描いた絵のなかにあるイメージや，幼い子どもをあやす母親のイメージ，年長児の山作りというイメージを自分の遊びに取り込む様子である。以下の4，5歳児の大型積木遊びの観察事例でも，他者の方法や技術あるいはイメージをも取り込んで遊ぶ様子が見られた。

『5歳児ハヤトが三角の積木を転がしながらいくつも連ねて道を作る。2人の男児が，ハヤトの手元と作られていく道を交互に見つめる。言葉は交わさないが，2人は近くにあった三角の積木を転がし，道をつなげ始めた。(2008.6.17，H幼稚園)』

模倣した子どもは，まず何らかの意図を持っている他者を発見し，その子どもの行為の意味をある程度了解したうえで模倣しており，この場合，大きな積木を動かすという行為によってもたらされる身体感覚を通して，他者の意図を受け止めたとも解釈された。

これに対して「ⅲ感情や感覚を取り込む」とは，他児と同様の感情や感覚を味わうことを求め，例えば楽しそう，ほめられて嬉しそうといった気持ち

から，その子どもの抱いた感情や感覚を味わいたくて，そういうふうにして
みたいという思いで行為に至る機能である。＜Ep1-431＞では，泣いている
C子へのE男のかかわりから感じられる優しい感情や感覚，＜Ep1-432＞で
のD子は，F男が誕生日の子どもにプレゼントを贈りたいと心を傾けてい
る感情を取り込んで同じような行為を行っている。＜Ep1-433＞では，G男
の「もう食べたもん」という言葉に託された喜びの感情や感覚を取り込む。
正確な情報や意図を取り込むというよりも，喜怒哀楽といった感情や身体的
な感覚のレベルで共感を求める模倣と考えられた。感情や感覚の内容を具体
的に汲み取っている点が，PatternⅡiの一緒にしたいという思いと異なっ
ていると解釈された。

　「iv対象へのあこがれとして取り込む」は，上手な子どもや年長児，大人へ
のあこがれが強い動機となり，自分もそうなりたいという思いで相手の行為
に自分を沿わせる模倣である。＜Ep1-441＞＜Ep1-444＞では年長の子ども
や上手にできている子どもを模倣している。＜Ep1-442＞＜Ep1-445＞では
保育者へのあこがれの気持ちをもとに同じことをしている。＜Ep1-445＞保
育者のまねをして劇を演じ始め，皆に観客になってもらうことを求めたとい
う保育者の記述からは，他者が自己になり，さらに自己が他者になるという
自己と他者の映し合いの機能も認められた。＜Ep1-443＞では，3歳の女児
が自分にない男児の排泄の様子をまねる。あこがれる気持ちは，自分と他者
との違いを感じ取ることに始まると示唆される。

　以下は，5歳児のこころの動きが読み取れる観察事例である。

　『コマ回しに興じる場。ケンジはショウゴにあこがれ，上手に回すコツを
知りたい一心でショウゴのしぐさを観察しながら模倣を繰り返す。ショウゴ
が失敗した際に発した「紐の巻き方がだめだった」という言葉から，ケンジ
はコマ回しのコツに気づいたようであった。(2007.6.14, H幼稚園)』

　この事例から，言葉で紐の巻き方を教わるのとは違う道筋，つまり他者へ
のあこがれが動機となり，自己をその他者に沿わせ，他者の行為を実感とし

て取り込む経路に豊かな気づきが見られた。あこがれは，幼児が他者を模倣
する最も大きな動機であろう。近年，子ども社会は異年齢の交わりが薄くな
り，年長の子どもから何かを自然に学ぶ機会も少ない。「まねぶ」が「学ぶ」
と同じ語源である[23]ことからも察することができるように，かっこいい他者
を自分に重ね合わせるための，「なりたい」という動機は，新たな自分を表
していくことの学びに通じる。大人はそのような子どもの模倣行為を，まね
ばかりしていると表面的に捉えるのではなく，身体による模倣が，ひととし
てのこころの有り様をも学ぶ手段になっていることを認めなくてはならな
い。そして，子どもの行為に共感するためには，その子どもすべてを尊重し
受け入れることが重要である。

第5節　総括

　本章では，幼児期の相互行為としての身体による模倣の機能を明らかにす
ることを目的とした。身体に強く焦点を当てた身体表現活動の場での模倣の
機能を分類し，その分類に対する日常生活全般における適応の是非を検討し
た。
　身体表現活動の特性を焦点とすることで，相互行為としての身体による模
倣としての典型性の高い分類が可能になったと考えられる。しかし一方で，
身体表現活動を対象としたことにより，発現する模倣が過大に意味付けられ
たうえで類型化された可能性は否めない。身体表現活動は，多くの他者と共
に表現する活動であるため，相互行為が生まれやすい。また，身体表現活動
での，身体で何かになってみる行為が，対象物を想像して表す延滞的な模倣
と，目前の他者の行為をなぞる模倣を同時的に発現させる特性を持つ。した
がって，そこでの模倣類型化の有効性は，身体表現活動という限定された時
間と空間の枠を出ていないことも確かと考えられた。
　そこで次に，保育場面全般にわたる調査や観察によって，日常生活全般へ

の模倣類型の適応の可能性を検証した。そこでは，模倣機能を4つに類型化，命名し，各機能別の事例やエピソードの解釈をもとに，模倣機能の特徴を考察した。その結果，身体表現活動において見出された模倣機能は，幼児の日常生活全般にわたる模倣発現の様相に適応することが認められた。

　本章での模倣機能の類型化は，模倣行為の法則化を目的としている訳ではない。保育者が，それを手がかりとして，1つの模倣の発現をもとに前後の意味を含めた子ども達の内的過程を捉え，同時に他者とのかかわりの連なる様子を理解するための指標となる可能性を追究している。

　本章のまとめとして，子どもが他者とかかわるという視点から，各模倣機能の特徴をキーワードで示してみる。

　「Pattern I：動きのはじめのきっかけやタイミングを求める」機能は，「きっかけ」がキーワードである。安心感，意欲などをもとに他者とかかわる「きっかけ」を得る。

　「Pattern II：動きをなぞらえたり，やりとりをしたりして楽しむ」機能は「一致」。感情の一致，時間的な一致，感覚の一致，イメージの一致などによって，他者と身体的な一致を得る。

　「Pattern III：自分の動きやイメージを意識する」機能は「意識」。他者と自己の双方を意識する。

　「Pattern IV：自分にないイメージや動きのアイディアを取り込む」は「取り込む」。他者に沿い，他者から何かを取り込む。

　以上，身体による模倣行為は，子どもたちに，他者とかかわる「きっかけ」を与え，他者との「一致」を楽しませ，他者への「意識」を喚起させ，他者を「取り込む」力を持っていることが認められた。

引用・参考文献

[1] 古市久子（1995）幼児の身体表現活動における諸側面についての一考察，エデュケア，16，大阪教育大学幼児教育教室，19-25

[2] 本山益子（2003）子どもの身体表現の特性と発達，西洋子・本山益子・鈴木裕子・

吉川京子，子ども・からだ・表現，市村出版，19

3 柴紘子・柴真理子（1981）動きの表現，星の環会，18-23

4 阿部初代（1985）幼児の身体表現，清水印刷，12-13

5 片岡牧子（1991）幼児の身体運動による表現に与える模倣と物語化教材の効果に関する一考察，日本保育学会第44回大会発表論文集，320-321

6 古市久子（1998）幼児におけるダンス模倣の過程について，大阪教育大学紀要第Ⅳ部門，46（2），193-206

7 若林文子・安藤幸・信本昭彦（2000）幼児の模倣運動に関する発達的研究：単独運動と協同運動の比較，広島女子大学子ども文化研究センター，5，1-14

8 西洋子・本山益子（1998）幼児期の身体表現の特性Ⅰ：動きの特性と働きかけによる変化，保育学研究，36（2），157-169

9 鈴木裕子・西洋子・本山益子・吉川京子（2002）幼児期における身体表現の特徴と援助の視点，舞踊学，25，23-31

10 鈴木裕子（2005）幼児の身体表現における模倣の意味：物語展開過程における検討，名古屋柳城短期大学研究紀要，27，83-92

11 渡辺江津（1974）新訂舞踊創作の理論と実際，明治図書出版，32-34

12 柴山真琴（2006）子どもエスノグラフィー入門，新曜社，192-196

13 箕浦康子（1999）フィールドワークの技法と実際：マイクロ・エスノグラフィー入門，ミネルヴァ書房，2-20

14 遠藤利彦（2007）イントロダクション：「質的研究という思考法」に親しもう，遠藤利彦・坂上裕子編，はじめての質的研究法：生涯発達編，東京図書，1-43

15 遠藤利彦（2002）問いを発することと確かめること：心理学の方法論をめぐる一試論・私論，下山晴彦・子安増生編，心理学の新しいかたち，誠信書房，47

16 茂木健一郎（2005）脳と創造性，PHP研究所，96

17 鈴木裕子（2009）幼児期における模倣機能の類型化の有効性：幼児の身体表現活動を焦点とした検討，子ども社会研究，15，123-136

18 鈴木裕子（2006）幼児の身体表現における模倣の機能，日本保育学会第59回大会発表論文集，610-611

19 尼ヶ崎彬（1990）ことばと身体，勁草書房，211-212

20 尼ヶ崎彬（2003）なぞりとなぞらえ：身体的模倣とコミュニケーション，模倣と創造のダイナミズム，山田奨治編，勉誠出版，49-66

21 柴眞理子（1993）身体表現：からだ・感じて・生きる，東京書籍，122-141

22 岡野満里・丹羽劭昭（1976）幼児のリズム・パターンへの同期に関する発達的研

究，体育学研究，20(4)，221-230

23 前掲20，56

第2章　保育における身体活動場面での模倣の役割

第1節　問題と目的

2.1.1.　目的

　本章では，第1章で明らかにされた幼児の身体による模倣機能の分類に依拠して，保育場面における模倣機能の役割に関する実証的な検討を試みる。

　第1章において，保育者の記述したエピソードから，幼児の日常生活において発現する身体による模倣の場面は，以下の13に分類された。描画／ぬりえ，生活行動（あいさつ，食事，排泄等），ごっこ，製作／粘土，運動遊び，踊り／リズム，身体表現ごっこ，歌遊び，ゲーム／遊び，砂場遊び，読み聞かせ，音（楽器）遊び，言葉遊びであった。

　本章では，そのなかの「運動遊び」「踊り／リズム」「身体表現ごっこ」の3場面を「身体活動場面」として取り上げ，そこで発現する身体による模倣の役割を検討する。

　幼児の場合，その生活のほとんどが，身体を媒体とした行為で成立していると捉えられ[1]，「身体活動」は，概念的には広がりと深まりを持って多義的に捉えられる。そのため，歌うことや描くことや日常的な行為でさえも「身体活動」と捉える場合がある。しかし本研究では，「運動遊び」「踊り／リズム」「身体表現ごっこ」を，「幼児が身体を使い，身体の運動そのものを行ったり楽しんだりする場面」とし，その総称として「身体活動場面」と操作的に定義して検討を進める。

2.1.2. 身体活動における模倣に着目する意義

　それでは，なぜ「身体活動場面」を焦点とするのか。その理由は，大きく2点にまとめられる。

　1点目は，「身体活動場面」において発現する模倣を対象とすることによって，身体による模倣と相互行為の関係をより直接的に検討することができると考えたためである。「身体活動場面」では，身体の運動そのものを行うことが目的であり手段でもある。したがって，そこでの身体による模倣が，身振りや表情といった非言語的（ノンバーバルな）情報の役割を超え，身体の働きや作用を互いに把握し共有する相互作用としての役割を担う可能性が考えられた。第1章で，身体表現活動を焦点として模倣機能を分類した意図も，その活動が，身体的な相互行為を，より典型的に展開すると考えられたためであった。そこで，模倣機能を実証的に検討するために，本章で，再度身体を直接媒体とする活動を対象としたいと考えた次第である。

　2点目は，「身体活動場面」において発現する模倣を対象とすることによって，幼児の相互行為としての身体による模倣が豊かに機能するような環境や支援を考えることに接近できると考えたためである。それは，以下のような幼児期の身体活動への問題意識を背景としている。

　近年，幼児の身体活動全般について，それらを専門とする研究者の抱く子どもの身体活動の減退や運動能力の低下などへの危機感が，保育・幼児教育の現場と乖離している状況がうかがえる。例えば，幼児の体力や運動能力の低下が数値として提示され社会的な問題として取り上げられていても[2.3]，保育者にとって，そのような数値と自身の受け止める実感とが融合されていない。しゃがみ込むことができずに和式トイレを使えない子どもや，数年前には難なく行っていた組立体操が難しくなったという現状を目にしても，保育現場では何が原因かを数値から探るという発想は生まれにくいのである。戸外遊びを園内研修の主題に位置付ける園があっても，体力や運動能力の向上，その方策の構築をねらいにするのではなく，例えば「戸外遊びを通し

て，すぐに疲れたと口にし，やりたくないが口癖となっている子どもの内面理解とその変容」といったテーマを掲げる場合がほとんどであろう。身体活動そのものの問題を直接的に扱うことは少ないと考えられる。

　原因をたどればいくつか考えられる。平成元年以降，保育者にとって運動指導などの一斉に行われる活動は，子どもの自発的な遊び環境とは反するとされ[4]，そのことが結果的に，身体活動全般にわたる保育者の認識や関心の低下[5]を招いた。また，社会状況の急激な変化に伴って子どもに充分な遊び環境が与えられないために，子どもの自主的な遊び尊重の理念の正しさと崇高さとは異なった次元で，保育上の難しさが生じ，子どもの身体活動への意欲や実質的な運動刺激の水準を低いものに留まらせてしまった[6]。現在では，幼児の主体性を強調するという一極に極端に振れすぎた反省と，以前の教え込む保育への逆戻りだけは避けたいという新たな葛藤が生まれている。しかしながら社会を取り巻く環境の急激な変化と混乱は，多様な要求を保育現場に求めることになり，もはや保育者に身体活動にかかわるプログラムを研究し再構築するゆとりを与えていないように思われる。

　そこで，今，子どもに対する理解を基盤にして身体活動全般の意義を捉える視点を，新たに提示することはできないだろうか。これまでに保育現場が培ってきた子どもの内面理解に基づく援助の視点を基盤にして，保育者をはじめとした大人の視点で，子どもが身体的な活動のなかで得ているものを発掘したいと考える。身体活動における実践の方法を構築することだけを目的とせず，子どもの育ちを支えていくという方向を模索してはどうだろうか。

　このような課題を受けて，鈴木[7]は，幼児の身体活動量の増加と活動意欲の形成に関する研究を行っている。身体活動量や運動能力の調査から問題点を把握した後，保育者が感覚的に用いる「よく動く子」という概念を具体化し，幼児の身体活動を高めるための要因を精選し，手続きを経て「子どもアクティビティ尺度」を開発した。本尺度はプレイ（遊び場面の身体の状況），リーダー（遊び場面でのリーダーシップ），チャレンジ（遊び場面での挑戦意欲），

ソーシャル（遊び場面での協調性や社会性）の4因子で構成され，「からだとこころ両面の支援の重要性」が具体的に確認された。その考察からは，他者とのかかわりが相互作用を活性化させる要素となることが明らかにされ，特にソーシャル因子には，「周囲の子をよく見ていてまねして遊ぶ」の項目が見られた。そこからは，身体を通じた他者との出会いによって，他者とかかわりながら共に生きるという共同的で流動的な自己の形成を拓く可能性が示唆されている。

　また，序章第3節の本研究の意義に結びつく視点として述べたように，鷲田は，現代人の身体をパニック・ボディ[8]と名付け，市川の「身（み）」の思索[9]を手がかりにしつつ，身体という視座から社会の諸問題を解き明かそうとしていた。問題の根底には，身体の持つ社会性の消失が潜んでいると警鐘を鳴らしている。身体とはそもそも社会的なものであり，換言すれば自分の身体でさえも，他者というものを経由して理解しており，他者の身体との相互浸透があるからこそ，様々な共振の現象が生まれると，鷲田は述べている[10]。

　そのなかで，幼児期に，1人対1人，1人対複数人にかかわらず，無意識にしぐさをまねしたり，お歌やお遊戯などを通したりして，皆で一緒に身体を使い動かし，他者の身体に起こっていることを，生き生きと感じる練習をしてきたことの意義に触れている。このような活動こそが，身体に想像力や判断力を備えさせ，他者をおもいやる共存の気持ちを育んでいると述べている。現在，そのような教育が，幼児期にしか行われていないことを危惧し，就学以降での必要性を提唱している。幼児期における同期を基にした同調による身体の相互行為は，言語を獲得した児童期以降にも有益であることを，身体的なコミュニケーションにかかわる力の育成という視座から提唱している点は，本研究に示唆を与える。

　また，森[11]は，Gibson[12]のアフォーダンスの理論を援用しながら，日常の幼児の遊び行動のなかでの子どものからだの動きは，従来の単なる身体的な

活動としてだけでなく，社会的な相互作用を通して得られる環境・他者との行為可能性の情報を知覚し，その環境と接触する存在とした。他者とはお互いに共振しながら情報を共有しており，模倣を通して，幼児におけるからだの共振の重要性を解くことができることを，事例を省察しながら理論的に指摘している。

　以上の理由を踏まえ，本章では，幼児の生活において発現する身体による模倣に焦点を当て，模倣機能の分類を基に，身体活動場面における模倣の果たす役割を考察する。

第2節　方法

　本章では，筆者の参与観察において収集した事例をもとに考察する。さらに，第1章で収集した愛知県他の幼稚園教諭及び保育士計280名のエピソードから，それを裏付ける。

　事例は以下の手続きによって収集された。
1）期間：2007年4月～2008年7月
　　対象：兵庫県国立H幼稚園
　　方法：2週間に1日の訪問による参与観察を行った。
　　　　　2007年度は主として3歳児クラス，2008年度は4歳児クラスにおいて保育に参加した。
2）期間：2005年6月～2008年7月
　　対象：愛知県私立A幼稚園
　　方法：1ヶ月に1日程度の訪問による参与観察を行った。
　　　　　主として4歳児クラスにおいて保育に参加した。保育後に担任保育者とのカンファレンスを設けた。
　上記1）2）のいずれの園においても，自由遊びや行事の際には他の年齢の子どもを観察することもあった。また，担任保育者や他の保育者がエピソ

ードとして書き留めた内容や筆者に語った内容を，筆者が事例として記述する場合もあった。

第3節　結果：身体活動場面で発現する模倣

2.3.1.　身体活動場面として抽出された保育者の記述エピソード

　280名の保育者の記述したエピソード524例のなかで，身体活動場面として，129例（全事例524例の24.6％に相当）が抽出された。内訳は以下の通りであった。

　運動遊び　54例（10.3％）

　踊り／リズム　37例（7.1％）

　身体表現ごっこ　38例（7.2％）

2.3.2.　身体活動場面への模倣機能類型の適応の是非

　幼児の日常生活全般において発現する身体による模倣機能は，第1章において4つに分類されている。この類型を受けて，本研究では，「身体活動場面」として抽出された129事例について4類型への適応を検討した。

　その結果，以下のように，各機能のすべてにわたって事例が分類された。

　Pattern I ：行為のはじめのきっかけやタイミングを求める

　　　　　　　　　　　　　　　　　　　　　　　　　　　　…5例（3.9％）

　Pattern II ：行為をなぞらえたり，やりとりしたりして楽しむ

　　　　ⅰ 一緒にできる楽しさの機会が保障される　　…12例（9.3％）

　　　　ⅱ 同調することで行為が広がる　　　　　　　…14例（10.9％）

　　　　ⅲ まねされることで他者に関心を持つ　　　　…10例（7.7％）

　　　　ⅳ まねし合うことから自己表現が息づく　　　…17例（13.2％）

　　　　ⅴ 他者と行為でつながることで世界が変わる　…16例（12.4％）

　Pattern III ：自分の行為，心情やイメージを意識する　…7例（5.4％）

PatternⅣ：自分にないイメージや行為のアイディアを取り込む

　　ⅰ 主として方法や技術のアイディアを取り込む　　…16例（12.4%）

　　ⅱ 主としてイメージを取り込む　　　　　　　　… 5 例（ 3.9%）

　　ⅲ 主として感情や感覚を取り込む　　　　　　　… 2 例（ 1.5%）

　　ⅳ 主として対象へのあこがれとして取り込む　　…25例（19.4%）

　身体活動場面において，日常生活全般に発現する模倣と同様，多様な機能を持った模倣の発現の実態が明らかにされた。このことは一方で，幼児の日常生活全般で発現する模倣機能の類型が，身体活動場面においての模倣にも適応する操作的で実用的な定義となる可能性を示唆すると考えられた。

　表2-1では，模倣機能別に，主なエピソードを例示し，身体活動場面での模倣の役割を記した。

表2-1　分類された模倣機能と身体的活動場面で適応する模倣エピソード

模倣機能		抽出されたエピソード数 %（全129） 　　　　　　　　　　エピソード例		身体活動場面での模倣の役割
Pattern Ⅰ 行為のはじめのきっかけやタイミングを求める	←	5 3.9%	＜Ep2-11＞（公保4） 「ジャングルジムは怖くない？」 それまで，ジャングルジムに登るのを「こわい」と敬遠していたA男が，友達が登るのを見てやり始めた。A男は，見よう見まねで恐る恐るではあったが，その子どもと全く同じように手脚を動かして登った。なんとか登ることができた。A男は，できたことが自信になったようで，その後，登ったり移動したりして，もっと高いところに登ってみようという気持ちが湧いたようだった。 （運動遊び，3歳児）	□→	安心感や勇気をもたらす

（次頁に続く）

模倣機能	抽出されたエピソード数 ％（全129） 　　　　　　　エピソード例		身体活動場面での模倣の役割

PatternⅡ　行為をなぞらえたり，やりとりをしたりして楽しむ（状況）

模倣機能	抽出されたエピソード数	エピソード例	身体活動場面での模倣の役割
ⅰ 一緒にできる楽しさの機会が保障される　←	$\frac{12}{9.3\%}$	＜Ep2-21＞（私幼4） 「一緒に踊ると楽しい」 ラジカセから流れる曲に合わせて，B男が踊っていた。それを見ていたC男が，B男のあまりに楽しそうな様子につられ，一緒に踊り出した。普段，特別仲良しではない2人だったが，顔を合わせて笑顔で踊り，しばらくの間，楽しさを共感し合うようにしていた。 （踊り／リズム，5歳児）	→ 一緒にすることによって快感情が生まれる
ⅱ 同調することで行為が広がる　←	$\frac{14}{10.9\%}$	＜Ep2-22＞（公保23） 「ほし〜のぐんだ〜ん，ほし〜のぐんだ〜ん」 保育士が，星の軍団という歌の振り付けを考えていた。D男が，そばに寄ってきて，片手を上手に動かしながら「ほし〜のぐんだ〜ん」とメロディをつけて歌い，そのリズムに合わせて歩き回りだした。保育士がD男と同じように歌ってまねして歩くと，周囲にいた他児も同じように歌ってD男の後ろをついて，同じリズムで歩いて楽しんだ。 （踊り／リズム，5歳児）	→ 他者と身体感覚を共にする
ⅲ まねされることで他者に関心を持つ　←	$\frac{10}{7.7\%}$	＜Ep2-23＞（公保3） 「年下の子どもにまねされて，かっこいいぼくになるよ」 年長組さんがリレーで遊んでいるとき，年下の友達が「入れて」とやってきて，年長組さんのまねをしてトラックを走り始めた。年長の子ども達はその姿を見て，自然に応援したり，「少し前からスタートしていいよ」と言ったりして，年少の子ども達をおもいやるように教え始めた。 （運動遊び，5歳児）	→ 他者の能動性を受け止めて自己肯定感を高める
ⅳ まねし合うことから自己表現が息づく　←	$\frac{17}{13.2\%}$	＜Ep2-24＞（公保17） 「他のクラスの踊りをまねする方が楽しいよ？」 運動会前，リズム表現の練習をしていた。A子は，他のクラスや他年齢のやっている様子を見て，友だちと一緒にまねし合いっこをして遊んでいた。その演技を練習しているクラスの子ども達よりもリラックスした感じであり，また自分のクラスの踊りを踊るときよりも，肩の力を抜き，自分らしさを発揮して踊っているように感じられた。 （踊り／リズム，5歳児）	→ 他者との関係のなかで自己表現を導く

第 2 章　保育における身体活動場面での模倣の役割　　85

| v 他者と行為でつながることで世界が変わる | ← | 16 12.4% | ＜Ep2-25＞（公保 9 ） 「野球を見に行った話から野球ごっこになった」 E 男が，野球を見に行ったことを話しながらボールで遊び始めた。何人かの子ども達と知っている野球選手の名前を言い始め，その選手になったようにボール投げをし，それをまねし合っているうちに，野球ごっこが始まった。しばらくすると，その様子を見ていた周囲の子ども達も加わって，野球ごっこになっていった。かなり長い時間，盛り上がり，その後も，野球ごっこが続いた。 （運動遊び， 5 歳児） | ⊢→ | 他者との関係のなかで新たな世界を生み出す |

模倣機能		抽出されたエピソード数 ％（全129） エピソード例			身体活動場面での模倣の役割
Pattern Ⅲ 自分の行為，心情やイメージを意識する	←	7 5.4%	＜Ep2-31＞（公保27） 「自分のたいへんさが，他のひとのたいへんさと結びつく」 F 男は，跳び箱や登り棒などに挑戦している他の子ども達を見て，すごいなと感じ自分も挑戦しようという気持ちになったようで繰り返しやっていた。F 男自身は，なかなかできるようにならなくても，近くにいた B 子の脚を持ってあげたり，応援したりする姿があった。 （運動遊び， 4 歳児）	⊢→	他者認識を通した自己認識が自己理解を促す

模倣機能		抽出されたエピソード数 ％（全129） エピソード例			身体活動場面での模倣の役割
		Pattern Ⅳ　自分にないイメージや行為のアイディアを取り込む			
i 主として方法や技術のアイディアを取り込む	←	16 12.4%	＜Ep2-41＞（公保 8 ） 「かっこいいところがいい！」 G 男は，リズム遊びをしたとき，動きが大胆でテキパキとしている H 男を見て，それを見ながらまねてやってみる。意外と激しい動きに「これって，たいへんやーん」と笑いながらも楽しそうに，H 男の大胆な手の動かし方を必死にまねし続けた。 （踊り／リズム， 5 歳児）		

ii 主としてイメージを取り込む	←	$\dfrac{5}{3.9\%}$	＜Ep2-42＞（公保12） 「パクパク…」 I 男が金魚の水槽の前で，金魚にえさをやっていた。金魚がえさを食べているのを見て，同じように口先をパクパクさせてまねして遊び始めた。I 男の近くにいた他の子どもも，I 男のまねをするように動き出した。その姿は，I 男の姿をまねるというより金魚をイメージするようにして一緒に動いているようだった。 （身体表現ごっこ，5 歳児）	→| 他者の意図を取り込んで自分の技能や表現を豊かにする
iii 主として感情や感覚を取り込む	←	$\dfrac{2}{1.5\%}$	＜Ep2-43＞（公保24） 「できる感覚を味わいたくて」 C 子が，太鼓橋に登り始めたが，途中で身体を揺らし出して，ぶら下がって降りた。その直後，C 子と仲良しの D 子が太鼓橋を端から端まで渡った。D 子は，とても一生懸命に必死な様子であったが，渡りきると嬉しそうにした。それを見ていた D 子は，「私もやる」と言い，太鼓橋の頂上まで登った。保育士が下から手足の位置や身体の向きを助言・補助すると，真剣に話を聞き，D 子に倣ってなんとか渡りきった。その直後に C 子は「面白い」と言い，皆の列の後ろに走って並び，その後，何度も繰り返し挑戦していた。 （運動遊び，4 歳児）		
iv 主として対象へのあこがれとして取り込む	←	$\dfrac{25}{19.4\%}$	＜Ep2-44＞（公保33） 「おねえちゃんみたいになりたい」 皆がうんていをしているとき，E 子（4 歳）の姿を見て，「わたしもやりたい」と F 子（3 歳）が保育士に伝えにきた。保育士に身体を支えてもらってぶらさがるようにして少し遊んだ。「もう 1 回やる」と E 子の後についてがんばっていた。手を添えている保育士にも「ねえ，手を離して，ああいうふう（E 子おねいちゃんみたい）にするから」と言い，手助けなしでやりたがった。 （運動遊び，3 歳児）	→| 他者にあこがれる気持ちが挑戦する意欲を育む

第 4 節　考察：身体活動場面での身体による模倣の役割と保育者の援助

　本節では，身体活動場面での身体による模倣の役割について考察を進め，

第2章 保育における身体活動場面での模倣の役割 87

同時に，その役割を保育者はどのように受け止めて援助したらよいかを検討する。身体活動場面での身体による模倣の役割は，表2-1中に，各模倣機能がもたらす役割として9つ提示した。以降では，それぞれの役割は，どのような観察事例や，保育者の記述エピソードからもたらされたものなのかを考察する。

2.4.1. 身体による模倣が安心感や勇気をもたらす

「PatternⅠ：行為のはじめのきっかけやタイミングを求める」という機能として分類された事例から，身体活動場面における身体による模倣には，「安心感や勇気をもたらす」役割が認められた。

第1章第4節で，身体による模倣機能としての「きっかけやタイミング」とは，やってみようとする意欲を喚起させるためのきっかけであったり，自己を外側に表すための安心感であったりすることが考察されていた。身体活動場面では，新たなことに挑戦する勇気というような，より積極的な心情がもたらされる場面が多く見られた。

次の鉄棒遊びのナオキとトシヤの事例もその1つである。

【事例2-1】2007.6，A幼稚園，5歳児
「トシヤと一緒ならやってみようかな」
　ナオキは，皆がしている鉄棒遊び，特に最近流行っている逆上がりにも興味を示さない感じであった。
　その日，年中の頃から鉄棒が得意なトシヤが，鉄棒の近くにいたナオキの前で逆上がりをやって見せた。ナオキは，トシヤの横に並んで鉄棒を逆手に持ち，まねするように足を振り上げた。トシヤは，ナオキに「脚は，こう（やってやればいいんだよ）」と自分でやりながら教えようとした。ナオキは，トシヤの動きに合わせるようにして，横に並んで一緒にやり始めた。その後，何度も繰り返し挑戦していた。

　通常，幼児は好奇心に溢れ，何にでも興味を持つと捉えられている。したがって，子どもが他者を模倣する行為は，そのような好奇心の結果として現

れると受け止められることが多い。しかし，ナオキの場合は少し様子が違っていた。トシヤのすることへの好奇心であれば，仲の良いトシヤのすることをすでに模倣している方が自然だろう。担任保育者によれば，年中クラスの頃からナオキとトシヤは仲がいい。にもかかわらず，なぜ，今になってナオキは，トシヤを模倣したのか。ナオキは，年長当初は確かに周囲のことに比較的無関心であった。それは，鉄棒に限らず，ひとのすることにあまり関心がないという感じだった。ところが年長になり周囲に少し関心を注ぐようになった段階で，他の子どもにできることが自分にはできないかもしれないという不安をいつも持つような様子が見られた。トシヤが鉄棒を始めると，ナオキは，わざとその場を離れるようにする様子が見られたことからもその気持ちが読み取れた。本事例は，そんな折に現れた模倣行為であった。ナオキにとっては，模倣することによって挑戦してみる勇気が得られたのである。トシヤが一緒にしてくれたことによって勇気付けられたようであった。

　また，表2-1＜Ep2-11＞「ジャングルジムは怖くない？」でのＡ男の場合は，模倣行為によって，ジャングルジムへの恐怖感を結果として克服し，やってみようという意欲が喚起された。Ａ男が模倣することによって新たなことに取り組む安心感を得て，ジャングルジムに向かう勇気を持った様子がうかがえる。

　幼児の身体による様々な行為は，「一緒にやってみようよ」という無言の投げかけになっており，模倣する子どもはそれを受け取って何かを始める場合があると考えられた。特に，身体活動場面では，このような投げかけは，子どもにとって直接的な刺激に感じられる。保育者は，身体による模倣が子どもにとって，他者と一緒に始めるという場合の合図の役割を担っていることを認めることが必要である。

2.4.2.　一緒にすることによって快感情が生まれる

　「PatternⅡ：行為をなぞらえたり，やりとりしたりして楽しむ（状況）i

第 2 章　保育における身体活動場面での模倣の役割　　89

一緒にできる楽しさの機会が保障される」という機能として分類された事例
から，身体活動場面における身体による模倣には，「一緒にすることによっ
て快感情が生まれる」という役割が認められた。

【事例2-2】 2008.2，A幼稚園，4歳児
「掃除機になると楽しいよ」
　給食後のかたづけでは，ゴミ拾いをクラスみんなで掃除機に変身して音楽に合わ
せて行うようにしていた。
　その日，ヒロキが一緒にやらずに座ったままだったため，保育者が「(ヒロキの掃
除機は) こわれちゃったかな，スイッチオン！」と，ヒロキの頭にスイッチがある
かのように押すまねをした。ヒロキは，嬉しそうに保育者の顔を見上げた。する
と，となりにいたタカアキは，保育者のまねをしてヒロキの頭のスイッチを押すし
ぐさをした。ヒロキは，笑顔になり掃除機に変身して動き出した。すると，タカア
キもそれに続いて掃除機になってゴミ拾いを始めた。

　この事例の場面では，模倣する子どもにもたらされたものが，Pattern I
で述べた安心感や勇気よりも，より他者を意識する感情となっている。タカ
アキにとって保育者と一緒に掃除機のボタンを押すこと，さらにヒロキと一
緒に掃除機になること自体が楽しいのである。身体による模倣によって他者
と一緒になる行為そのものを楽しむようであった。
　表2-1＜Ep2-21＞「B男のあまりに楽しそうな様子につられ，C男が一緒
に踊り出した」といったエピソードにも見られるように，模倣によって他者
と一緒にすること自体に意味が生まれ，一緒にすることによる快感情がもた
らされる。それは身体のかかわりが無条件な楽しさを誘発することに起因す
ると考えられた。「特別に仲良しではない2人だったが，顔を合わせて笑顔
で踊り，楽しさを共感し合っていた」という記述は，模倣が普段の人間関係
の範囲を超えて発現し，他者とのかかわりの第一歩となる様子を表してい
た。
　以上のことから，身体活動場面における模倣は，子どもにとって他者と一
緒に何かをすることを通して，他者が抱いている世界に沿い，自分と共にそ

こにいるものとして認識する行為と考えられる。保育者は，保育の様々な場面で子ども達が一緒に何かをすることを促すことを試みたい。そのときには，まず一緒の動きをすることそのものから生まれる素朴な快感情を認めることが肝要となる。

2.4.3. 他者と身体感覚を共にする

「PatternⅡ：行為をなぞらえたり，やりとりしたりして楽しむ（状況）ⅱ同調することで行為が広がる」という機能として分類された事例から，身体活動場面における模倣には「他者と身体感覚を共にする」という役割が認められた。

以下の事例は，模倣によって，子どもにもたらされる身体的なかかわりの楽しさを端的に表している。

【事例2-3】2008.7，H幼稚園，5歳児
「キャッチボールがドッチボールになる」
　保育者同士が「はい」「はい」と声を掛け合いながらドッチボールを投げたり受けたりして楽しんでいるのを見て，ハヤトは「今度，ぼく（にやらせて）」と仲間に入りたがった。ハヤトは，保育者の横に並んでボールを持たずに受けたり投げたりする動作をまねした。
　その後，保育者の1人を真ん中にして，保育者とハヤトがボールを投げ交わし始めた。しばらくすると，今度はハヤトが真ん中にいた保育者のまねをして動き始める。保育者同士がボールを交わす。
　やがて，ハヤトを真ん中に置いて，自然にドッチボールのような遊びに発展していった。

　ボールを投げて受けるというやりとりをもとに，他者と動きを合わせて模倣し合う。言い換えれば，リズムを同期させるという時間的な要素が強調される模倣であった。言葉にしなくともリズムを同期し合うだけで，ある程度の意図を伝え合っている様子が読み取れる。身体による模倣によって動きを交わし合うことを通して，相手の意図を見つけ，それに沿わせているようで

あった。その役割は，表2-1＜Ep2-22＞「ほし～のぐんだ～ん」というフレーズやリズムを合わせて遊ぶ事例からも読み取れる。動きのリズムを同期させ，身体を同調させることが，周囲の他者と身体感覚を共にする役割を担っていた。

　幼児期のリズムの機能は，動作のorganizerとしてよりもenergizerの役割が優先する[13]と言われる。また，動作の触発刺激として働くことが中心であり，意味を持った刺激として動きを統制する役割に至らない[14]ことが実験的な研究により示されている。このことは，投げて受けるというリズムそのもの，「ほし～のぐんだ～ん」というリズムが，他者との間に特別な意味を与えるのではないことを裏付けていた。身体による模倣によって，他者の身体に生じたリズムに同期し，他者の身体と同調することが，周囲の他者と身体感覚を共にするという役割を担うと考えることが妥当であろう。

　また，次の事例からは，身体が同期し同調させることが子どもに及ぼす影響を考えることができる。

【事例2-4】2007.10，A幼稚園，3歳児
「向かい合うよりも横並びがいい」
　朝の自由遊びの時間。
　保育者が，テラスで曲を流して，踊りを踊ることを子ども達に促した。初めて流す曲だった。
　ユウカは，保育者の正面に立って踊るのではなく，保育者の左どなりに並んで，保育者の動きをうつむきがちに横目で見ながら同じように身体を動かした。保育者は，ユウカが見にくいだろうと思ったのか，ユウカの方を向いて，ユウカが正面で見られるように動いた。ところが，ユウカはスッと身体を引いて，保育者の横に並ぶような位置に動いた。ユウカは，その後も，その状態で踊っていた。保育者の横に立った方が安心して踊れるような感じであった。

　この事例のユウカにとって，なぜ保育者と正面で向き合うより横並びがよいのだろうか。まず考えられることは，向き合うよりも横並びになってやや後方に立つ方が，一般的に動き方が理解しやすいからということであった。

しかし，視線を反らしながら保育者の動きをうかがうユウカの様子からは，むしろ，横に並ぶ方が恥ずかしくないからという理由のように考えられた。

　身体による模倣の有効性は，すべてのことを自由にするよりも多少の制約があった方が自由になれるという視点において認められることがある。ユウカにとって横並びになることは，その制約を増やすことになるのではないか。この事例のユウカはその制約のなかで，恥ずかしいという気持ちを軽減させ自由を感じられる状況を作っていたのではないかと考えられた。同時に，横並びであっても，この場合のユウカにとっては動きの同期，身体の同調は充分に可能であることも認められた。

　子どもにとって，身体の動きは見て覚える以上に，一緒にすることで覚えられるものなのであろう。思わず動きに引き込まれ，つられるというところから，他者の動きと一体になる感覚が生まれるからである。保育者が，子どもと一緒に身体活動をする際，保育者自身もこのような身体感覚を意識することが求められる。保育者は，そのための敏感で柔軟な身体を育むためにも，まず子どもと一緒にやってみて，一緒に感じてみることから始めてみてはどうだろうか。

2.4.4.　他者の能動性を受け止めて自己肯定感を高める

　「PatternⅡ：行為をなぞらえたり，やりとりしたりして楽しむ（状況）ⅲ まねされることで他者に関心を持つ」という機能として分類された事例から，身体活動場面における模倣には「他者の能動性を受け止めて自己肯定感を高める」という役割が認められた。第1章で明らかにしたように，模倣されたことをきっかけに，模倣された子どもは，他者に教えたり競争したりするようになる。模倣されると自信を持って自己を発揮し始める過程を導くようであった。

　次の事例は，年長児にとっての，年少児に模倣される誇らしさを描いている。

第2章　保育における身体活動場面での模倣の役割　93

【事例2-5】2007.6，H幼稚園，4歳児，5歳児
「見本になっている私」
　朝の自由遊びの時間。
　ベランダで，年長男女児らが，ビニール紐のポンポンを持って踊っていた。それ
を見た年中男女児らが，ポケットから自分のハンカチを取り出してまねするように
踊り始めた。
　その後，年中男女児らが，自分達のまねをして踊っているのを見て，年長男女児
が「こうやってやるんだよ」と言いながら駆け寄っていった。年長男女児らは，年
中男女児らの踊り方の見本になるように前に立ったが，年中男女児らに背を向けて
踊り始めた。年中男女児らは，その年長男女児らを背後から見ながら，まねして踊
っていた。

　この事例で注目すべきなのは，年長児が見本を見せるときに，年中児と向
き合うのではなく背を向けて踊ったことだった。筆者は，当初，その光景に
違和感を覚えた。しばらく見ていると，彼らが年中児に背を向けているので
はなく，園庭の方を意識して園庭側に向いているように見えた。その後，彼
らが，園庭側の視界に入る範囲に他者がいなくなった途端に向きを変えたこ
とから，園庭側に向くことで，年中児の見本になっている自分達を，園庭に
いる他者に見てもらいたかったと捉えられた。年長児らの年中児に対する優
越感の一端であり，有能感にもつながっていると考えられた。幼児にとって
は，他者に見られていることが報酬[15]と言われるように，模倣されること
は，模倣された子どもにとって自己肯定感を高める役割を担うことが認めら
れた。
　また，この場面からは，子どもにとっては他者が自分に対して能動的に接
してくれる経験が大きな自信につながる様子が読み取れる。
　ここで，子どもにとっての「能動性」の意義を考えてみる。「幼児の感性」
を構成する因子には「能動的な応答」が挙げられている[16,註2-1]。能動的な応答

註2-1　幼児の感性尺度
　　鈴木は，幼児期の感性を具体化する試みとして，幼児の感性尺度を以下の3つの研究方法を経
　て開発した。
　　研究Ⅰでは，2006年9月〜12月，愛知県他の幼稚園・保育所における保育歴2年以上の教諭・

とは，子どもがじっと考え込むよりも動きながら考える，何かをするとき，いつもからだいっぱいに動かしているといった能動的な状態を指す。そのような能動的な態度は，周囲を喜ばせようとしたりその場を盛り上げようとしたりすることや，表情が豊かで自然に感情が溢れるなどのように，外部に対して柔軟に応答できる内面を持つ身体性に支えられている。この事例では，

保育士を対象に，感性の豊かな子どものエピソードを記述する趣旨の自由記述式の質問紙調査を依頼した。その結果，私立幼稚園18園（78名），公立保育所53園（197名），私立保育所1園（3名），公立幼保園1園（2名），園ベースの回収率69％，73園，280名の回答を得た。保育者の平均年齢32.59歳（標準偏差9.70），保育経験年数の平均11.38年（標準偏差9.11），男性3名，女性277名であった。回収された自由記述からは，909例（保育者1人あたり平均3.2例）のエピソードが抽出された。そのエピソードをもとに，感性の概念を3側面28要素64項目に分類した。3つの側面はそれぞれ「感受と交流」「判断と志向」「創出と伝達」と命名された。さらに各側面を支え機能させる営みを，エピソードの読み取りから捉え，共通の要素として抽出し分類した。「感受と交流」の側面が「直感的に捉える」「身体感覚で受け止め反応しようとする」などの8要素，「判断と志向」の側面は「感情（喜びなど）が満ち溢れる」「対象を道徳的に判断志向する」など11要素，「創出と伝達」の側面は「感情を素直にあらわす」「アイディア豊かにあらわす」「人や場の雰囲気にあわせてあらわす」などの9要素，合計28要素に分類された。次に，28要素を，保育者が具体的に観察できる内容に置き換える作業を試みた。収集した保育者のエピソード内容を再度参考にして，各要素を象徴的に表していると考えられる状況と文言を検討し64項目を作成した。最終的に1要素につき最適と考えられる1項目または2項目を残し，31の幼児の感性を具体化した項目を選出した。

　研究Ⅱでは，幼児における感性に関する31項目について，探索的因子分析を行った。2008年6月～8月，全国にある国立および私立大学附属幼稚園35園の園児157名（年長男児39名，年長女児41名，年中男児37名，年中女児40名）を対象に質問紙調査を行った。回答方法は，保育者86名による代理報告形式である。その結果，因子の解釈可能性の観点から，3因子解が最適であると判断されたため，因子負荷量が.40以下の項目および2重負荷のかかった項目を除き，3因子で再度同様の因子分析を行い，3因子26項目が，幼児期の感性に関する項目として抽出された。第Ⅰ因子『独自な感受と創出』には13項目が含まれ，その内容は「不思議だな，なぜ？と考える」「だれも気がつかないものを発見する」「続けているうちに新しいアイディアが生まれていることがある」「独自に（ユニークに）表す」など，幼児の創造的な営みを表す項目群であった。第Ⅱ因子『能動的な応答』には8項目が含まれ，その内容は「じっと考え込むよりも，動きながら考える」「何かをするとき，からだをいっぱいに動かしている」「周囲を喜ばせようとしたり，その場を盛り上げようとしたりする」「表情が豊かで自然に感情が溢れる」などといった，感情が豊かでやりたがりで，周囲の状況に対して身体が豊かで柔軟に応答していることを捉えた項目群であった。第Ⅲ因子『情緒的・道徳的な共感』は5項目が含まれ，その内容は「約束を守る」「"ごめんなさい"や"ありがとう"が言える」「うまくできない子や遅い子を応援したり助けたりする」といった，相手に沿って，相手を思う，相手を分かろうとする心情を行動に表した項目群であった。

　研究Ⅲにおいて，本尺度の高い信頼性と妥当性が確認された。開発された感性尺度は，幼児の行動から感性の豊かさを捉えるために保育現場において有効な働きをすると考えられた。

第 2 章　保育における身体活動場面での模倣の役割　95

このような能動的な応答は，その子どもが模倣するという能動性に留まらず，他者の能動性を認め受け止める場合も含まれることが示唆された。そして，他者の能動性に気づくとは，他者の持つ意図に気づくこととも言い換えられる。

　表2-1＜Ep2-23＞「年下の子どもにまねされ，かっこいいぼくになる」でも，年長児が他者の意図や能動性を認め受け取ることによって，「うまくできない子どもや遅い子どもを応援したり助けたりする」といった能動的な行動となって現れている。そして，このような能動的なやりとりは，子ども一人ひとりの自己肯定感を形成している。このことは前章の考察においても様々な場面で示されており，身体的な能動性が発揮されやすい身体活動場面ではより活発になり，子どもの遊びに大きな広がりをもたらすと考えられた。

2.4.5.　他者との関係のなかで自己表現を導く

　「PatternⅡ：行為をなぞらえたり，やりとりしたりして楽しむ（状況）ⅳまねし合うことから自己表現が息づく」という機能として分類された事例から，身体活動場面での模倣には「他者との関係のなかで自己表現を導く」という役割が認められた。

　子ども達が模倣し合っている様子を見つめていると，その後に，それぞれ自分のしたいことに気づいたり，自分のしたいことが見つかったりして，生き生きとしてきたという場面に多く出会うことがある。表2-1＜Ep2-24＞「その（踊りを練習している）クラスの子どもよりも，自分のクラスの踊りよりも，（そのクラスの踊りを）肩の力を抜き，自分らしさを発揮して踊っていた」の記述は，模倣している子どもがリラックスしてきて自然に自分なりの表現になっていった様子である。自己表現が，他者との関係のなかで，わずかな制約を受けながら息づくことを示唆していた。

　以下の事例では，その制約が独特な形で出現している。

【事例2-6】 2008.7，A 幼稚園，5 歳児
「私のアイディア」
　朝の自由遊びのとき，保育者が曲を聞きながら振りつけを考えていると，その姿を見てアリサが「私も（する）」と，保育者のまねをしてきた。
　しばらく保育者のまねをしながら一緒に踊り，部分的に保育者が「こうしようかな」「うーんどうしよう」と考えているのを見て，「先生，こういうふうにしたら」とやって見せてくれる。「なるほど，こういうふうか，そうだね，それいいね」と言い，アリサの考えた振りを取り入れて一緒に踊った。その後，アリサは楽しそうに，いろいろなこと（踊りのことではないこと）を話してくれた。

　この事例のアリサは，保育者の動きを模倣することと，保育者になったふりをすることを混在させて，自分である自分と自分ではない自分の両方を楽しんでいるように見えた。自分ではない自分になることで，自分を見る。そこから自分らしい考えを生み出すことができるのであろう。他者の存在が，自己を表現するに際して，制約にもなり，力にもなる様子であった。

　「幼児の感性」を構成する「独自な感受と創出」因子において，「他者のまねをしてもその子どもらしい感じがする」「想像を膨らませたり，見立てたりして考えを広げる」という具体的な視点が明らかにされている[17]。一見すると，双方は逆の視点とも思える。しかし，本事例のアリサの様子からは，模倣によって自分である自分と自分でない自分の両方を持つことが他者との関係のなかで生まれ，その関係を通して独自さが生まれることが示唆された。

2.4.6.　他者との関係のなかで新たな世界を生み出す

　「PatternⅡ：行為をなぞらえたり，やりとりしたりして楽しむ（状況）ⅴ 他者と行為でつながることで世界が変わる」という機能として分類された事例から，身体活動場面における模倣には「他者との関係のなかで新たな世界を生み出す」という役割が認められた。この役割は，前項「2.4.5. 他者との

第 2 章　保育における身体活動場面での模倣の役割　97

関係のなかで自己表現を導く」よりも，その影響力においてさらなる広がり
が認められた。

　以下の事例は，新たな世界を生み出すプロセスにおいて，どのような要素
が生まれているのかを描いている。

【事例2-7】2007.6，A 幼稚園，4 歳児
「遠くに跳ぶためにはどうする」
　登園後の自由遊びの時間。
　年中男児 5 人が，園庭の指令台の上から，できるだけ遠くに跳び降り，着地点に
点数をつけて遊んでいた。順番に指令台に登って遠くに跳び降り，点数を競ってい
た。最近，その遊びを繰り返し楽しんでいる様子であった。
　そのなかでヒサオが，跳ぶ前に腕を大きく振り反動をつけて跳んでおり，1 番距
離が出ていた。指令台の横に行って「ヒサオくんの跳び方，いっぱい跳べるね，す
ごいね」と保育者が声をかけた。すると，それまで，他者が跳ぶのをさほど気にし
ていなかった 4 名の男児が，「ヒサオくん，跳んでみて」と言い，ヒサオに注目し始
めた。ヒサオが跳ぶと「本当すごいじゃん」とその姿を口々にほめた。次に跳ぶ男
児が「よし，ぼくも！」と腕を大きく振り反動をつけて跳ぶ姿をまねして跳んだ。
他の子どもも次々にまねして跳び，距離を競った。
　その後，子ども達の様子を見ていると，ヒサオのことだけでなく「ユキオも，脚
がいい」などとお互いの姿をほめ始めていた。子ども達は，自分の順番になると，
それまでよりも大きな動きで頑張る姿が見られた。
　その後，その遊びに年長児を含む周囲の子ども達も加わり始めた。
　その遊びは，多くの子どもを巻き込んで，その日からしばらく続いていた。そこ
では，指令台からだけでなく，様々な場所から遠くに跳ぶ遊びになっていった。

　この事例の身体による模倣では，子ども達は単に動きをなぞったというよ
りも，ヒサオの動き方に注目して，遠くへ跳ぶための方法を選択して見出
し，例えば腕を大きく振ることを意識的に行う様子が見られた。この場面で
は，ヒサオの腕を大きく振るという動作を意味付けた保育者の一言にきっか
けがあるのだが，子ども達は，その動作の持つ意味を知って模倣をし始めて
いる。それによって，子ども達の間に，遠くへ跳びたい，では，できるだけ
遠くへ跳ぶためにはどうするのかという意識が共有され，競うという新たな
楽しみが生まれていた。子ども達が熱中する遊びとは，無限の多様性（diver-

sity）を持ち，充分に好奇心を満足させ，その他の子ども達とつながりを持ち，競う要素があるものと考えられ，ワクワク（期待）からドキドキ（興奮）へ，そしてニコニコ（満足）という過程を体験できることが求められる[18]。この事例のように，子ども達にとって，身体の動きをやりとりすることが，この過程を躍動的に創成していくようであった。このようなきっかけから遊びの輪が広がり，遊びの「ブーム」が生まれていくことが実証された。

このことは，表2-1＜ Ep2-25＞「ボール投げをまねし合っているうちに，野球選手の名前を言い始め，野球ごっこが始まり周囲の子も加わって，野球ごっこになっていった」様子にも見られる。子どもにとっての野球は，9人の選手が揃うスポーツでなくてもいい。この場合，ボール投げという運動がごっこになり，次には役割の遂行と交代が生まれて[19]野球らしくなっている。このように他者とのイメージ共有によって，直接的に模倣した子どもの世界だけでなく，それ以外の子ども達にも新たな世界が生まれる役割を，身体による模倣が担っている。

模倣は，直接向き合う他者との直線的な関係に留まらず，周囲の他者を巻き込んでいくようであった。子どもが他者を身体で模倣するとき，その行為の意味を知ることができるような保育者の援助が，子どもの世界を広げると考えられた。

2.4.7. 他者認識を通した自己認識が自己理解を促す

「PatternⅢ：自分の行為，心情やイメージを意識する」という機能として分類された事例から，身体活動場面における模倣には「他者認識を通した自己認識が自己理解を促す」という役割が認められた。

以下の事例は，担任保育者が筆者に語ったものである。

第2章　保育における身体活動場面での模倣の役割　99

【事例2-8】2007.10，A幼稚園，5歳児
「**最後まで走るリョウタとぼく**」
　ケンジは，かけっこで「よーいどん」の合図で皆と一緒に走り出しても，自分が
1番になれないと分かると，途中で走るのをやめてしまうことが多い。
　昨日，走るのがあまり速くないリョウタと他の2人と一緒に走ったときのことだ
った。1人の男児が，ケンジを追い越して，ケンジの前を走り出したので，ケンジ
はいつものように走るのを止めかけた。そのとき，リョウタは皆からかなり遅れて
いるのに，腕を少し横に振り，首を左右に振って走り続けていた。ケンジは，リョ
ウタが横を通り過ぎると，リョウタの走り方をまねるようにして首を挙げて走り始
めた。そしてリョウタと並んでゴールに走り込むようにした。

　ケンジは，リョウタの走り方を模倣するように走っていた。しかし，この
事例では，ケンジにとっては，リョウタの動きと同じ型で走ることに意味が
あるのではなく，リョウタの意図を自身の身体感覚で汲み取ったことに意味
があったのではないだろうか。保育者によれば，この場面以降，ケンジが走
ることを途中でやめずに最後まで走ることが増えてきたという。リョウタに
倣って諦めずに最後まで走ったことで，ひとの後ろから走る感覚や最後まで
走る感覚を身体の感覚として捉えた。そして，リョウタという他者のするこ
とを通して他者を認識し，そのことに照らして自分の姿をも認識したのであ
ろう。

　表2-1＜Ep2-31＞「跳び箱や登り棒に挑戦している子どもを見てまねす
ることで，自分も挑戦しようとする気持ちになり繰り返しやり始める」で
も，子どもは，他者を模倣することを通して自分の行為そのものを意識して
いる。他者を通した自己認識が行われ，それが自己を理解することにつなが
るというプロセスが，身体活動場面のさまざまな場で生起していることを示
していた。

　では，自己を認識することと自己を理解することにはどのような違いがあ
るのだろうか。【事例2-8】でのケンジは，リョウタの走る姿を通して走らな
い自分を意識し認識した。その後，最後まで走るようになったケンジの姿
は，走ろうとする自分を意識したことの現れではないだろうか。このよう

に，自分の行為に何らかの意図を持つことが，自己理解の端緒ではないかと考えられた。身体による模倣を通して自己を認識し，身体による新たな行為によって自分の意図を表すことを通して自己理解が促される。このような解釈を通して，子どもの内面が，身体による模倣によって段階的に深まっていく様子を捉えることができたと考えられる。

2.4.8. 他者の感覚や意図を取り込んで自分の技能や表現を豊かにする

「PatternⅣ：自分にないイメージや行為のアイディアを取り込む，ⅰ主として方法や技術のアイディアを取り込む，ⅱ主としてイメージを取り込む，ⅲ主として感情や感覚を取り込む」という機能として分類された事例から，身体活動場面での模倣には「他者の感覚や意図を取り込んで自分の技能や表現を豊かにする」という役割が認められた。

他者の技術や方法あるいはイメージという部分を取り込んで自分でしてみるという行為は，身体活動場面における模倣の役割として最も理解しやすいだろう。

身体活動場面では，模倣によって，大人が教えなくても子ども自身が，他の子どもから取り込んで獲得していく事例が多く見られた。表2-1＜Ep2-41＞では，踊りを踊る際の手脚の動かし方，表2-1＜Ep2-42＞の金魚が餌を食べているイメージなどである。何らかの意図を持っている他者を発見し，その子どもの行為を観察し，ある程度の意図を了解したうえで模倣している。

また，他児が何かに没頭している様子が楽しそうだから，何かをしたことでほめられて嬉しそうだからなどのように，その子どもと同じような感情や感覚を味わいたいという動機から他者と同じ行為をする機能も，身体活動場面で大きな役割を果たしていた。

表2-1＜Ep2-43＞「C子が，太鼓橋を渡るD子の懸命な姿に，その気持ちを想い，自らも挑戦し始めた」という事例に見られるように，具体的な技

術や方法を取り込むというよりも，楽しそうとか嬉しそうといった素朴な感情の共感を得る役割を担うと考えられた。宮崎[20]は，感情体験とは，世界に向かう『からだ‐心』がとっている状態が，"感じ"として対象化されたものと説明し，そこでの『からだ‐心』のとっている状態とは，世界と主体の間の反復的関係としている。"感じ"を得るためには，からだのレベルでの他者とのやりとりが必要という主張は，身体による模倣によって，からだのレベルでのやりとりをもとにした他者との共感が得られるという解釈に通じると考えられた。

　以下の事例では，これらの役割が，子ども達の遊びに大きな影響を与えていることが読み取れる。

【事例2-9】2008.9，H幼稚園，5歳児
「速く走る走り方！それって楽しそう！」
　年長児数人が集まってリレーごっこをしていた。ショウゴは，ユウスケが走っている姿をじっと見て，その場で走る動作をした。ショウゴは，「（こうやったら）速く走れる？」とユウスケに聞いた。ショウゴにどうしたら速く走れるか尋ねられたユウスケは，腕を前後に早く大きく振ってその場で走ってみせた。ショウゴは，それをまねしてその場で走る動作をしてみた。それを見て，ユウスケも歯をくいしばって腕を勢いよく大きく振って走ってみせる。ショウゴは，今度はユウスケの顔つきまでまねして走ってみせる。ユウスケは，今度は脚を高くあげて走ってみせる。ショウゴはそれをまねする。2人の模倣のやりとりは，しだいにまねっこ遊びのようになってきた。
　すると近くにいた子ども達の何人かも加わり，その場で走る動作を繰り返した。「速く走るごっこ」みたいになっていった。

　ショウゴが，ユウスケの走る姿に関心を持った。ショウゴは，一生懸命にユウスケの動きを模倣する。ここでのショウゴは，速く走りたいという明確な意図を持ってユウスケの技能を自分に取り込み映し出そうとしている。一方，周囲の子ども達には，ショウゴほどの明確な意図があったとは一概には感じられず，むしろ2人がやりとりしていた走る動作を身体感覚で捉え，そこに楽しそうという感情を組み込ませて，動きと感情を一体にし，「速く走

るごっこ」の遊びに発展させたのであろう。

　以上より，まず，他者と一緒に何かをするという空間や時間が，いかに子どもにとって意味があるのかが確認できる。そして，そこでの身体による模倣が，子ども達の意図の共有へのきっかけとなり，身体の模倣を相互にやりとりすることによって，お互いの技能や表現を高めることが実証された。また，子どもにとって，技能や表現の高まりは喜びとなり，遊びを展開させていくことに大きな影響を及ぼすと考えられた。

2.4.9.　他者にあこがれる気持ちが挑戦する意欲を育む

　「PatternⅣ：自分にないイメージや行為のアイディアを取り込む，iv主として対象へのあこがれとして取り込む」という機能として分類された事例から，身体活動場面における模倣には「他者にあこがれる気持ちが挑戦する意欲を育む」という役割が認められた。

　身体活動場面では，他者が上手にできること，何かを生き生きと行っていることへのあこがれが，自ら動き出すための大きな動機となり，身体による模倣がそのプロセスを誘発させる役割を担っていると考えられた。

【事例2-10】2007.10，A幼稚園，5歳児
「大きい組さんみたいにやってみたい」
　朝の自由遊びの時間。
　レイコが1人で短縄跳びをしていた。ユキオ，ヒロミ，リョウコ（年少男女児）が，担任保育者と一緒に，レイコの近くでその様子をじっと眺めていた。
　しばらくすると，ヒロミが自分の縄を取りに行った。レイコを見てまねして回しながら跳ぼうとするが，うまく回せないために跳べず，残念そうであった。
　保育者が長縄を持ってきて，片方を地面に置いた装置に固定して，回し始め，子ども達を促した。ヒロミが最初にそこに入って跳び始めた。続いてユキオやリョウコも加わる。ユキオ，ヒロミ，リョウコは，ゆっくりしたぎこちない両足跳びではあったが，縄を踏まずに跳べるのが嬉しいようで，繰り返して遊んだ。

第2章　保育における身体活動場面での模倣の役割　　103

【事例2-11】2007.10，A 幼稚園，3 歳児
「大きい組さんの忍者，やってみたい」
　運動会に向けて，年長組が園庭でリレーの練習をしたり，忍者のリズム表現に取り組んだりする姿を，2 週間近く，年少組の子ども達は目にした。
　運動会では，「大きい組さん，頑張れ」「大きい組さん，かっこいい」と応援している年少児の姿を見ることができた。
　運動会が終わった途端，年少組の子ども達が「大きい組さんみたいに棒（バトン）を持って走りたい」と言い出した。保育室にある製作用のラップの芯を持って走ったり，大きい組の忍者のようにそっと走り出したりして遊ぶ様子が見られた。「大きい組忍者」と言って，床に仰向けになって型にならないブリッジのまねをする子どももいた。年長児が踊った踊りの振り付けをなんとなく覚えていた子どももいて，「大きい組忍者の曲，かけて」と保育者にリクエストし，踊ってみせたりもした。

　【事例2-10】での，縄跳びに関心を持ち挑戦しようとする年少児らの気持ちは，確実に年長児レイコの姿へのあこがれによって引き起こされ，模倣行為となって現れていた。保育者は，レイコのしていた短縄ではなく，結果的に長縄を用意した訳であるが，タイミングを捉えて 3 歳児に適した材料を用意することによって，子ども達の意欲をつなぎ広げて，結果的に満足させている。保育者が，子どものあこがれの気持ちに発した模倣を素早く柔軟に利用して，遊びを導いていた。このような保育者の援助は，子どもの遊びを活気づかせるために的確と考えられた。

　【事例2-11】は，年長のクラスが行ったことを年少の子ども達が遊びのなかで試してみる様子である。運動会などの行事後にしばしば見られる光景であろう。模倣する子どもと模倣される子どもの同時進行的な模倣から，時間と場所を超えた模倣に発展し，それが遊びになっている。

　そのほかにも身体活動場面では，表2-1＜ Ep2-44＞のように上手にうんていにぶらさがる年長児にあこがれ，速く走ることのできる友だちにあこがれ，かっこよくスタンツや踊りをする年長組にあこがれて同じことを始める，あるいは保育者のしぐさを模倣する様子が記述されていた。

　いずれの事例からも，子どもが抱く他者へのあこがれの気持ちは，新たな

104

ことや，自分がこれまでにやろうとしなかったことや，できなかったことに挑戦する意欲を喚起している。子どもは，挑戦的ではあるが不可能でない，かつ有能感や成就感を与えられる課題に挑戦する機会を持つとき，最も動機付けられる[21]。挑戦する意欲は，他者の意図を汲み取って，自分の目標を定めることにつながる。このように，身体による模倣は，他者にあこがれる感情に自分自身が意味を付加していくプロセスの一端を担うようであった。そのプロセスは，子ども達の遊びを広げて活気付かせる方向へと進む。特に身体活動場面では，子ども達の目の前で繰り広げられる動きが身体を媒体にしているために，その様子が，子どもにとって強調されて捉えられると考えられた。

　そこで保育者は，子どもが抱くあこがれの気持ちから発現した模倣行為を見逃さないようにし，それを挑戦する意欲への兆しと受け止めて見守りたい。あるいは，そのきっかけを生かして一気に誘いをかけ，遊びに引き込む工夫をすることも，援助の方法として有効と考えられた。

第5節　全体的考察：流行を生み出す力

2.5.1.　身体による模倣が遊びの流行を生む

　本章では，幼児の日常生活で発現する身体による模倣類型を，保育における身体活動場面に適応させることによって，模倣する子どもと模倣される子どもの関係や，子どもの内面の違いから，身体による模倣の役割を整理して理解することを試みた。模倣機能別の検討によって，1つの模倣の発現は，様々な相互作用を促進させていくことが，具体的な様相として捉えられた。

　そこでの模倣の役割には，これまで身体活動や運動教育の世界で認められてきた動きの習得過程における有効性とは異なる側面が見出された。具体的には，これまで身体による模倣は，模倣による運動感覚能力の習得によって動きの質や技能が向上するという役割に意義が与えられていたが[22]，それに

留まらない役割があることが認められた。身体活動場面において，身体による模倣は，以下のような多くの役割を担っている。

・安心感や勇気をもたらす
・一緒にすることによって快感情が生まれる
・他者と身体感覚を共にする
・他者の能動性を受け止めて自己肯定感を高める
・他者との関係のなかで自己表現を導く
・他者との関係のなかで新たな世界を生み出す
・他者認識を通した自己理解を促す
・他者の感覚や意図を取り込んで自分の技能や表現を豊かにする
・他者にあこがれる気持ちが挑戦する意欲を育む

　では，幼児の身体活動場面で発現する模倣の役割をまとめると，そこから保育の現場に何が提言できるだろうか。

　それぞれの身体による模倣の役割に共通することは，「模倣が他者との身体的な相互行為を活性化させる力になる」ということであった。本研究では，身体的な相互行為を，広く身体を介した相互行為であり，他者との関係性において身体の作用を共有し，からだが響き合い[23]，ひととひとが分かり合う行為と捉えている。幼児期の模倣のほとんどは身体を媒体としているが，身体活動場面ではその特徴がより典型化される。したがって，他者との相互行為は，文字通り身体的な相互行為としての意義を持つと言える。

　では，身体的な相互行為によって子ども達の生活にもたらされるものは何だろうか。身体活動場面において発現する身体的な相互行為としての模倣は，子ども達の間に，遊びの「流行（はやり，ブーム）」を作り出す力を持つと考えられた。

　例えば，うんていに挑戦して頑張っている子どもを見て，1人の子どもがまねして一緒に始めたのをきっかけにクラスの皆に広がり，それぞれが頑張る様子が見られた。その他にも，ボールを投げたり受けたりして楽しんでい

るのを見て，1人がまねして仲間に入りたがり，やがてドッジボールに発展し，その後しばらくの期間，盛り上がったという事例に見られるように，身体による模倣から始まった他者とのかかわりが，より多くの他者を巻き込み，遊びを創成していくプロセスが認められた。

「流行（はやり，ブーム）」になると，子ども達は，そのことに集中する。同時に子どもの興味は連続的であるため，よく似た別のことにも関心を広げ，それが何日かにわたって続く。繰り返し行うことによって上達する。教えることや教わることのやりとりにも子ども同士がお互いに工夫をこらす。競争するといった行為も，めざすゴールが大人の定めた一方向ではないので，大人にとっても子どもにとっても過程を尊重しやすい。それが無意識，無目的な模倣行為であっても，本章で明らかにされた役割に見られるように，他者と身体感覚を共にすることによって，一緒にする，楽しくなる，挑戦する，上手になる，自分を表す，流れを創るという方向へと導かれる。模倣を通して，他者をうかがったり，感じたり，考えたり，情報を理解したりといった一見別々のことを，自己のなかで総合的に働かせ，どこか曖昧な部分を残しながら他者とかかわることを楽しむ。その一連の流れが流行を生む源となっているのであろう。

以上をイメージモデルとすると，図2-1のように表すことができる。

自己と他者の間に発現する多様な模倣の機能は，他者の存在に目を向け，自己を認識していく過程へと集約され，身体的な相互行為を活発にし，遊びの流行を生み出す。

このような遊びの流行は，このようにしようとか，みんなでやろうと言葉にして徹底的に理解し合わなくても，相互に「ほどよく」他者を受け入れ，「ほどよく」一致点を見出した際に創造的に広がっていくと感じられた。この「ほどよさ」こそが，言語を多く持たない身体的な相互行為の特性であろう。竹内[24]が，話しかけるということは，声で相手のからだにふれることとし，からだの姿勢を相互に了解し合ったとき，理解が生まれると述べる。そ

第 2 章　保育における身体活動場面での模倣の役割　　107

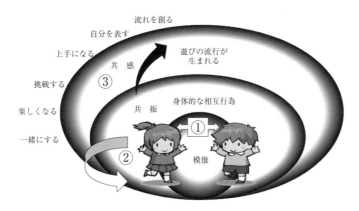

図2-1　身体活動場面における身体による模倣の役割

れを受けて千葉[25]は，理解とは共感であり，認知的な共感の基盤にからだのレベルの共振がなければ，真の意味での共感とは呼べないとしている。言語を多く持たない状況は，従来の相互行為によって生まれる他者との身体の共振，そこから生まれる相互の共感という非言語コミュニケーションという枠を超え，他者の態度をとる模倣[26,27]という作用を媒体とする。序章で示したように，共振や共感は，単なる情報の受け渡しの作用でなく，動きや言葉を交わし合う2人のからだ，あるいは大勢の子ども達のからだに生起し，遊びの流行という具体的な方向へと結びつく作用を持つと考えられた。

2.5.2.　身体活動場面における保育者の援助

　それでは保育者は，身体活動場面における遊びの流行を導くために，どのような援助を行うことが必要なのだろうか。

　Meinel[28,29]は，運動場面において指導者は，観察した動きを自身の運動感覚によって中から知覚し，共感的に一緒に動いていると述べ，運動共感という考えを示している。ここでの運動共感とは，あくまでも運動系の学習過程における認識獲得の要素として述べられているが，一方で優秀な指導者は，

運動共感を可能にするために，相手と一緒に動くという行為を，相手の思考過程や内面に沿わせて，情動的で情熱的に表出させることができるとしている。Meinel は，模倣という言葉で，このプロセスを語ってはいないが，そこでの理念からは，保育者が，他者の身体の動きを自分のものとして感じ「ほんとうに共感する」という姿勢が，子ども達の身体活動を活発にし，遊びの流行を支えると捉えられる。模倣は，見た通りにするのではなく，した通りにするものとされ[30]，相手の行為を見ているときも，視覚的に捉えているのではなく，相手のしぐさに自分を重ねている。子どもにとっても，思わず相手の動きに引き込まれ，つられるというところから，他者の動きと一体になる感覚が生まれる。子どもと一緒に身体活動をする際，保育者自身もこのような身体感覚を意識することが求められる。

また，稙丸[31] は，保育者がガキ大将の役割を担うことの必要性を提起している。現在の子どもの遊び方は，新しいものへの対応に慎重で，自らが流行の持ちこみ手になろうとはしない。さらには物事にのめり込まないとも言われている[32]。だからこそ，保育者は，子どもに対して模範を示すという意味のモデルという存在に留まらず，本章において明らかにした模倣の役割に見られるような，相互行為としての身体による模倣を発現させ，あるいは受け止める存在としての保育者であることを自覚したい。そのためにも，子どもが他者とのかかわりが充分できるような場所や時間を確保してやるという援助に留まらず，そこでの時間と場所を子ども達と共有し，保育者も仲間として方法を同じくして遊ぶことが必要と考えられる。

以上，本章のまとめとして，幼児期の身体的活動における模倣を，からだとこころを存分に使って自己を発揮し，他者とやりとりする行為として積極的に捉え直すことを提言したい。模倣行為は，個が社会的に存在していくための手法の1つであるという視点に立てば，模倣が発現しやすい幼児の身体活動は，身体的な相互行為を発揮させ息づかせるための重要な機会として位置付けられる。その視点は，身体活動場面での模倣に対する保育者の受け止

めや保育行為を自覚的にし，子どもの模倣発現を促進させる保育内容を積極的に考える姿勢につながるだろう。

引用・参考文献

[1] 無藤隆（1997）協同するからだとことば，金子書房，163-169

[2] 杉原隆・森司郎・吉田伊津美（2004）2002年の全国調査から見た幼児の運動能力，体育の科学，54，161-170

[3] 杉原隆・森司郎・吉田伊津美（2004）幼児の運動能力発達の年次推移と運動能力発達に関与する環境因子の構造分析，平成14-15年度文部科学省科学研究費補助金（基盤研究B）研究成果報告書

[4] 近藤充夫（2007）保育者養成過程における「保育内容」の歴史的変遷と今後の課題，子どもと発達発育，5(1)，10-13

[5] 穐丸武臣（2007）保育者養成の立場からの提言，子どもと発育発達，5(1)，21-24

[6] 小林寛道（1990）幼児の発達運動学，ミネルヴァ書房，267-270

[7] 鈴木裕子・鈴木英樹・上地広昭（2005）幼児の身体活動評価尺度の開発：子どもアクティビティ尺度，体育学研究，50(5)，557-568

[8] 鷲田清一（1998）悲鳴をあげる身体，PHP研究所，16-36

[9] 市川浩（1985）＜身＞の構造：身体論を超えて，青土社

[10] 鷲田清一（2005）表象としての身体，大修館書店，211

[11] 森司朗（1999）幼児の「からだ」の共振に関して：対人関係的自己の観点から，保育学研究，37(2)，152-158

[12] Gibson, J.J. (1979) The echological approach to visual perception, Houghton Mifflin, 古崎敬他訳（1989）生態学的視覚論，サイエンス社

[13] Gaston, E.T. (1968) Music in Therapy, *The Macmillan Company*, 17-19

[14] 佐々木玲子（2003）子どもの動作リズムとタイミング，子どもと発育発達，1(5)，301

[15] 茂木健一郎（2003）意識とはなにか，ちくま新書，134-135

[16] 鈴木裕子（2009）幼児期の感性を具体化する試み：幼児の感性尺度の開発を手がかりとして，保育学研究，47(2)，132-142

[17] 前掲16

[18] 國本桂史（2003）子どもが熱中する遊び，子どもと発育発達，1(3)，157-160

[19] 池田裕恵（2003）子ども、それは想像する存在，子どもと発育発達，1(3)，179-

180

[20] 宮崎清孝（1989）世界の生成と「感情」という問題，発達，38，70-78

[21] Stipek, D.J., 馬場道夫監訳（1990）やる気のない子どもをどうすればよいか，二瓶社，297

[22] 朝岡正雄（2005）動きの模倣とイメージトレーニング，バイオメカニクス学会誌，29(1)，31-35

[23] 齋藤孝（2003）コミュニケーション力，岩波新書，74

[24] 竹内敏晴（1975）ことばが劈かれるとき，思想の科学社

[25] 千葉浩彦（1990）むかう感情・ゆれる感情，佐伯胖・佐々木正人編，アクティブ・マインド：人間は動きのなかで考える，東京大学出版会，128-140

[26] Mead, H.G. (1934) Thought, communication, and the significant symbol, Morris, W.C. (ed.), Mind Self and Society from the Standpoint of a Social Behaviorist, *The University of Chicago Press*, 68-75

[27] 金子智恵（2005）「わたし」のなかの他者：自己意識の形成に及ぼす「他者性」の重要性，梶田叡一編，自己意識研究の現在2，ナカニシヤ出版，203-226

[28] Meinel, K.B. (1960) Volk und Wissen Volkseigener Verlag，金子明友訳（1981）スポーツ運動学，大修館書店，175-190

[29] Meinel, K.B. (1960) Astbetik der Bewegung，金子明友訳（1998）マイネル遺稿，動きの感性学，大修館書店，85-103

[30] 浜田寿美男（2002）身体から表象へ，ミネルヴァ書房，96-97

[31] 穐丸武臣（2003）幼児の運動遊び，子どもと発育発達，1(3)，161-164

[32] 明石要一・新井誠（1990）子どもの流行，深谷昌志・深谷和子編著，子ども世界の遊びと流行，現代心理学ブックス，85-106

第3章　模倣された子どもを焦点とした身体による模倣

第1節　問題と目的

3.1.1.　目的

　本章では，「模倣された子ども」に着目し，身体による模倣が，子どもたちの相互行為にもたらす機能と役割を考察する。「模倣された子ども」にもたらされるものは何か，それが後にどのような行為として子どもに現れているのかを検討する。

　本章第2節では，保育実践のなかで，模倣された子どもにもたらされる身体による模倣の機能を検討する。第3節では，その機能を前提として3歳児の遊び場面を観察し，身体による模倣機能が相互行為に果たす役割を分析，論証する。

3.1.2.　模倣された子どもに着目する動機と経緯

　第1章において，幼児期の身体による模倣が，子どもにとっての相互行為に重要な意味を持っていると考え，そこで発現する模倣機能を分析考察した。模倣する子どもを基軸に，その子どもにもたらされる機能を解釈し，その結果，幼児期の模倣機能が4つのパターンに類型化された。そのなかで，「PatternⅡ：行為をなぞらえたり，やりとりをしたりして楽しむ（状況）ⅲまねされることで他者に関心を持つ」という機能が見出された。そこでは，子どもにとっての他者にまねされる効果が捉えられ，まねされることが，相互行為として模倣を捉えるうえで大きな意義を持つことが示唆された。

　筆者は，保育現場の観察のなかで次のような場面を経験した。運動会前の

ある日，テラスで，曲に合わせてダンスを踊る女児の姿があまりに楽しそうだったので，筆者は，女児の斜め前から振り返るようにして，女児の動きを盗み見ながらまねして踊り始めた。女児は，横目で何度か筆者の様子をうかがいながら踊っていた。その曲が終わると周囲の年下の子ども達に「ほら，ここはこうするんだよ」と教え，その後は教えながら再び踊り始めた。筆者はそれを微笑ましいと感じ，その場にいることが楽しくなった。筆者に模倣された女児は，近くにいた他児に優しく教え始め，一緒に踊った。模倣した立場でこの光景に接した際，模倣される側にも何かをもたらすからこそ，模倣が相互行為と位置付けられると実感させられた。このような経験が，「模倣された子ども」に着目し身体による相互行為としての模倣の意味を探る動機となった。

3.1.3. 模倣された子どもに着目する意義

「模倣された子ども」に着目し，身体による模倣が，子どもたちの相互行為にもたらす機能と役割を考察する意義は，模倣された子どもを対象とした先行研究が著しく少ないという意義と，「模倣された子ども」が身体による相互行為を捉えるための可視的な現象として有効という意義の 2 点にまとめられる。

まず，模倣された子どもを対象とした先行研究が著しく少ないという研究上の意義について，以下に述べる。

コミュニケーションは，しばしば，キャッチボールに例えられることがある。コミュニケーションを，ひととひとが何らかの媒体を通じて交互に何かを受け渡す作用とする考えだ。しかし，保育の場においては，保育者が子どもを受け止めるという保育行為の重要性を示すために，受け手の力だけがことさらに強調されることがある。それは「受け手が巧ければ，投げ手がどんなボールを投げても受け止められる」という，送り手からみた一方向の解釈に感じられる。受け手の力が重視されていても，受け手からの見方や，受け

第3章　模倣された子どもを焦点とした身体による模倣　113

手の心情はあまり問題にされていない。ひとのコミュニケーションは，送り手と受け手の水平関係において行われる際に最も効率的と考えられる[1]ことからも，受け手の側に立った解釈も必要である。

　しかしながら，序章第2節で保育や心理学領域に絞って通覧した諸研究においても，模倣が身体を媒体に社会的な相互作用を成立させ促進させる役割を持つことを説きながら，その視点のほとんどは「模倣する側」に定位していた。稀に「模倣された側」に言及した研究があっても，必ずしも「模倣された側」に定位してはいない。例えば，Abramovitch et al.[2]と Grusec et al.[3]は，模倣されることの多い子どもは模倣することも多く，その役割転換が頻繁に生じるという知見を示し，模倣は幼児の社会的相互作用の開始，維持，促進に関連するとした。しかし，それらの知見も，「模倣する子ども」を対象とした実験から付随的に導かれ[4]，直接的に「模倣された子ども」にもたらされる機能には踏み込んでいない。それは，これまでの乳幼児期の模倣行為への関心が，言葉獲得の機序を支える行為という視座を主流としたことに由来する。すべての行為は，その背後に目的に沿った特定の機能を有すると考えられ，模倣する主体側からの模倣機能の追究が中心となったためである。

　しかし，近年，乳児が一方的に保護される存在でなく，身体の現象を通して他者とのかかわりを生み出す主体とされるようになり，共鳴や共振といった他者との同型的な相互行為[5,6]としての模倣が，乳幼児のコミュニケーションに重要な役割を果たすと指摘されるようになった。また，横並びのまなざし[7]や一緒に見る[8]現象によって，相互の同じ思いが同じ動きを交わし合うことに繋がる様子も明らかにされている。さらには，まねることを他者になってみる行為とし，それが他者との共感的かかわりを促すとし，共感を軸に乳幼児の発達を考える視点が示された[9]。身体での模倣が社会的相互作用の成立や促進に寄与することが認められ，そこでは，送り手と受け手の水平関係こそ最も効率的[10]なコミュニケーションになる視点が具体化されてきた。

そのような視点の転換を受けて，乳児期に比べて同型的な行為が希薄にな
るとされる幼児期[11]でも，身体の在り方が他者との相互行為の基盤をなすこ
とに関心が向けられた。榎沢[12]は，行動し他者や事物とかかわる「主体身
体」を主題とし，子どもたちが相互に相手の身体の志向性を感知し相乗りす
ることでいきいきと遊ぶと説く。無藤[13]は，「身体知」の理念をもとに，主
体のこころの働きを，対象とのかかわりによる身体の動きと捉えた。その身
体論を踏まえ，砂上は，幼児同士が同じ動きをする[14]，同じ物を持つ[15]，同
じ発話をする[16]という異なる媒介を通した同型的な行為の解釈を試みる。幼
児間の双方向的な行為を身体性という核に寄せて捉える視点が，本模倣研究
に示唆を与える。

　一方，菅原[17]は文化人類学の立場から，コミュニケーションの不具合が問
題視される現代社会に対して，コミュニケーションの受け手の行動に影響を
与える行動こそが相互行為的であるというEkman論[18]に依拠し，受け手に
焦点を当てる必要性を述べている。また「私」の成立という視点から，浜
田[19]は，ひとの持つ能動性よりも受動性こそが第一義的な意味を持つとし
た。受け手すなわち模倣された側の内面や行為を焦点化することで，ひとと
ひとの相互行為のメカニズムをより核心的に捉えられる可能性が示唆され
る。具体的には，教育学や心理学の世界ではとかく人間の主体性が強調され
るが，相手の主体性を受け止めるという意味では受動性の契機を抜きにして
は語れないことを指摘している[20]。何かをされる自分をそこに感じ取る，自
分と同様に相手を「する」主体として受け止めることができるからこそ，自
分は相手から「される」態様をそのとおり受け止めることができる。相手に
もうひとりの主体を感じるとき，そこからおのずと「能動―受動」のやりと
りが成り立つのであり，私たちが他者との関係で普段感じている受動性の契
機が，人間の共同性のもつひとつの大事な契機をなしていると考えられてい
る。したがって，模倣されたという自分側の受動は，相手の模倣をするとい
う能動の裏返しの現象として，受動性の典型として認められる。にもかかわ

第3章　模倣された子どもを焦点とした身体による模倣　115

らず，このような受動性に定位して幼児の相互行為を捉えた研究はほとんど見当らず，相互行為の構図のなかにうまく組み込まれてこなかったことがうかがえる。

　次に，「模倣された子ども」が身体による相互行為を捉えるための可視的な現象として有効であるという根拠を述べる。

　幼児の場合，様々な場や時間で相互行為が出現し，いつ始まっていつ終わったのか，かかわった子どもは何人かという枠組みが判断しにくいことが多い。本研究で着目する模倣された子どもは，模倣されたこと自体が相互行為という点において，すでに可視的な存在である。また3歳，4歳，5歳という年齢による差異も，この有効性に強調的に関与すると考えられる。特に，相互模倣は，幼児期初期（1歳〜3歳未満）の言語発達や象徴機能の発達を支える要因として扱う研究が多く[21,22]，また近年，その延長上にあり同時に幼児期後期への境界期にある3歳児への関心も高まっているが，幼児期後期，なかでも4歳児以降を扱った研究は，砂上[23,24]に僅かに見られるにすぎない。保育者側の直接的な関心事でもあるため，保育実践の場に新たな視座を提供し得ると考える。

　以上の，2つの有効性に基づき，本研究では「模倣された子ども」に着目し，そこでの「身体による模倣」の機能や役割を検討することとした。

　なお本章で対象とした「模倣」は，基本的には前章までの基準に沿うが，本章では以下の基準を付加した。「模倣された（子ども）」とは，①ある子ども（模倣した子ども）に，他の子ども（模倣された子ども）と同一の行動または類似した動きが見られた現象，②模倣された行動と模倣する子どもの模倣行動が比較的短時間の間隔で見られた現象，③模倣された側と模倣した側の関係を繋ぐものが同一または類似した行為と認められ一連の文脈として捉えられた現象，と操作的な基準を定義し，その現象に該当する子どもを対象とした。したがって本研究で取り上げる模倣は，共鳴や共振という無意識的な身体相互のやりとりというよりも，複数の幼児間に起こるまとまりのある行為

としての模倣である。判定は，保育者や他の研究者の意見を参考にする場合もあったが，模倣する子どもの場合と同様に，原則的には筆者が行った。

第2節　模倣された子どもにもたらされる身体による模倣の機能

3.2.1.　目的

「模倣された子ども」に着目し，身体による模倣が，子どもたちの相互行為にもたらす機能を考察する。保育のなかで，幼児が自分の行為を他児に模倣される状況を捉え，模倣されたことによってどのような変化が生まれ，それがどのような行為として現れるかを省察し，模倣された子どもにもたらされる身体による模倣の機能を検討する。

3.2.2.　方法

1)　事例収集から分析への手続き

観察：幼児と同じ場所に身を置く参与観察を行い，模倣された子どもだけを焦点化せず，日常生活で発現する模倣行為を観察し筆記記録した。保育終了後に記述し事例として収集した。

調査：保育者対象の質問紙調査によって得られた「模倣が良い影響を及ぼしていた，何かが豊かになったと感じられた場面のエピソード」から，模倣された子どもに焦点を当てた事例を補足的に分析考察に加えた。

2)　対象と期間

観察：兵庫県 H 幼稚園。各クラスを担任保育者と非常勤の補助保育者が担当。登園後 1 時間30分程度，異年齢交流の場として主体的に環境にかかわって自由に遊び，その後，学級や学年の活動を行っている。2007年 5 月‐10月は 3 歳児クラス（20名），2008年 4 月～11月は 4 歳児クラス（30名）を中心に，原則的に 2 週間に 1 日計12日，参与観察者としてかかわった。

調査：2006年 9 月～12月に愛知県，埼玉県，東京都の幼稚園・保育所を対

象に，保育歴 2 年以上の保育者に質問紙調査を依頼した。73園280名から524
事例が収集された。

3）分析

　観察：収集された39事例中，模倣された子どもを強調的に捉えた14事例を
対象とした。模倣された側と模倣する側双方の身体の動きや視線，位置関
係，発話，模倣後に発現した行為を読み取り，模倣された子どもにもたらさ
れる身体による模倣の機能を考察した。複数の対象児を個別に観察すること
は困難であり，研究者の志向性が介入することは否めず，そこに事例抽出と
考察の限界が認められるが，共通性や普遍性と同時に，保育の営みでの一回
性や多様性を重視した。仮説生成やその検証において，質的な記述に基づく
検討を，量の追究に対するアンチテーゼに終わらない有効性[25, 26, 27]と認めた。

　調査：524事例中，模倣された子どもを焦点とした事例が32例（全体の5.9
％）抽出された。32例中22例が，子どもに模倣された事例，8 例が保育者に
模倣された事例，2 例が子どもと保育者両方に模倣された事例であった。製
作 / 粘土 6 例，生活行動（あいさつ，食事，排泄等）5 例，歌遊び 5 例，ゲー
ム / 遊び 4 例，運動遊び 3 例，身体表現 3 例，描画 / ぬりえ 3 例，踊り / リ
ズム 1 例，砂場遊び 1 例，ごっこ 1 例の11場面に見られた。保育者の記述し
たエピソード事例は，実際の子どもの生活に発現する模倣の頻度ではない
が，幼児の日常生活のほとんどの場面で，保育者は「模倣された子ども」の
様子を捉えていることが示唆された。

3.2.3.　結果と考察

3.2.3.1.　模倣された子どもにもたらされる身体による模倣の機能

　模倣された子どもと模倣する子どもとの関係とその変容が類似するものを
集約し分類した。分類された事例の特徴を「機能」として命名し，再度，各
事例がどの機能に該当するかを検討した結果，「模倣された子どもにもたら
される身体による模倣の機能」が以下 5 つ示された。しかし，5 つの機能に

照らした事例の再分類に際しては，記述された内容では模倣行為前後の文脈が明確でないために，複数の機能のいずれにも解釈可能な事例が見られた。機能の分類命名では，この点において限界が認められる。なお命名は，短い単語や専門的用語で示すことが一般的だが，ここでは保育者の捉えやすさと想起しやすさに配慮した表現を用いた。

（模倣された子どもは，模倣されたことによって）

 ⅰ. 他者とかかわることの端緒が得られる

 ⅱ. 他者の行為に気づき他者のイメージを認めて新たな行為が生まれる

 ⅲ. 自己の行為のイメージに気づき他者とのかかわりが広がる

 ⅳ. 自己の行為のイメージに気づき行為が自覚的になる

 ⅴ. 自己が肯定され他者に対しての直接的な行為が生まれる

 以下では，模倣された子どもにもたらされる身体による模倣機能について，典型的な観察事例と調査事例，各機能を抽出し命名に至った考察を表に示す。事例は一部要約とした。事例中，模倣された子どもに下線，模倣された直後の行為に実線，その後の模倣された子どもまたは模倣した子どもの変化に点線を記した。読み取れた機能には 囲み枠 を記した。名前は仮名とした。

3.2.3.1.i.　他者とかかわることの端緒が得られる

表3-1　「ⅰ. 他者とかかわることの端緒が得られる」機能が読み取れる観察事例と調査事例

観察事例（全5例）
【事例3-1】「チエコちゃん，私と同じじゃね」 2008.6.4 （4歳児） 　保育室横のテラスに設置された製作コーナーで，アキコは空き箱で製作を続けていた。そこへチエコが寄ってきて，アキコに声は掛けないものの，アキコのとなりでアキコの手元をうかがいながら，同じ角度や速さで空き箱にハサミを入れて何かを作り始める。アキコは手を止めてチエコの方を見る。次にチエコの顔を覗き見るようにして「同じじゃね」と笑顔で声をかける。チエコはニコッと照れたように微笑む。その後，アキコとチエコは同じようにハサミを動かし，微笑み合って何か別の物を作っていた。

【考察】チエコは，他児と一緒に遊びたくとも自分から声を掛けられず，他児と遊ぶことを断念しやすい。アキコは，そのチエコに模倣され，自分と同じ行為を繰り返されたことを，他者が自分に接近した と感じ，快感情で受け止めた 。アキコが手を止めて，チエコの顔を覗き見るようにして「同じやね」と笑顔で声をかけた様子から，アキコは，チエコが自分と同じ行為をしていることに安心感を抱いた ようであった。同様に，チエコの照れた微笑に見られるように，模倣したチエコにも同じ行動をする安心感が生まれた。その結果，アキコとチエコは同じようにハサミを動かしながら微笑み合った。身体による模倣が，他者とかかわることの端緒 となる。

調査事例：保育者の記述によるエピソード（全6例）

<Ep3-11>（私幼：保育歴3年）「私と一緒，私を見てくれた」
歌を口ずさみながら下を向いて黙々とブロックで遊ぶA子。B子が同じフレーズを口ずさみ，A子の横に並んで一緒にブロック遊びを始めた。A子はB子の顔を見て にっこりした 。（生活行動，5歳児）

子どもの模倣し合う姿からは，模倣された姿や行為と，模倣した姿や行為が，必ずしも一致した同型や同一でない場合も多かった。子どもにとって「模倣された」と思うことは，正確な描写や情報伝達の有無を

the child being imitated

obtaining a chance to start interavting with others

認知するばかりでなく，その動きを生み出す心理状態全体を感じ取る作用[28]であり，快感情などの素朴な感情を表出させるようだ。模倣された子どもにとっては，他者が自分の身振りや表情などを用いて自分と同じになったことによって，自分の気持ちに添ってくれたと感じられると捉えられた。その様相は<Ep3-11>にも見られた。A子は自分の言葉や口調を模倣されたことよりも，B子の身体が自分の身体に向けられたことに喜びを感じたのではないか。模倣されたことは，他者への親近感を生み，他者とかかわることを心地よいと感じる経験を促すようだ。それによって，模倣された子どもは安心して他者とかかわるようになる。それは，模倣された子どもにとって，「（模倣した子どもと周囲の）他者とかかわることの端緒が得られる」機能と捉えられた。

3.2.3.1.ii. 他者の行為に気づき他者のイメージを認めて新たな行為が生まれる

表3-2 「ii. 他者の行為に気づき他者のイメージを認めて新たな行為が生まれる」機能が読み取れる観察事例と調査事例

観察事例（全4例）
【事例3-2】「2人の描く線が線路になり1枚の絵になった」 2007.11.21（3歳児） 　ソウタとユウキは，それぞれ線を引くように絵を描いていた。ユウキがソウタの描くのを見て同じものを描くようになる。ソウタは，ユウキの描く物を気にしながらも自分の好きな線や図形を描き続ける。しばらく各々で描いていたが，ソウタは自分の紙の続きのようにユウキの紙に線を描く。ユウキはそれを見て「（ユウキの線が，自分の紙に）来た」と言い自分の紙に線を描くことを続ける。しばらくすると，2人は絵をつなぎ合わせるようにして，線を（線路のように）何本も描き始める。2人は，2枚の紙をくっつけて1枚のように扱って1つの絵を描き出した。＜後略＞
【考察】ソウタが自分の紙の続きのようにユウキの紙に線を描いたことは，強引で身勝手な行為にも見える。しかし，それに対してユウキは「来た」と言いながら自分の紙に線を描くことを続けている。その後，2人は2枚の紙を1枚にして，1つの絵を描き出して一緒に遊ぶ。このやりとりには言葉はほとんど介在しなかった。ソウタは，模倣されたことによって他者（ユウキ）の存在に気づき，身体的な行為の対話によって，相手（ユウキ）のイメージを受け止め，1つの絵を描き出したと捉えられた。
調査事例：保育者の記述によるエピソード（全3例）
<Ep3-21>（私立幼：保育歴6年） 「一緒に作ろう，1つの大きな船ができたね」 A男が廃材で船を作る。B男が，A男をまねて船を作り出した。A男は，B男が自分をまねていることに気づくと，B男に一緒に作ろうと持ちかけ，お互いの船を合体させて大きな船を完成させた。（製作／粘土，5歳児）

　【事例3-2】は，絵画療法のスクィグル法的な効果（画用紙に治療者が黒のサインペンでなぐり描きし，その描線に対象者がクレヨンで描画し，これを役割交代して繰り返し，最後に物語を作る）という視点での解釈もできる。スクィグル法では，自己の

after noticing others' actions, beginning to engage in a new avtion by accepting the image others had

内界が映し出された作品を視覚的，客観的に見つめ直すことにより，自己受

第3章　模倣された子どもを焦点とした身体による模倣　　121

容や自己洞察が進む効果が期待される。絵という視覚的イメージに助けられ，言葉にならなかった言葉が意味を帯びる[29]のだろう。ソウタとユウキの身体による相互模倣は，これに似た心理状況を生み出している。ソウタとユウキの直接的な二者関係に素材が入ることにより三項関係[30]となり，他者の行為によって他者の存在に気づき，2人の緊張が緩和し関係が安定した。それによって，他者の持つイメージが認められ，新たな行為が生まれ遊びになったと考えられた。<Ep3-21>の廃材遊びでも，A男はB男に模倣されたことで，B男の行為に気づき，その意図やアイディアを受け入れて一緒に遊ぶ欲求を持ったと解釈された。身体的コミュニケーションの本質的な力とは，ひととひととの間に一体感が醸し出され，それが共有される瞬間にこそ立ち現れる[31]。模倣されるという身体の対話から他者の持つイメージを認めることは，このような一体感の現れと考えられた。模倣されたことによって，「(模倣した)他者の行為に気づき他者のイメージを認めて新たな行為が生まれる」プロセスが発現すると捉えられた。なお本機能の「イメージ」の用語については，他者の行為のなかにあるものが，他者の意図や具体的なアイディアだけでなく，新しい感じ方や考え方の契機となるような無意図的な相[32]と受け取ることが妥当と解釈された事例もあるため，それらを総称して「イメージ」を用いた。(機能iii，ivも同様)

3.2.3.1.iii. 自己の行為のイメージに気づき他者とのかかわりが広がる

表3-3 「iii. 自己の行為に気づき他者とのかかわりが広がる」機能が読み取れる観察
事例と調査事例

観察事例（全4例）
【事例3-3】「ぼく，セミの家をつくっているんだ」 2007.6.29（3歳児） 　ヒロシは保育室ベランダのコンクリートの床に折り紙を置き，テープで貼り付ける。筆者が「なあに？」と尋ねると，「セミ，今日は暑いから」と貼る手を休めずに顔も上げずに答える。折り紙の下にセミがいる。その様子をアツシとアユコが，ヒロシを取り囲み不思議そうに見つめる。ヒロシは2人の視線を気にすることなく手を動かして作り続ける。アユコが折り紙と近くにあった小石を持ってきて，同じように床にテープで貼ろうとするが，無理に押さえつけたため折り紙が破れる。その様子を見ていたヒロシは，アユコに「もっと（折り紙を）大きくする（といいよ）」と言いながら，アユコの折り紙の横に，別の折り紙を並べて貼る。その後，ヒロシは自分の貼った折り紙の横にも同じように並べて折り紙を貼る。それらが一直線になるように貼り，その図柄を満足そうに眺める。その様子に合わせるように，アユコも同じように別の紙を床に貼って遊び始める。＜後略＞
【考察】ヒロシのセミの上に折り紙を貼る行為を，アユコが模倣した。ヒロシは，セミのかわりに小石を置き，折り紙を被せてテープで貼ろうとして失敗した アユコ の行為を目にした 。それによって，自分の行為が，セミの家を作ることとして意味 付けられたと感じた ため，その後，アユコの折り紙の横に，別の折り紙を並べて貼ったり，自分の貼った折り紙の横に並べて貼ったりする行為に 発展した 。3歳児らしい並行的なかかわりではあったが，「模倣された子ども」は，模倣されたことによって，自分の行為の意味に気づき，他者との自然なかかわりが誘発された 。
調査事例：保育者の記述によるエピソード（全3例）
<Ep3-31>（私立幼：保育歴11年） **「ぼくのカラオケごっこ，おもしろいだろ」** C男は廊下の長椅子の上に立ち，段ボールの模様をボタンにみたて，そのボタンを押しては歌を歌っていた。C男が歌詞を間違えると，E男がそれをまねた。その後1人2人とまねしてボタンを押し，間違えた歌詞で歌う。クラスの半分くらいが歌って大喜びした。C男は，嬉しそうな顔をし，その遊びを支える中心になるように 振る舞った 。（歌遊び，5歳児）

　【事例3-3】のヒロシは，アユコらに模倣されたことによって，自分の行為が意味付けられたと感じ，遊びの輪を広げるきっかけを得ている。模倣された子どもが他者の模倣行為を受け入れ，自己を他者の行為のなかに埋め込むようにして自己を感じる様子として読み取れた。一方，**<Ep3-31>**のC男が，彼の歌詞の間違いを模倣されたことを，からかいと感じなかったのはな

ぜか。年齢が高くなると，他者から模倣されたことがからかいに感じられる場合もある[33]。一方で，からかいには，自分自身が他者にどのように受け止められているのかを確かめたり，相手との繋がりを確認したりする肯定的な役割もある[34]とされる。この時のＣ男は，カラオケ遊びの仕草や歌

noticing the image of one's action and expanding one's interaction with others

い方を模倣されたことによって生じた他者との身体の同期が心地よく，他者への警戒心が解かれ，からかいと感じる以上に「ぼくの行為を皆が見てくれた」喜びが大きかったのではないか。Ｃ男は，模倣されたことによって自己の行為のイメージに気づき他者と一緒の喜びを膨らませました。それが他者とのかかわりを広げる要因になったようだ。模倣されたことによって「自己の行為のイメージに気づき他者とのかかわりを広げる」様相が捉えられた。

3.2.3.1.iv. 自己の行為のイメージに気づき行為が自覚的になる

表3-4 「iv．自己の行為のイメージに気づき行為が自覚的になる」機能が読み取れる観察事例と調査事例

観察事例（全3例）
【事例3-4】「ぼくのムシ，気に入った？」 2008.5.20（4歳児） 　シゲルはペンを握ったまま何も描かない。保育者が「ムシ好き？」と尋ねると，「好き」と言う。保育者は（ムシが好きな）<u>ダイチ</u>の絵をまねしようと誘う。シゲルは，<u>ダイチの描く様子をじっと見た後</u>，1匹2匹とムシを描き，その後は<u>ダイチ</u>を見ないで自分で描き出す。<u>ダイチが絵を描きながら，シゲルをチラチラと見る。ダイチは自分の描いたムシに丁寧に色を塗り進めた。</u>
【考察】ダイチは，シゲルに自分の描く絵を模倣されたことによって，自分をまねた他者の動きを注視し，その後，ムシの色をより丁寧に塗り始めた。ダイチにとって，絵を描くことが好きでないシゲルにまねされ，自分が他者にどう見られているかを感じた。それによって，自分の絵のイメージに気づき，自分の描く行為が自覚的になり，色を丁寧に塗る行為となった。

調査事例：保育者の記述によるエピソード（全7例）
<Ep3-41>（公立保：保育歴24年）「ぼくは足が速い！」 D男は，友達から「D男は足が速いなあ」と言われ，その後に走り方をまねされた。その様子を見た後，少し自信を持ったようで，前よりも生き生きと走った。（運動遊び，5歳児）

【事例3-4】のダイチは，絵が上手という褒め言葉以上にシゲルに模倣されたことで，シゲルの行為の中にある自己の描こうとしたムシのイメージに気づき，生き生と表し始めたという解釈ができる。一方，この保育者がどのような意図を持ってシゲルに模倣を促したのかは不明であるが，多くの保育者は「自由に」という言葉かけが必ずしも子どもの自由

noticing the image projected through one's action and becoming aware of one's own action

や主体性を保証しないことを感覚的に承知している。できないと感じている子ども（シゲル）にとっては負担に感じられる場合さえある[35]。その場合には，何らかの枠組を与えてもらうことが，子どもにとって自己表現を芽生えさせるようだ。ここでは，双方にとって他者の行為という枠組を通して自己の行為のイメージに気づく機会が与えられ，そのことが各々の行為を自覚的にさせたようだ。<Ep3-41>のD男にとっても，足が速いという褒め言葉以上に他児に身体で模倣されたことが意味を持った。模倣されたことによって，他者の身体の動きのなかの「自己の行為のイメージに気づき，それが自己の行為を自覚的にする。言い換えれば自己表現が喚起される」と捉えられた。

第3章 模倣された子どもを焦点とした身体による模倣　125

3.2.3.1.v.　自己が肯定され他者に対しての直接的な行為が生まれる

表3-5　「ⅴ．自己が肯定され他者に対しての直接的な行為が生まれる」機能が読み取れる観察事例と調査事例

観察事例（全5例）

【事例3-5】「リサちゃん，見て，こうするんだよ」 2008.6.4（4歳児）
　テラスに設置した机で，コノミは，水に濡れたペットボトルに，紙テープをちぎって，ペットボトルを振りながら次々に入れていく。向かい側にいたリサは，その様子を見て，紙テープの切れ端を入れて，コノミのペットボトルを振るリズムに合わせながら振る。コノミは，リサに自分の手順を模倣することを促すように，1回1回手を止めて，リサが同じことをするのを確認して進めていく。何回か続ける。（中略）コノミはリサに問いかけながら進める。コノミは「プリキュアごっこ，ね」と言いながら，ペットボトルに赤，緑，黄のリボンを巻きつけ，さらに自分の手首にも巻く。リサもそれに続く。＜後略＞

【考察】コノミはリサに模倣され，リサとかかわる自分を楽しんでいるようであった。その後，リサに自分のすることを教え始め，遊びの進行を支えた。2人の遊びは30分以上続いた。コノミ自身には，模倣されたことによって喜びに似た快感情がもたらされたようだった。その感情が自己肯定感を導いた。同時に，リサへの親近感をもとにしてリサのイメージを受容しようとする気持ちも深まっていく。そのような内面の動きが，コノミの場合には，他者に教え，世話するという行為として現れている。

【事例3-6】「見本になっているわたしたち」 2007.6.11（5歳児）
ベランダで，5歳男女児数名がカセットの曲を流して踊っていた。4歳男女児らが近くに来て踊り始める。5歳男女児らは，4歳男女児らが自分達を見て同じように踊るのを見て，「こうだよ」と言いながら駆け寄っていく。5歳男女児らは，4歳男女児らの見本になるように前に立ったが，4歳男女児らに背を向けて踊り始める。4歳男女児らは，5歳男女児らを背後から見ながら，フリを同じにするようにして踊っていた。

【考察】5歳児が見本を見せる際に，4歳児と向き合わず背を向けて踊った。5歳児が4歳児に背を向けているのではなく，園庭の方を意識して園庭側に向いているように見えた。その後，園庭側の視界に入る範囲に他者がいなくなった途端に，5歳児が向きを変えたことから，園庭側に向くことで，年少児に模倣されている自分達を，園庭にいる他者に見てもらいたかったと捉えられた。

調査事例：保育者の記述によるエピソード（全9例）

＜Ep3-51＞（公立保：保育歴33年）
「どっちがたくさん描けるか？やってみよう」
C子が園庭に片足で円を描いて走り回った。D子はこれを見て同じように円を描き始めた。C子が「どっちがたくさん？」と言い，競争が始まった。（運動遊び，5歳児）

【事例3-5】でのリサとコノミの様子は，リサがコノミの行為をなぞるというよりも，模倣によって対話をしているようであった。筆者は「模倣する－模倣される」という２人の関係がどこかで転換するのではないかとこの場を見続けた。模倣されているうちに逆に模倣するようになる場面にしばしば遭遇していたからである。この場面では，コノミがリサ

affirming oneself and generating receptive and proactive action toward others

の行為を模倣することはなかったが，コノミにとっては自分の意図を汲んでくれるように模倣するリサの行為が自信になり自己肯定感を高めたと考えられた。【事例3-6】からは，年長児が年下の子どもに模倣された誇らしい気持ちが読み取れた。幼児にとっては他者に見られることが報酬[36]とされるように，模倣されることは，模倣された子どもにとって自己肯定感を高めるようだ。年下の子どもにまねされ，かっこいい自分になることは，年長児が他者の意図や能動性を認め受け取ることであり，そのことが，うまくできない年少児を応援したり助けたりといった直接的な行動となって現れている。その構図は，<Ep3-51> まねし合いが競争する遊びに発展したエピソード以外にも見られ，他者に対する様々な直接的な行為として現れていた。模倣されることによって自己肯定感がもたらされ，他者を励ます，世話する，ほめる，教える，競争するなど，他者との相互的で共同的な行為への手がかりとなることが示された。模倣されたことによって「自己が肯定され（模倣した子どもと周囲の）他者に対して直接的な行為が生まれる」機能と捉えられた。

第３節　身体による模倣機能が相互行為に果たす役割

3.3.1. 目的

第２節では，模倣される子どもにもたらされる身体による模倣の機能の分

類に至る考察を試みた。事例のなかには複数の機能が重なって読み取れる場合もあった。そこで本節では，第2節で得られた身体による模倣の機能を踏まえて，機能間の関連に着目し，模倣出現以前の文脈とその後の展開の分析から，身体による模倣機能が相互行為に果たす役割を論証する。特にここでは3歳児を対象とし，自由な遊びのなかでの展開を対象とした。相互行為において，言語に依存する部分が少なく暗黙的な働きかけを用いる3歳児[37]を対象にすることで，身体的な相互行為を典型的に捉えられると考えたためであり，さらに今後，年齢での発達特徴を明らかにしていく手がかりを得るという研究の意図を背景としている。

3.3.2. 方法

1) 事例収集から分析への手続き

　自由に遊ぶ場面を中心に模倣された子どもを観察した。模倣された場面を含めたその前後の経過を詳細に記述するために，筆記記録と，あらかじめ園に了承を得たうえでビデオ撮影を行った。撮影された映像を逐語的に文字化し事例として収集した。その事例を，第2節で得られた模倣された子どもにもたらされる身体による模倣の機能をもとに分析考察した。

2) 対象と期間

　愛知県T幼稚園，3歳児クラス（30名）。担任保育者と補助保育者が担当する。2011年6月〜7月の期間，計8日，登園後1時間30分程度の自由遊び，その後の学級や学年活動（主に水遊び），給食前後までの約3時間を観察した。

3) 収集された事例

　32事例が収集された。文字化した事例は，A4用紙（1200字）約17枚であった。

3.3.3. 結果と考察

　模倣される子どもにもたらされる身体による模倣機能によって生じる相互行為の場面での役割を3つの観点から述べる。

3.3.3.1). 複数の子ども間で異なる機能が発現し混在して相互行為が進む

【事例3-7】　基地から出る時はソロソロ歩くんだよ，そうだ，こうしよう　（2011.7.6. 9:39-9:45）

　保育室内で男児数名がウレタンブロックで遊ぶ。女児5名（アキ，リエ，ルナ，ミチ，エミ）が，その反対側のピアノと机に囲まれたスペースに立つ。手招きして友達を呼び寄せ，フミ，カナが加わる。①アキは，そのスペースから出て，男児らの遊ぶウレタンブロックのところまで行き「バーン」と言ってスペースに戻る。②リエが勢いよく走って追ってきて「バーン」と言って男児らの遊ぶウレタンブロックのところへ駆け寄る。③それを見て，アキが後を追い，「バーン」と言って後ずさりして急いで駆け戻る。ナオキが追いかけ，そのスペースの手前で止まり，井型ブロックのピストルを向けて「バーン，バーン」と言う。アキがナオキのピストルを取り上げる。ナオキは去る。タダシが近づく。④アキは「ダメ」と言って，そのスペースに入れないように両手でタダシをつっぱね，手に持っていた井型ブロックを投げ捨てる。タダシも去る。アキは後を追いかけるが，すぐにやめて歩いて戻る。⑤ルナが抜き足差し足という感じで歩き出す。⑥ミチがその後を同じように抜き足差し足で進む。⑦ルナが数歩進んだところで，アキは男児がこちらに来るのを見て，「ルナちゃん，だめだよ」と止める。ルナは駆け戻る。⑧アキは，そのまま男児らのいる方へ抜き足差し足で進む。⑨ルナも同じように進む。2人で駆け戻る。⑩再度，アキは様子をうかがうように膝を折って進む。⑪ルナは少し離れた位置から膝を折って抜き足差し足で進む。⑫ナオキがゆっくり前進してくるのを見て，アキはくるっと回転して駆け戻る。⑬ルナもくるっと回転して駆け戻る。⑭アキはナオキに向かって「ここは基地なんだから」と腕を回しながら言う。⑮ルナが腕を後ろに組んでスペースからゆっくり一歩出る。⑯アキ，リエがそれを見て同じように腕を組んで横一列に並んで一歩出る。⑰ルナの動きに合わせて，他の女児らもナオキを威嚇するようにゆっくり前に出る。ナオキは下がる。ルナは抜き足差し足で進むがナオキがスペースに近寄るのに気がつかない。「ルナちゃん」と他の女児が呼ぶと慌てて戻る。それを機に⑱アキがスペースから片足跳びで2歩出て戻る。女児らが同じように片足跳びでスペースから出て男児と戦うようにして腕で押す。ナオキが応戦する。しばらくやり合うが，男児らは決して，そのスペースには入らない。⑲ルナが，スペースのなかで他の女児らに向かって何か話した後，男児らをよけながら勢いよく走ってスペースから飛び出す。他の女児らもいっせいに走り出す。入れ替わりにナオキがスペースに入り込む。（後略）

第3章　模倣された子どもを焦点とした身体による模倣　129

　リエに模倣された（①②）アキには、「iv.自己の行為のイメージに気づき他者（周囲の女児や男児も含む）とのかかわりが広がり」（③）、遊びを始めるきっかけがもたらされた。引き続き「ii.他者の行為に気づき他者のイメージを認める（③⑧）」ことで一緒に遊ぶためのイメージ（女児対男児の戦い）が共有され「新たな行為が生まれた」。続いて、ルナらに自分の意図や思いを受け止められ、抜き足差し足という動きにして表されるのを見て（⑤⑥）、「iv.他者の行為に気づき他者のイメージを認め」、同時に「iv.自己の行為のイメージに気づき行為が自覚的になった」。その後、アキは「v.自己が肯定され他者に対しての直接的な行為が生まれ」（④⑦）、この遊びの先導役となり遊びを進行させるアイディアを出し続ける（⑩⑫⑭⑯⑱）。一方、ルナは、アキのアイディアを取り込み、具体的にした動きを（⑤）、他児らに模倣されたことによって（⑥⑰）、「iv.自己の行為のイメージに気づき行為が自覚的になる」（⑨⑪⑮⑲）。模倣されたアキやルナは、模倣した子どもと周囲の他者の働きかけを受けたことで、自らの関心を外に向ける立場になり、また自らの意図を持ちながら他者に対して受動的に対応する立場にもあると解釈された。約6分間の本事例からは、アキやルナ以外の子どもにも、模倣されたことによってもたらされる身体による模倣機能が様々に現れ、それらが入れ替わったり混在したりして遊びが創られた。言葉のやりとりが少ない3歳児では、「模倣する‐模倣される」「見る‐見られる」「見せる‐見せられる」の関係の転換が瞬時に起こるようだ。子どもにとって、遊びという流動的で柔軟な時間と空間のなかで発現しやすい身体的な相互行為なのだろう。このような様相は「相互模倣の順番取り」とも称され、2歳半頃から仲間同士の相互コミュニケーションの手段として利用されると指摘されている[38]。

　観察32事例には、このように複数の子どもが異なる身体による模倣機能を発現させて遊びを進行させる事例が6例見られた（表3-6）。

表3-6 「複数の子ども間で異なる機能が発現し混在して相互行為が進む」事例

事例	日　時	事例と考察の概要
3-8	6.29 9:35-9:50	ルリのニャーという鳴き声とともに始まった猫のまねを3人の子どもが模倣する。模倣されたルリは，あっという間に皆に交じって，いろいろな動物になる。だれが模倣しているのか模倣されているのかわからないぐらい，一気にその場がごっこ遊び空間になって進む。
3-9	7.1 9:55 -10:03	スズカは自分がケントにする行為を女児3名に模倣されると，次から次へとケントに対して行為を投げかける。それを5人が模倣したり模倣されたりして遊ぶ。
3-10	7.6 9:24 - 9:33	トシ，ミキ，サチは滑り台に登る。滑り面に砂をかけるという行為を模倣し模倣されながら繰り返すうちに，それぞれのやり方になって遊びが進む。
3-11	7.6 9:58 -10:06	ユリは，カナが自分の顔に人形を近づけ頬に触れさせながら「あなたのお名前は」と歌うように聞く行為を模倣する。カナはユリだけでなく周囲の女児らにも教え始める。「あなたのお名前は」と歌うように言いながら，人形を手にはめて動かす行為を模倣し合い，模倣を仕返しそれぞれのやり方で楽しむ。
3-12	7.8 9:45 -10:00	ルリが保育室入り口のお便り帳を提出する机で，登園してくる子どもに「いらっしゃい，まーせ」と声をかける。女児4名がルリを見て模倣を繰り返す。新しい言い方や渡し方も加え，役割を替えて遊びが進む。

　模倣されたことによってもたらされる5つの身体による模倣機能は，単独で役割を果たすだけでなく，いくつかの機能が関連し合って相互行為を活発にすることが実証された。また，相互の模倣によって遊びが創られていくこれらの事例からは，「創造力とは他者に潜んでいるアイディアであり，他者性を獲得する過程で創造性が生まれる[39]」と述べられるように，模倣されることによってもたらされる機能は，この他者性の獲得に関わることも浮かび上がった。模倣されることは，子どもにとって自分というものが他者によって成り立つという意識を促す役割を持つと考えられた。

　事例3 11（表3 6）では，「あなたのお名前は」と同じ発話をしながら模倣を仕返す行為によって，遊びが進行した。このことは，2歳から5歳の仲間間において，模倣された子どもが模倣を仕返すカウンター模倣[40]という概念

からも裏付けられる。カウンター模倣によって，模倣後には模倣前の遊びのレベルが上昇し，社会的相互作用が発展する役割を持つと報告されている。模倣する者と模倣される者の役割は転換しやすい。子どもは模倣されればされるほど模倣するようになり，模倣されないと模倣しなくなる[41]とされるように，このような関係の転換が，複数の模倣機能を繋ぎ，子どもたちの相互行為を促進させる役割を持つことが認められた。

3.3.3.2). 共に流れるような相互行為

一方，「模倣する - 模倣される」という2人の関係には，その役割が反転することなく一方向的な関係が続きながらも，双方がその関係自体を意識して続ける，もしくは楽しんでいると捉えられる事例が6例見られた。

【事例3-13】「ユナからリョウへのブロック遊び」（2011.7.13. 9:45-10:00）
　ユナが大型ブロックを持ってきて転がす。リョウも同じ物を持ってきて転がす。ユナがブロックを腹の下に入れ，うつ伏せになって転がる。リョウが同じようにする。リョウはユナの反対側に回って一緒に前進する。ユナがブロックを持って机にのせ，軽く机に打ちつける。リョウも同じようにブロックを机に軽く打ちつける。再び，ユナがブロックを腹の下に入れうつ伏せになって勢いよく転がる。リョウが同じようにする。ユナがブロックを両手に抱え小さな円を描いて走る。リョウが後を追って走る。ユナがブロックを床に縦に置き座る。リョウはユナのブロックの横に自分のブロックをぴったりくっつけて座る。（後略）
【事例3-14】「ユナとリョウの砂場遊び（後半）」（2011.7.13. 10:00-10:20）
　ユナがリョウの手をとって下駄箱へ行く。（中略，リョウの模倣行為が続く）ユナはスコップで砂をすくってバケツに入れる。リョウはスコップで砂を掘り「これ見て」とユナに声をかける。ユナは見ずに続ける。リョウが「これ」とユナとに話しかけるが，ユナはリョウを見ない。リョウは，ユナの方を見ながら砂を掘るがユナはリョウを見ずに手を動かす。（後略）

【事例3-13】では，リョウはユナの動きを見てユナの行為を逐一模倣し続ける。ユナはリョウが自分の行為を模倣し自分に追随している状況を確認しながら次の行為を起こす。ユナには模倣されることによって「ⅲ. 自己（ユナ自身）の行為のイメージに気づき他者（リョウ）とのかかわりが広がる」と

同時に「ⅳ. 行為が自覚的になる」機能がもたらされている。ユナは，他者に頼られている自分に気づくことで自分を安定させているようだ。それによって「ⅱ. 他者のイメージを認める」ゆとりが生まれ，続く【事例3-14】の砂場に移ると，ユナの行為に変化が生じる。リョウの模倣行為を気にかける様子が弱くなり，自分と同じやり方でないリョウの行為（ⅱ. 他者のイメージ）を受容して自分の遊びを進めている。(新たな行為が生まれている)。このように，ふたりは「模倣する－される」の関係を固定させ，そのなかで，模倣されるユナは随時，機能を与えられ異なる役割を担う。それによって，流れるような相互行為を続けられたと解釈される。

3.3.3.3). 途切れる

　以上のような相互行為の発展が見られる一方で，何らかの阻害要因によって，相互行為が消失し，遊びが「途切れる」事例が7例見られた。3事例は，模倣されて「ⅳ. 自己の行為のイメージに気づき他者とのかかわりが広がり」かかるのだが，模倣する相手が自分から離れてしまったり，見えなくなったりし，機能が発現しかけながらも消失し相互行為が途切れてしまう。

　一方，2つの事例では，模倣された子どもが模倣されることを嫌がる様子が見られた。1事例では，他者の行為に気づくことによって生まれた“保育者を独り占めしたい”思いから，他者の行為やイメージを認められなくなる。そこでは「ⅰ. 他者とかかわることの端緒」は得ても，自己への強い気づきが，不快で不愉快な感情を湧かせ，「ⅱ. 他者の行為に気づき他者のイメージを認める」ことができず，他者を妨害するという「新たな行為」を生んでいる。1事例では，自分のちょっとした失敗をそうとは思わない他児にまねされて感情を高ぶらせ相手を拒否したことが要因となっていた。この場合は，自己への気づきがかえって他者とのかかわりを拒否するという自覚的な行為になったと捉えられ，「ⅳ. 自己の行為のイメージに気づき行為が自覚的になる」機能の異なる発現の様相と解釈された。

第 3 章 模倣された子どもを焦点とした身体による模倣 133

以上のように，相互行為が途切れる場面での子どもの内面は一様ではない
が，身体による模倣の機能を適応させた解釈が，「途切れた」要因の理解へ
の一助となった。また，そこでは，身体による模倣の機能が，相互行為の発
展の逆作用を発現させる場合があることも示された。

3.3.4. 総括

「模倣された子ども」という視点から捉えられた身体による模倣の機能と
役割の検討から，模倣されることは，他者からの受容，他者からの投げかけ
や認識となり，他者との様々な共同的な行為への手がかりとなることが示さ
れた。それは，模倣した他者を認識し受け入れることによって，他者を理解
し，自己を認識し自己を理解することに結びつく。ここでの認識とは自分や
他者の行為に気づくことを指し，理解とは自分の行為へのイメージを持つこ
とや，他者の行為のイメージを認めることと捉えられた。模倣されるという
受け手の経験が，それらの過程を促進させる重要な役割を担うことが認めら
れた。

引用・参考文献

1 松尾太加志（1999）コミュニケーションの心理学，ナカニシヤ出版，1-3
2 Abramovitch, R., Grusec, J.E. (1978) Peer imitation in natural setting, *Child Development*, 49 (1), 60-65
3 Grusec, J.E., Abramovitch, R. (1982) Imitation of peers and adults in a natural setting: A functional analysis, *Child Development*, 53 (3), 636-642
4 遠藤純代（2003）乳幼児の仲間に対する模倣（1），人文論究，72，北海道教育大学函館人文学会編，87-101
5 やまだようこ（1996）共鳴してうたうこと・自身の声がうまれること，菅原和孝・野村雅一編，コミュニケーションとしての身体，大修館書店，40-70
6 増山真緒子（1991）表情する世界：共同主観性の心理学，新曜社，119-135
7 佐伯胖（2007）共感：育ち合う保育のなかで，ミネルヴァ書房，1-38
8 浜田寿美男（1999）「私」とは何か，講談社，151-162

9 佐伯胖（2008）模倣の発達とその意味，保育学研究，46(2)，347-357

10 前掲1，1-3

11 砂上史子・無藤隆（1999）子どもの仲間関係と身体性：仲間意識の共有としての他者と同じ動きをすること，乳幼児教育学研究，8，75-87

12 榎沢良彦（1997）園生活における身体の在り方：主体身体の視座からの子どもと保育者の行動の考察，保育学研究，35(2)，258-265

13 無藤隆（1997）協同するからだとことば，金子書房，161-175

14 砂上史子（2000）ごっこ遊びにおける身体とイメージ：イメージ共有として他者と同じ動きをすること，保育学研究，38(1)，41-48

15 砂上史子（2007）幼稚園における幼児の仲間関係と物との結びつき：幼児が「他の子どもと同じ物を持つ」ことに焦点を当てて，質的心理学研究，6，6-24

16 砂上史子（2011）幼稚園の葛藤場面における子どもの相互行為：子どもが他者と同じ発話をすることに注目して，子ども社会研究，17，23-36

17 菅原和孝（1996）コミュニケーションとしての身体，菅原和孝・野村雅一編，コミュニケーションとしての身体，大修館書店，8-16

18 Ekman, P., Friesen, W.V. (1969) The repertoire of nonverbal behavior: Categories, origins, usage, and coding, *Semiotica*, 1(1), 49-98
 ＊非言語コミュニケーション（身体動作）を，標識，例示子，適応子，調整子，情緒表示の5つに分類し，身ぶりの定義に迫った。

19 浜田寿美男（1998）私のなかの他者，金子書房，32-33

20 浜田寿美男（1999）「私」とは何か，講談社，125-126

21 瀬野由衣（2010）2～3歳児は仲間同士の遊びでいかに共有テーマを生み出すか：相互模倣とその変化に着目した縦断的観察，保育学研究，48(2)，51-62

22 淀川裕美（2010）2-3歳児における保育集団での対話の発達的変化：「フォーマット」の二層構造と模倣／非模倣の変化に着目して，乳幼児教育学研究，20，95-107

23 前掲15，6-24

24 前掲16，23-36

25 中澤潤（2006）発達研究における量的なアプローチ・質的なアプローチ，発達，27(105)，2-9

26 箕浦康子（1999）フィールドワークの技法と実際：マイクロ・エスノグラフィー入門，ミネルヴァ書房，2-20

27 遠藤利彦（2007）イントロダクション「質的研究という思考法」に親しもう，遠藤利彦・坂上裕子編，はじめての質的研究法：生涯発達編，東京図書，1-43

28 竹内敏晴（1983）子どものからだとことば，晶文社，28

29 白川佳代子（2003）スクィグル・ゲームと言語獲得：「環境としての母親」と「遊びフォーマット」について，臨床描画研究，18，22-23

30 増澤菜生（2008）非言語療法に関する研究：ナラティヴを生み出す三項関係とMSSM，現代社会文化研究，41，45-62

31 菅原和孝（1996）ひとつの声で語ること：身体と言葉の同時性をめぐって，菅原和孝・野村雅一編，コミュニケーションとしての身体，大修館書店，246-287

32 藤岡喜愛（1938）イメージ：その全体像を考える，日本放送出版協会

33 遠藤純代（1995）遊びと仲間関係，麻生武・内田伸子編，講座生涯発達心理学 2，人生への旅立ち：胎児・乳児・幼児期前期，金子書房，229-263

34 牧亮太（2009）幼児のコミュニケーションの一様式としてのからかい：観察・エピソード分析による多角的検討，乳幼児教育学研究，18，31-40

35 佐藤学（1997）学びの身体技法，太郎次郎社，44-46

36 茂木健一郎（2003）意識とはなにか，ちくま新書，134-135

37 松井愛奈・無藤隆・門山睦（2001）幼児の仲間との相互作用のきっかけ：幼稚園における自由遊び場面の検討，発達理学研究，12(3)，195-205

38 前掲 9，218

39 佐藤学（2002）身体のダイアローグ，太郎次郎社，99-106

40 Nadel-Brulfert, J., Baudonniere, P.M.（1982）The social function of reciprocal imitation in 2-year-old peers, *International Journal of Behavioral Development*, 5, 95-109

41 前掲 3，636-642

第4章 模倣されたことから広がる
子ども間の身体による相互行為の発達的特徴

第1節 問題

4.1.1. 目的と経緯

　幼児期の子どもにとって，子ども間の身体による相互行為が，どのような要因によって成立しているのかを知るために，模倣された子どもに着目し，そこから広がる身体による相互行為の事例の分析と論証をもとに，特に本節では，3歳児，4歳児，5歳児の発達的特徴を考察する。

　第3章第2節において生成された「模倣された子どもにもたらされる身体による模倣の機能」として分類された構成概念を用いて事例を分類したうえで，相互行為内で生じている連鎖のあり方を論じる。本機能は，身体による相互行為の可視化を目指し，観察などの手続きから，幼児が自分の行為を他児に模倣された状況を捉え，模倣されたことによって現れた行為を解釈し，模倣された子どもと模倣する子どもとの関係とその変容が類似するものを集約し分類した。分類された事例の特徴を5つの「機能」として命名し，その後，各機能の適応の是非を検討している。

　分類命名の限界として，多くの行為の連鎖がひとつ以上の機能を持つ場合もあることが指摘される。例えば，一事例中に複数の機能が重なって読み取れたり，相互行為を途切れさせたりする機能として働くなど，身体による相互行為の複雑さのすべてを説明しきれない。しかしながら無藤[1]は，行為の連鎖の記述は様々なカテゴリーを用いることになるが，そのカテゴリーも実在しているわけではないので，繰り返し実際の動きに引き戻してカテゴリー

を再構築していくべきと提唱する。その提唱を踏まえ，また限界を認めたうえで，機能という構成概念（カテゴリー）を用いて，身体による相互行為の発達的変化を検討することは，幼児における一回性の行為に対する解釈の積み重ねとして意味を持ち，既存の構成概念を洗練させるための実証的な論証にも繋がると考える。

4.1.2. 本章の構成

　前第3章第2節では，保育実践のなかで，模倣された子どもにもたらされる身体による模倣の機能を検討した。第3節では，その機能を前提として3歳児の遊び場面を観察し，身体による模倣機能が相互行為に果たす役割を分析，論証した。

　本章では，模倣された子どもにもたらされる身体による模倣の機能が身体による相互行為に及ぼす要因，すなわち模倣されたことから広がる子ども間の身体による相互行為の発達的特徴を考察する。第1節では，「模倣された子どもにもたらされる身体による模倣の機能」から広がる相互行為として収集された事例の年齢別発現数の比較を行う。そこでの問題意識をもとに，第2節では，模倣されたことから広がる子ども間の身体による相互行為について，3歳児と4歳児を比較し，それぞれの特徴を考察する。その後，第3節では，その違いを踏まえて5歳児の特徴を考察する。

4.1.3. 方法

1) 対象と期間

愛知県私立 T 幼稚園

　3 歳児 N 組（30名）：2011年 6 月〜 7 月の期間に 8 日約25時間

　4 歳児 S 組（30名）：2012年 4 月〜 7 月の期間に11日約30時間

　5 歳児 1 組（30名）：2013年 4 月〜 7 月の期間に12日約28時間

　　　　　　　　　　2014年 4 月〜 7 月の期間に 7 日約14時間

　　＊当該園は各年齢 5 クラス全園15クラスで構成されており，すべてのクラスに担任教
　　諭 1 名と補助教諭 1 名が配属されている。

2) 事例収集の手続きと方針

　朝 9 時前後の登園後90分程度の自由遊びから学級活動，給食前後までの約 3 時間，もしくは給食以降の自由遊びから降園前の学級活動の約 2 時間半を参与観察者という立場で観察した。「模倣された子ども」を焦点として観察した。その場面を含めた前後の経過を詳細に記述するために，筆記記録と，園に了承を得たうえで VTR 撮影を行った。撮影された映像を逐語的に文字化し事例として収集した。子どもの行為のなかの思いを可視的にしていくことが，解釈の妥当性を高めるという考え[2]に基づき，起こった現象に対して，保育のなかでの既存の言葉を用いて通例的に了解しないように，事例記述に際して，より詳細な記述を重ねる[3]ように心掛けた。

　その後，相互行為内で生じている連鎖のあり方を論じるために，【研究 I】で生成された「模倣された子どもにもたらされる身体による模倣の機能」として 5 つに分類された構成概念を用いて事例を分類した。各事例における機能の読み取りと判定は，観察時と事例記述時さらに全事例抽出後に筆者が行った。事例記述後に担任教諭・補助教諭と事例内容の確認と合わせて機能の判定を合議する場合もあった。

4.1.4. 「模倣された子どもにもたらされる身体による模倣の機能」から広がる相互行為として収集された事例の年齢別発現数の比較

表4-1　模倣された子どもにもたらされる身体による模倣の機能別, 年齢別に分類された事例数と割合

事例数（%）

模倣された子どもにもたらされる身体による模倣の機能（模倣された子どもは, 模倣されたことによって）		事例の解釈から導かれた機能の定義	3歳児 32事例	4歳児 20事例	5歳児 11事例
機能ⅰ	他者とかかわることの端緒が得られる	模倣されたことによって, 他者への親近感が生まれ, 他者とかかわることを心地よいと感じる。それによって, 模倣された子どもは安心して他者とかかわる。	9 (20.5)	5 (20.0)	1 (5.6)
機能ⅱ	他者の行為に気づき他者のイメージを認めて新たな行為が生まれる	自分を模倣した他者の行為によって他者の存在に気づき緊張が緩和される。それによって, 他者のイメージが認められ他者との一体感を持ち, 新たな行為が発現する。	14 (31.8)	5 (20.0)	7 (38.9)
機能ⅲ	自己の行為のイメージに気づき他者とのかかわりが広がる	模倣されたことによって自己の行為の意味やイメージに気づき, 他者と一緒に共にあることの喜びを膨らませる。それによって, 他者との自然なかかわりが誘発される。	4 (9.1)	2 (8.0)	1 (5.5)
機能ⅳ	自己の行為のイメージに気づき行為が自覚的になる	模倣された他者の身体の動きや行為のなかに, 自己の行為のイメージをみつけ, 自己の行為が自覚化される。それによって自己表現が喚起される。	8 (18.1)	7 (28.0)	8 (44.4)
機能ⅴ	自己が肯定され他者に対しての直接的な行為が生まれる	模倣されたことによって他者とかかわる自分を楽しみ, 喜びに似た快感情を湧かせる。それが他者受容や自己肯定感をもたらし, 他者を励ます, 世話する, ほめる, 教える, 競争するなどの行為が発現する。	9 (20.5)	6 (24.0)	1 (5.6)
		発現総数	44*	25*	18*

*1事例中に2機能以上が発現することが認められた事例が, 3歳児では全32事例中9事例（2機能：6事例, 3機能：1事例, 4機能：2事例）, 4歳児では全20事例中5事例（2機能：5事例）, 5歳児では全11例中5事例（2機能：7事例）あったため, 全事例数と発現総数が一致していない。

　模倣された子どもにもたらされる身体による模倣の機能別, 年齢別に分類された事例数と割合を表4-1に示した。同時に, 事例の解釈から導かれた機能の定義を記した。3歳児では32事例が収集され, 文字化した事例はA4用紙（1200字）約17枚であった。4歳児では20事例が収集され, 文字化した事例はA4用紙（1200字）約14枚であった。5歳児では11事例が収集され,

文字化した事例はＡ４用紙（1200字）約７枚であった。事例における「模倣された子どもにもたらされる身体による模倣の機能」の発現数は，表4-1に示す結果となった。各年齢においてほぼ同等な観察時間は確保されたが，収集された事例数は，３歳児に比べて４歳児，さらに５歳児では明らかに減少した。

第２節　模倣されたことから広がる子ども間の身体による相互行為：３歳児と４歳児の発達的特徴

　ここでは，模倣された子どもにもたらされる機能から広がる身体による相互行為について，各機能別に３歳児，４歳児の事例の考察を行う。

　事例のなかには複数の機能が読み取れる場合もあったが，今回は，できるだけ各機能固有の状況が見られる事例を対象とした。事例は，事例収集時にはより詳細な記述を重ねるように心掛けたが，ここでは模倣された子どもの様子とその後の相互行為とそのつながりの部分に特化して編集し直し，子どもの位置関係等の図示を含めて表に要約として記載した。（はじめに）模倣された子どもには下線，各機能の現れとして読み取れた行為に波線，その後の相互行為（模倣された子どもと模倣した子どもの変化）に 囲み枠 を記した。子どもの名前はすべて仮名とした。事例に続き，事例の解釈を表中に記し，その後，模倣された子どもにもたらされる身体による模倣の各機能から広がる身体による相互行為の年齢別特徴を考察した。

4.2.1. 「i. 他者とかかわることの端緒が得られる」機能として分類された身体による相互行為を対象として（表4-2, 表4-3）

表4-2　機能 i として分類された3歳児事例と解釈

【事例4-1】「流れるようにまねし合う」 2011.7.1. 9:55-10:03　保育室

①スズカがケントを追いかけると，カズミ，ミカコ，エミがスズカと同じような走り方で追いかける。②スズカがケントの洋服を引っ張って止めると3人も引っ張る。③スズカがケントを大型ブロックへ連れて行って座らせ，自分もとなりに座ると，3人も並んで座る。④4人の女児は，ケントを取り囲むようにして顔を見合わせて微笑む。スズカがケントの顔を両手で挟むと，カズミ，ミカコも一緒に同じようにケントの顔を両手で挟む。⑤4人の女児は顔を見合わせて微笑む。ケントは微笑みながら困った顔をしつつも嫌がらない。⑥スズカがケントの後ろに回り，一緒に移動したエミがケントの正面に来てケントの腕を引っ張ると，ミカコが逆の腕を引っ張る。エミが，その腕を持って振ると，カズミも振る。⑦その後も，スズカがケントにすることを3人が交互に模倣する。⑧しばらくすると，スズカはケントの前に回りエミの後方から皆の様子を見るが，無言でその場から離れる。

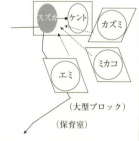

（大型ブロック）
（保育室）

【事例の解釈】　スズカは，ケントにすることをエミ，カズミ，ミカコに模倣される（①）と，模倣する3名に親近感を持ち（④⑤），他者とかかわること自体を心地よいと感じた。それによって，引き続きケントに対して行為を投げかけ，他の女児らと同調すること（②③⑥⑦）自体を楽しんでいた。

第4章　模倣されたことから広がる子ども間の身体による相互行為の発達的特徴　143

表4-3　機能 i として分類された4歳児事例と解釈

【事例4-2】「ぼくのグルグルグルグル，グルコサミン」2012.7.19.　9:20-9:25　保育室
登園後の保育室，ロッカー前。①アツシが，タクト，ショウと向かいあうようにして「グルグルグルグル，グルコサミン，○○○○育ちのグルコサミン！」と，2人に向けて大きな声ではっきりと歌う。タクト，ショウが，アツシの方を見て声をあげて笑うと，引き続きアツシは「グルグルグルグル，グルコサミン，○○○○育ちのグルコサミン！」と声に合わせてリズムをとって肩を回して歌う。タクト，ショウが，アツシの方を見て声をあげて笑う。②アツシは，ショウとタクトが笑い終わるのを見て，歌い始めることを2人に知らせるように肩をいからせ，口を「グ」の形にし，少し間を置いてから「グルグルグルグル，グルコサミン，○○○○育ちのグルコサミン！」と歌い始める。③タクト，ショウが合わせて同じように歌う。何回も繰り返して歌う。アツシは歌い終わるたびに体を屈めて大笑いする。周囲にいた他児らもそれに注目している。

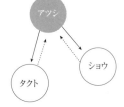

【事例の解釈】　アツシは，タクト，ショウに「おもしろいこと」を提示し，自分を模倣することを促すように歌を歌った（①）引き続き，2人に模倣されることを意識し，模倣しやすく楽しめるものを投げかけた（②③）。

　3歳児の身体による相互行為は，スズカが他者と繰り返し同調すること自体を楽しむ様子や，特定の仲間にさほど固執しないスズカのその場の去り方（事例4-1，⑧）に見られるように，他者とかかわることの端緒として，集団の内と外に関する境界意識が成立する以前の初期集団形成に見られる遊びの伝染[4]という要因によって展開していると考察される。

　それに対して，4歳児では，身体の動きと言葉のやりとりを楽しむという点では3歳児と同じような相互行為への広がりではあるが，模倣されたアツシの様子は，明らかに3歳児のスズカの様子とは異なっていた。アツシは，はじめからタクト，ショウが模倣することを促すようにし，その後も，模倣されることを意識して行為を投げかけている。その他の事例として，朝，訪問者である筆者を見つけると必ず「おばさーん」とからかうように呼びかける女児カオリの姿にも類似した状況が見られた。対象の他者とコミュニケーションを図るという意図以上に，周囲の子どもたちが自分を模倣することを

予測し，模倣されることによって自分の投げかけた行為を一緒に行うように仕向けるための，一種のルーティーンとして発せられる言葉と捉えられた。4歳になると，他者とかかわることの端緒として，他者を誘うために意識して模倣を仕掛けるという方略が相互行為を広げる要因になるようであった。

4.2.1. 「ii. 他者の行為に気づき他者のイメージを認めて新たな行為が生まれる」機能として分類された身体による相互行為を対象として（表4-4，表4-5）

ここでの2事例は，他者の行為に気づき他者のイメージを認めて新たな行為が生まれると解釈された事例のなかでも，「新たな行為」が，ネガティブな過程や結果に繋がった事例である。

表4-4　機能ⅱとして分類された3歳児事例と事例解釈

【事例4-3】「ひとりじめしたい」2011.6.29.　9:25-9:28　保育室前のテラス

アリサが保育者のエプロンを片手で引っ張ると，①タエ，ソウタが，両手で同じようにエプロンを引っ張って笑う。アリサは身体をずらして，タエの方を見て，タエよりも強く，自分の方に寄せるようにして引っ張る。ソウタが，アリサをまねて強く引っ張る。保育者が「あっちからもこっちからも引っ張らないで」と言う。②ソウタが，保育者の後方からエプロンの裾を丸めて掴み，強く自分の方へ引く。アリサは，ソウタを見て，同じように両手で握って引っ張ろうとするが，ソウタは足を踏ん張って何度も強く引く。③アリサはソウタの手を振り解こうとエプロンから手を放して，「やだーやだー」と悲鳴をあげ，ソウタの上体を

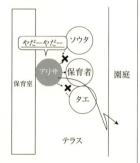

強く押す。ソウタは，はじめは抵抗したが諦めて手を放して後ずさりし，アリサの左側からエプロンを掴む。④アリサは，大きな声で「やだーやだー，やだーやだー」と言い両手でソウタの手を上から叩いて切り離そうとしたため，ソウタは手を離す。アリサが保育者に抱きつく。⑤アリサは2人を振り払うようにして，園庭沿いで遊んでいる他児の方へ小走りで去る。

【事例の解釈】　アリサは，自分を模倣したタエやソウタの行為によって（①），他者の存在に気づき，それを不快に感じ，保育者を独り占めしたい思いが生まれ（③），他者を強烈に拒否する行為に至っている（④）。

第4章　模倣されたことから広がる子ども間の身体による相互行為の発達的特徴　　145

表4-5　機能ⅱとして分類された4歳児事例と解釈

【事例4-4】「まねるテルオ，まねされるケンタの方が強いの？テルオが嫌いなの？」
　　2012.6.28.　13:25-13:50　園庭
　　　　　　　＊長時間（25分程度：A4用紙3枚）の事例であるため，中心的な部分の概要を記述する。

給食後の外遊び。
園舎2階から滑り降りることので　　◀----- 模倣した子どもの行為と対象
きる大滑り台で，滑る登るという　　──▶ 模倣された子どもの行為と対象
遊びを繰り返す。

	ケンタ	テルオ
13:25-13:32 大滑り台でのケンタとテルオのかかわり	①上段をお尻で滑り降り，中段から一気に下まで腹這いになって滑り降りる。	②上段から腹這いで滑り降り，中段で起きて<u>ケンタ</u>を見た後に，下まで腹這いで滑り，手すり部分を四つん這いで登り始める。
	③テルオを見て，すごい勢いで上段から中段まで腹這いになって滑り降りる。	④慌てて身体を横にして避ける。
大滑り台でのケンタと女児らのかかわり	⑤中段から一気に下まで腹這いになって滑り降りる。	⑥ケンタを見て，同じように上段を腹這いで滑り降り，中段で一度起きてケンタの様子を見た後，下まで腹這いで滑り降りる。

⑦　大滑り台の下にいた女児に腹這いで滑るとおもしろいことを得意げに話し誘う。やりかけた女児らに対して，「やらないの!?」と強く言ったため，女児らは走り去る。その様子を怒ったような顔で見ていたが諦めて上まで登り，一気にお尻で下まで滑り降りると，振り返って手すりにもたれている男児らに向かって「どいて！」と怒鳴る。男児らが手すりから離れると，手すりをよじ上り周囲の様子をうかがう。

大滑り台でのケンタと男児らのかかわり	⑧手すりを四つん這いでゆっくりと中段まで登り，滑り降りるが，急にスピードがついて滑り出し，慌てて足で止める。	⑨男児2名が同じように手すりを四つん這いで登り，勢いよく滑ると，テルオが立ったまま両足を開いて両手を側面にふんばるようにして滑り面を降りる。
大滑り台でのケンタとテルオのかかわり	⑩テルオの様子を見たケンタは，急いで後方を滑り降りて，テルオの足元をすくい，大滑り台から走って離れてうんていの方へ走る。	⑪尻餅をつくが起き上がって階段を3段登り，振り返って<u>ケンタ</u>を探す。うんていの近くにいる<u>ケンタ</u>を見つけ，中段まで登って<u>ケンタ</u>の様子を見つめる。
13:32-13:35 うんていから大滑り台でのケンタ，女児ら，テルオのかかわり	⑫女児3名を引き連れるようにして滑り台に戻る。	⑬ケンタについていく。
	⑭再び，うんていに移動すると女児らがついていく。	⑮ケンタを追う。<u>ケンタ</u>がうんていで遊ぶ様子を目を離さずにいたが，他に気を取られた瞬間，<u>ケンタ</u>の姿が見えなくなり探す。
13:35-13:40 うんてい横ケンタの様子を見続けるテルオ		⑯ケンタがうんてい横で砂遊びをしているのを見つけ，急いで走り寄る。
	⑱前にいるテルオを押し出すようにして180度向きを変える。泥団子を作りながら近くで遊ぶ女児らに時折声をかける。	⑰ケンタと向かい合う位置に届いて<u>ケンタ</u>の様子を見続ける。女児が2人の間に座ると，見える位置に移動する。地面に絵を描き続けながらも，<u>ケンタ</u>の方を見る。

| 13:35-13:40 うんていでのテルオとシュウのかかわり | ⑲ | シュウが来てテルオの前に座りテルオの集めた砂を触る。
←──「いいよ」と言うと立ち上がり、うんていに脚をかけて渡り始める。
シュウがテルオをまねる────→
うんていや砂場を行き来しながらシュウと遊び出す。 |

【事例の解釈】 テルオはケンタを意識して追随しながら同じ行為をするが（②），自信のなさそうな様子（④）で，ケンタの姿を目で追ったり探したりする姿が見られた（⑥⑪⑬⑮⑯⑰）。イメージを共有するというよりも同じ行為をすることでケンタに沿っているようであった。それに対してケンタは，自分のイメージやアイディアをかなりはっきりと貫いており（①③⑤），他者のイメージを認めて他者を巻き込むというよりも，テルオをはじめとした他者が自分を模倣することは拒まないが，主導権は自分にあることを意識しながら振る舞う様子が見られた（③⑤⑦⑫⑱）。そのため，自分のイメージを肯定し共有できていないと感じられる他児に対しては，言葉で拒まなくても，牽制したり（３）邪魔したり（⑩）無視したり（⑱）する行為で婉曲的な拒否を示した。またケンタには，女児への誘いかけがうまく通じなかったこと（⑦）や滑り方の失敗（⑧）を，失敗とは感じずに模倣した他児の行為（５）を不快に感じ，あるいはからかわれた（⑨）ように感じたために相互行為を途切れさせた（⑩）。

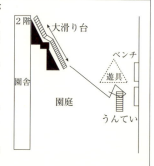

3歳児事例は，模倣された子どもが模倣されたことを嫌がる様子である。そこでは，自己への強い気づきの意識が，他者に対しての不快で不愉快な感情を湧かせ，それによって他者のイメージを認めることができず，他者を妨害するという「新たな行為」を生み，結果的に身体による相互行為を途切れさせている。

これに対して，4歳児事例のケンタの様子は複雑であった。模倣された子ども（ケンタ）は，自分のイメージやアイディアを持って，それを貫くために，模倣されることを拒まないまでも，自分の主導権の維持を意識して他者との身体による相互行為を展開させている。結果として，そのイメージに添える子どもだけが残るため，身体による相互行為における仲間のサイズが頻繁に変化し最終的には小さくなり，途切れそうになることがうかがえた。

一方，模倣することをきっかけにケンタに追随していたテルオは，事例の

⑲部分でシュウに模倣されたことをきっかけにしてシュウと遊び出すと，見違えるほど表情が緩やかになる。テルオは，自分を受け入れていないと思われるケンタの行為に対して，強い緊張感を抱いていたことが逆説的に示唆され，他者への関心が自己抑制を生みだす重要な契機として作用していたと考えられた。4歳では，自己主張や自己抑制力が発達し，対人的調整能力の発達時期[5]とされるように，本事例でのテルオの抑制した振る舞いが，心理的に対等でない立場の子ども間での身体による相互行為を長く継続させたとも考察された。

　以上，「ⅱ.他者の行為に気づき他者のイメージを認めて新たな行為が生まれる」機能の「新たな行為」は，身体による相互行為を円滑にする方向と途切れさせる方向の両方向に作用するようであった。そこでの3歳児では，自らのやりたいこととやりたくないことの欲求を両方向に端的に表す要因が認められるのに対して，4歳児では，自分のやりたいことへの欲求は，自身である程度自覚できる一方で，やりたくないという欲求との調整が不十分であるため，それが相互行為に不安定さを与える要因になると考察された。

4.2.1. 「iii. 自己の行為のイメージに気づき他者とのかかわりが広がる」機能として分類された身体による相互行為を対象として（表4-6，表4-7）

表4-6　機能 iii として分類された3歳児事例と解釈

【事例4-5】「今週はうさぎ小屋当番。うさぎ小屋のお掃除は楽しい，"おじいちゃん，どこー"の声に合わせてお掃除しましょ」2011.7.1.　9:19-9:23　うさぎ小屋

6名の男女児がちりとりとほうきを持ち，ウサギ小屋のなかでうろうろしたり立ったりしている。1ユカリが小屋内中央付近の大きな穴を覗き込んで「おじいちゃん（うさぎさん），うんち」と言いながら，ほうきで穴を掃く。2次いで「おじいちゃん，どこー」と歌うように言いながら，穴の周辺をほうきで軽くつつき，2度繰り返す。3それに合わせて，サオリとタッキが同じような調子で「おじいちゃん，どこー」と声を合わせて，ほうきで地面を掃き，ミキとマサトが溢れた葉っぱを拾ってえさ箱に投げる。4ユカリは，さらに元気な声で「おじいちゃん，どこー」とほうきで穴をつつくことを繰り返した後，えさ箱の近くを，「おじいちゃん，どこー」と言いながら掃く。5他の5名もそれぞれ「おじいちゃん，どこー」と言いながら，楽しそうにうさぎ小屋の掃除をする。

【事例の解釈】　ユカリは，「おじいちゃん，どこー」の歌うような言葉とリズム（12）を複数の子どもたちに模倣された（3）。他児らは，ユカリが発した「おじいちゃん，どこー（おじいちゃんうさぎはどこにいるの）」そのものの意味ではなく，一緒に掃除をするための掛け声として使った（35）。一方のユカリは，他児らが，ほうきで掃くという身体の動きに伴って，自分と同じ言葉を発したことから，自分の行為が「掃除の掛け声」として意味付けられたことを実感して，一緒にするという行為を自覚して発展させた（4）。

第4章 模倣されたことから広がる子ども間の身体による相互行為の発達的特徴　149

表4-7　機能ⅲとして分類された4歳児事例と解釈

【事例4-6】「ままごと」2012.7.19.　9:26-9:35　保育室
マミが保育室の中央に大型ブロックを3つ置き、その中にタオルを敷いて、一人で家ごっこを始める。トオルがその様子を少し離れた場所から見る。①マミは「ここにきていいよ」と言う。②トオルは嬉しそうに歩いてきて、囲まれたブロックのなかに横臥して目を閉じる。③マミはその様子を見て、トオルの上から毛布を掛け、トオルと同じようにブロックのなかに敷いたタオルの上に横臥して「寝るのよ」と言う。④トオルは少し上体を起こして嬉しそうに微笑み、再び横臥して毛布を首まで掛けて目を閉じて眠るふりをする。マミが同じように毛布を掛け、目を閉じて「夜ってことね」と言うと、⑤トオルは目を閉じながらも顔に笑みをいっぱいに浮かべる。保育者が「まあ、暑いのに」と声をかけるが、マミが「ううん、夜です」と答えて、トオルの毛布の上をトントンと叩いて「寝てるのね」と言う。⑦その後、トオルは嬉しそうに寝たまま、マミに沿って、マミの言うように遊ぶ。

【事例の解釈】　マミに誘われたトオル（①）は、自分の横臥する行為（②）をマミに模倣された（③）ことで、嬉しそうにマミとの遊びを続けた。トオルは、普段から、進行している遊びのなかに自分から入る場面はほとんど見られず、特に保育者の介在なしに他児と遊びにくい子どもであったため、マミに模倣されたことは喜びとなったようだ（④⑤）。マミの「寝るのよ」「夜です」という言葉によって、2人の遊びはイメージを持って進行していくが、トオルには、それが明確なイメージの気づきにまでは至らないようであった（⑦）。

　3歳児事例では、模倣された子ども（ユカリ）にとっては、他児らが、ほうきで掃くという身体の動きに伴って同じ言葉を発したことから、自分の行為が意味付けられたと感じた。発話は、身体性と一体となって子どもの間で共有されやすく、応答唱[6]や作り歌[7]などにも見られるように、唱える行為を繰り返すことを楽しむなかで意味が変容することがある[8]と報告される。本事例からも、3歳児においては、同じ発話や同じ行為をしながら、何かを「意味付ける」ことによってイメージが共有されるという要因が、身体による相互行為を維持させることが認められた。

　一方、4歳児事例のトオル側から本事例の相互行為を捉えれば、3歳児事例のように自分が発した言葉を他者が同じ言葉で返してくれる相互行為ほど

150

に一体化が容易でないため，トオルはマミに模倣されても自身のイメージへの明確な気づきには至らず，マミと対等に応答して遊ぶ段階には至っていない。したがって，このトオルの事例は，4歳児としての特徴というよりも3歳児事例と同傾向の展開と見られた。むしろ，この相互行為を遊びとして機能させた要因は，結果的にはトオルがマミの模倣をして遊ぶ様子からもわかるように，マミが，トオルの横臥した状態を「寝る」と名付けて模倣し，その状況を「夜」と意味付けたことによると考えられた。岡本[9]は，対象をこれまでの知識や経験と結びつけて意味付け，自分のうちに取り込もうとする機能を「意味化」と称し，幼児期こそ，その機能をフルに発揮し，外界の事物や事象に意味を付与し，それによって世界をつかみ，自己を創り出していく重要な時期であるとしている。また山本[10]は実験的な観察から，3歳児同士では眼前の事物を媒介にすれば，相手の発話に応じたやりとりができるようになり，4歳児同士では，媒介物を介さなくても言葉のみの発話交換が可能になることを報告している。本研究の事例からは，媒介物を介さないでも自己の行為のイメージに気づき他者とのかかわりを広げられる要因として，事物や行為を，他者と共有する情報やイメージとして意味付けられるか否か，あるいはいかに発展させて意味付けられるかの程度によることが示唆された。

　以上から，模倣されたという受動性が生かされることによって，自己の行為のイメージに気づき，それを意味付ける力が，他者とのかかわりを広げる要因になり，意味付けの内容が，3歳から4歳への発達に伴って高度化することで身体による相互行為の質が変化することが考察された。

4.2.1. 「iv. 自己の行為のイメージに気づき行為が自覚的になる」機能として分類された身体による相互行為を対象として（表4-8，表4-9）

表4-8　機能 iv として分類された3歳児事例と解釈

【事例4-7】「だったら，次はこうしよう！」　2011.6.29.　9：30-9：33　保育室前のテラス
①ケンジが，下駄箱の上に置いてあった買い物かごを冠ってゆっくり歩く。②ココナがそれを見て，買い物かごを冠っているような仕草で，「おばけだ」と言いながら歩く。③ココナの様子を見たケンジは，買い物かごを冠って「おばけ～おばけ～～」とおどろおどろしく言いながらゆっくり歩く。④ココナがそれを見て，買い物かごを冠っているような仕草で，「おばけ～おばけ～～」と同じ口調で言いながらケンジよりも低い姿勢になって歩く。⑤ケンジはその様子を見た後，横にいた観察者の方を見て微笑む。⑥その後，ケンジは「かめ」と言いながら，四つん這いになって買い物かごを背中にのせて歩くと，ココナも同じように四つん這いになる。（後略）

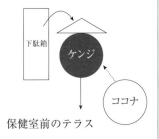

【事例の解釈】　ケンジは，買い物かごを冠った行為（①）を，ココナに「おばけ」と名付けられ模倣された（②）。ケンジは自己の行為にそのイメージを付与し，おばけの動きをはっきりさせ（③），楽しそうに演じた（⑤）。それを起点に，ココナと動きをやりとりすることで，双方共に，自分の動きを意識的に表す様子が見られた。（④⑤）。

表4-9　機能 iv として分類された4歳児事例と解釈

【事例4-8】「粘土箱のふたで」　2012.6.21.　10：32-10：42　保育室
机を囲んで，アヤ，ユキ，リカ，ハナが粘土遊びをする。①アヤが粘土箱のふたを持ち「舟」と揺らす。②ユキが自分のふたを「舟だもんね」と同じように揺らす。③アヤはその様子を見て笑い「舟がきました」とふたを大きく揺らす。④リカ，ハナは手を止めてそれを見て笑う。⑤アヤは「テレビ」と，ふたを机の上に立てる。ユキ，リカが同じように「テレビだ」と，ふたを机の上に立てる。⑥アヤが「これ見ま～～す」と，ふたを顔の前に持ち上げて笑う。ユキ，リカは「これ見ま～～す」と，机に置いたままのふたに顔をぐっと近づける。⑦アヤが「じゃあ，何が始まりますか」と，ふたを揺らしながら「これは舟になりました。舟，舟，海です」と，さらに大きく揺らす。⑧ハナが同じように大きく揺らし，アヤと笑い合うと，ユキ，リカも「海です」とふたを大きく移動させながら揺らして，皆で顔を合わせて笑う。（後略）

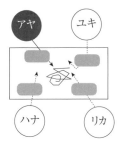

【**事例の解釈**】 アヤは，ユキ，リカ，ハナを誘う行為として，粘土箱のふたを「舟」に例えて動かした。（①）。ユキが模倣した（②）ことによって，アヤは自分の仕掛けた行為に，自らでイメージを付与して「舟がきました」（③）などの言葉を発し，さらに「テレビ」と名付けて続ける（⑤）。そのやりとりが，リカ，ハナの参入を促す（④）。アヤ，ユキの2人の相対するやりとりが，リカ，ハナを含めた4人の共有になったことで（⑥），アヤのイメージは「じゃあ，何が始まりますか」（⑦）と，いっそうはっきりした形となって現れ，共有できるテーマを意識的に提示するようになっている。

　3歳児事例からは，「好意の交換[11]」の実相が捉えられ，模倣する相手の動きのなかに自分のイメージを見つけることが身体による相互行為を活性化する要因となることが認められた。しかし，3歳児の場合には突然始まりいつしか終わるような相互行為が多く，相互行為そのものが同調的なかかわりに留まっており，自己表現が喚起されつつも，そのことが身体による相互行為を長時間支えるまでには至らないようであった。

　ここでの4歳児と3歳児の最も端的な違いは，「ⅰ.他者とかかわることの端緒が得られる」機能を起点とした相互行為の考察でも述べたように，模倣された子ども（アヤ）が周囲の子どもたちに対して自分を模倣することを促すような行為を仕掛けていることである。そのため，その後の相互行為においても，自分のテーマを維持し，模倣されることを予測して，はっきりと自己の表現を提示している。浜田[12]が，見られるは，相手が自分を見ていることを見るということであり，見られるという自分の側の受動は，相手の見るという能動の裏返しであると論じているように，能動—受動のやりとりが成立し，他者を通して自己を意識することが，「自覚的になる」ことの実相として認められた。また，4歳児の場合には，そのことが複数の子どもが加わる共同的な相互行為を成立させる要因となっているために，3歳児よりも長時間，身体による相互行為を繰り広げることを可能にしていると考えられた。

4.2.1. 「ⅴ. 自己が肯定され他者に対しての直接的な行為が生まれる」機能として分類された身体による相互行為を対象として（表4-10，表4-11）

表4-10　機能ⅴとして分類された3歳児事例と事例解釈

【事例4-9】「ルイくん，だいじょうぶ？」　2011.6.29.　11:20-11:23　園庭

水遊びの前の準備体操。①ルイは，ソウゴの横で模倣して体操する。②ソウゴも，ルイを横目で見て，ルイに合わせるように体操する。一斉に「ヨーイドン」でスタートし，園舎東端にある二階への外階段を上り，大滑り台を滑り降り園庭を走る。③集団の後方をソウゴとルイが走る。ソウゴが少し前を走る。ソウゴの走る道筋を追ってルイが走る。④ソウゴは，上体を斜めにし振り返るようにしてルイを見る。⑤ルイが転ぶ。ソウゴは走るのをやめルイに寄り，泣きそうなルイが起きるのを見守り，すりむいた膝を見る。ルイは泣くのをがまんするように立ちすくむ。⑥ソウゴはルイの手をひいてゆっくり歩き始め，ルイも泣かずに皆のいる場所まで手をつないで歩いた。

【事例の解釈】　ソウゴはルイに見られ模倣されることによって（①），体操がうまくできないルイを気にして助けたり（②），早く走れないルイを気にかけたり（③④），転んで泣きそうになっているルイを世話したり励ましたり（⑤⑥）している。

表4-11　機能 v として分類された4歳児事例と事例解釈

【事例4-10】「もっかい，やってあげようか？」　2012.6.7.　9:35-9:56　保育室
長時間（25分程度：A4用紙3枚）の事例であるため，中心的な部分の概要を記述する。

9:35-9:38	a	コノミ		リコ

9:35-9:38
大型ブロックから落ちて尻餅をつく

「ねえ，もっかいやってあげようか」

大型ブロックでジャンプ台を作り始める

a　コノミ　　　　　　　　　　　　　　　リコ
①机から離れ，大型ブロックのところへ行き，大型ブロックに座った後，前方に滑って尻餅をつく。「おしりが痛い」と笑顔で言い，リコのとなりに来て「ねえ，もっかいやってあげようか」
③リコに身をすり寄せるようにして「もっかい，やってあげようか」
⑤大型ブロックを跨いで座って前進した後，机の横の大型ブロックに座り直し，わざとお尻から落ちて尻餅をつき「イタッ」と言って笑う。
⑦「こっちだよ，トンネルです，トンネルです」と言って大型ブロックを跨ぐ。
⑨リコの後方に続き，同じように「イタッ」言って尻餅をつき笑う。2人で声高らかに笑う。
⑪「何するの」とリコの様子を覗き込み，「何するの〜〜」と低い声でおどけて言って机に戻る。

②何も言わずに折り紙で遊び続ける。
④折り紙をやめてコノミを見る。
⑥コノミを追って大型ブロックのところへ行き，大型ブロックを跨いで前進する。
⑧大型ブロックから落ちて尻餅をつくふりをして「イタッ」と言い脚を高くあげる。
⑩机に戻って折り紙を折る。
⑫コノミと一緒に笑う。

ナツミが机の横の大型ブロックを持ち去る

「さっきのもう一回やって」

「トンネルです，トンネルです」

b　コノミ　　　　　　　　　ナツミ
⑭ナツミの後に続く。
⑯低い大型ブロックに脚をかけ高い大型ブロックに登ろうと試みるが，「こわっ」と言って後ずさりしながらナツミを見る。

⑬机の端に来て大型ブロックを指して，コノミに「あれ，やろ」と言い，積んだ大型ブロックのところへ駆けていく。
⑮高く積んだ大型ブロックの上に乗って飛び降りる。
⑰「これジャンプ台だよ」横長の大型ブロックを積み始める。

c　コノミ　　　　　　　　　　　リコ
⑲嬉しそうにリコに駆け寄り，三角の黄色い大型ブロックを机の横に置くと，再度大型ブロックのある場所に戻り，「トンネルです，トンネルです」と言いながら，三角の大型ブロックに腰を下ろし，わざと後ろに倒れ尻餅をつく。
㉑リコが笑う様子を見た後，ナツミの所（大型ブロック）へ戻る。

⑱「コノミちゃん，さっきの（大型ブロックに座りお尻から落ちて尻餅をつく）もう一回やって」と，机から呼びかける。
⑳声高らかに笑う。

第4章　模倣されたことから広がる子ども間の身体による相互行為の発達的特徴　155

9:38-9:41 折り紙で遊ぶ	d タエ ㉒机のところに来て，コノミと同じように大型ブロック跨いで座って進み，黄色い三角の大型ブロックに座り直して後ろにひっくり返る。㉔リコとタエは，机に戻って折り紙を折る。㉕リコに教え始め，リコの折り紙を手伝い始める。同時に大型ブロックから尻餅をつく遊びも繰り返す。	リコ ㉓リコが高らかに笑い，近くに転がっていた別の大型ブロックを引き寄せ，座って後ろにひっくり返る。
9:38-9:56 ジャンプ台で遊ぶ	e コノミ　ナツミ　㉖コノミを後ろから抱きかかえ持ち上げてジャンプ台に乗せようとするがうまくいかないため，いろいろな工夫しながら，2人で飛び降りる遊びを続ける。㉗ジャンプ台に登るための階段を作る。㉘いろいろな子どもが加わったり離れたりしながらジャンプ遊びは続いた。後半は，保育者の「降りたらポーズ」「○○さん！」「ぴっぴび，ハイ！」などの呼びかけや言葉かけに応じて，いろいろな跳び方を競う遊びに発展する。	

【事例の解釈】　コノミが自分でして楽しかった大型ブロックから滑り落ちる行為（①）を，リコに「もっかい（もう一回），やってあげようか」と投げかけて自分と同じことをするのを誘う行為（①③）を起点にして，保育室内で遊ぶリコ，ナツミ，タエらによって，ブロックから落ちて尻餅をつく（a）（c），大型ブロックをジャンプ台に見立てて積む（b）折り紙を折る（d），ジャンプ台から跳ぶ（e）という遊びが重なり合って進行する。女児らはそれぞれ模倣する側にも模倣される側に

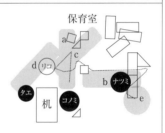

もなるが，模倣されることによって，模倣した相手に対して，やって見せたり（⑦⑲），教えたり（㉕），世話したり（㉖），工夫したり（⑰㉗），競争したり（㉘）という行為を投げかけることで相互行為を成立させている。

3歳児では，模倣されたという受動は，相手のすることを見て，それと同じことをする自分を比較したり思い出したりし，そこで味わった感情を彷彿とさせていた。その感情が，模倣された子どもの自己肯定感を高める要因となる。他者に見られることが報酬であり，見られていなければ社会的に起こっていないのも同じである[13]とされるように，その感情は，他者との相互的で共同的な行為への手がかりとなるが，3歳児では，目前の一人もしくは少数の他者に対してのみに現れることが多いようであった。

それに対して4歳児では，多方向に連鎖した複雑な身体による相互行為が可能になる。模倣され，自己が肯定されたことによって生まれる他者に対しての直接的な行為は，かなり明確な動機や意図を持って行われると同時に，様々な他者や文脈に適応させる柔軟さも併せ持つようであった。それによって，模倣する―模倣されたという関係が，様々な場で起こり，役割が転換し，それが相互行為にかかわる子どもの人数を変化させる要因になると考えられた。

4.2.2.　全体的考察

本節では，3歳児と4歳児の「模倣された子ども」に着目し，模倣されたことから広がる子ども間の身体による相互行為の年齢別特徴を考察した。3歳児，4歳児の特徴は，以下のようにまとめられる。

○発現した事例数の比較からは，先行研究の知見に重なるように，3歳から4歳にかけて，模倣されたことから広がる身体による相互行為は，4歳になっても消失はしないが減少する。事例の解釈と考察からは，模倣された子どもにとって，他者という存在をもうひとりの主体として感じるという受動性が，3歳児だけでなく4歳児の身体による相互行為においても重要な要因として存続していることが示唆された。

○3歳児の模倣された子どもから広がる身体による相互行為は，【事例4-1】（流れるように）のように，模倣されたことによって，他者とかかわること

の端緒を得て，同じ発話や同じ行為をしながら同調や同期を繰り返すこと自体を楽しむことが多い。そのうえで，【事例4-5】（おじいちゃん，どこ）のように，相互のやりとりを通して，何かが意味付けられイメージが共有されたり，【事例4-7】（だったら次は）のように，双方共に自己表現が喚起されたりする特徴が見られた。しかし，それらの場合でも，3歳児では，一人もしくは少人数の相手を対象としたやりとりが中心となる（【事例4-9】（ルイ））。また【事例4-1】に見られるように，特定の仲間に固執しないために，相互行為の終末は自然消滅の傾向が強い。一方で，【事例4-3】に明示的に捉えられたように，模倣されたことによって起こる自分への気づきが，結果的に相手を拒否し，身体による相互行為を途切れさせる要因になることもある。それは，集団の内と外に対する境界意識が曖昧な3歳児の特徴に由来すると捉えられた。

○4歳児の模倣された子どもから広がる身体による相互行為は，【事例4-2】（ほくのグルグル）に代表されるように，模倣された側が，自分の行為のイメージを模倣される以前から抱き，模倣されることを意識して他者を誘う方略をとって開始される特徴が見られた。その後の行為も，【事例4-8】（粘土箱のふた）から読み取れるように，相手の行為を認めながらも自分の行為を貫いて他者にかかわる。また，模倣されたことによって自己の行為のイメージに気づき，知識や経験と結びつけて意味付け，ストーリーをつくることが身体による相互行為を広げる要因になる。意味付けの内容が複雑に高度化することで，身体による相互行為の質や時間を変化させていた（【事例4-6】のマミや【事例4-10】のコノミの相互行為）。一方，【事例4-4】のケンタの姿に現れるように，他者のイメージを認められないときには，言葉による明示的な拒否よりも，相手を牽制したり，無視したり，自分に主導権があるような強い態度で振る舞ったりなど婉曲的な拒否的態度を示すようになる。それによって役割が転換したり，仲間集団のサイズが随時変化したりする。

以上のなかで，3歳と4歳の最も特徴的な発達的変化は，以下の2点であった。

1点目は，模倣された子どもすなわち受け手側の意識の違いである。4歳になると，意識的に自分を模倣することを他者に促し，他者を誘うために模倣を仕掛ける方略を相互行為の起点とする様子が顕著に見られた。このことは，4歳という年齢が，3歳以前と5～6歳の過渡期として，他者のことを考慮に入れつつ自己の呈示が際立つ時期という岩田[14]の知見にも裏付けられ，自他関係の移行的な状態の現れと解釈された。

2点目に，3歳児では，やりたいこととやりたくないことという感情を，欲求として両方向に端的に表すという要因が，身体による相互行為に影響を与える（【事例4-3】）。それに対して4歳児では，特に【事例4-4】のケンタに端的に見られるように，自分のやりたいという欲求は，自身である程度自覚し意欲として行為に現す一方で，やりたくないという欲求との調整が不十分なため，身体による相互行為に不安定さを与える要因になると考察された。

一方，3歳で見られた特徴のすべてが4歳で消失し，他のものに置き換わるわけではないことも示唆された。例えば，機能ⅲ【事例4-5，事例4-6】の考察からは，模倣されたという受動性が生かされ，自己の行為のイメージに気づき，それを意味付ける力が，3歳から4歳への発達に伴って高度化することで身体による相互行為の質が変化することが示された。しかし，トオルのように（【事例4-6】），4歳児同士のかかわりのなかにあるように見えても，彼自身にはイメージを共有している意識が乏しく，同調や同期の単純な繰り返しによってしか他者とかかわっていないような，3歳児と同傾向の段階に留まる個人の存在が見られた。それは，トオル自身の発達上の課題の影響なのか，あるいは相互行為内で偶発的に生じた現象なのか，いずれの可能性も否定できない。しかし少なくとも，3歳児の特徴が4歳になっても残存する実態は捉えられた。どの部分が消失し，どの部分が変容したり残存したりするかの検討は，5歳への継続的な観察を含め，特定の個人や仲間集団を

第4章　模倣されたことから広がる子ども間の身体による相互行為の発達的特徴　159

焦点とした分析が必要になる。

第3節　模倣されたことから広がる子ども間の身体による相互
　　　　行為：5歳児の発達的特徴

　3歳から4歳にかけて，模倣されたことから広がる相互行為は，4歳になっても消失はしないが減少することが認められた。事例の解釈と考察からは，模倣された子どもにとって，他者という存在をもうひとりの主体として感じるという受動性が，3歳児だけでなく4歳児の相互行為においても重要な要因として存続していることが示唆された。相互模倣は言語的コミュニケーションの確立に伴い相対的に減少し，4歳頃で消失するという従来の見解[15]に対して，近年の研究[16,17]では，減少するものの，一部は人と人のコミュニケーションを支える機能として，幼児期後半，それ以降でも残存することが示されている。前節においても，それを裏付ける結果が得られた。

　また，模倣された受動性により，自己の行為のイメージに気づき意味付ける力が，3歳から4歳への発達に伴って高度化する。それによって，かかわる子どもの人数の多寡を含めて，相互行為の質が複雑に絡み合って変化する。3歳児では，模倣された受動性により，やりたいこととやりたくないことという感情を，欲求として両方向に端的に表す要因が，相互行為の展開に影響を与える。それに対して4歳児では，自分のやりたいという欲求は，自身である程度自覚し意欲として行為に現す一方で，やりたくないという欲求との調整が不十分なため，それが相互行為に不安定さを与える。4歳という年齢が，3歳以前と5〜6歳の過渡期として，自他関係の移行的な状態にあるからではないかと考えられた。

　一方，4歳児には，3歳児と同じ質の相互行為も発現した。それは，個人の発達上の課題の影響なのか，あるいは相互行為内で偶発的に生じた現象なのか，いずれの可能性も否定できなかった。しかし少なくとも，3歳で見ら

160

れた特徴のすべてが4歳で消失し，他のものに置き換わるわけではなく，3歳の特徴が4歳に残存する実態は捉えられた。では，どの部分が消失し，どの部分が残存したり変容したりするのかは，5歳児への継続的な観察の必要性として課題となった。

　そこで本節において，以下の2つの点から，5歳児における模倣されたことから広がる子ども間の身体による相互行為の特徴を検討することとした。はじめに，模倣されたことから広がる子ども間の相互行為を3歳，4歳の特徴の比較をもとに考察する。次いで，5歳児特有の特徴は何か，どのような方略を用いて仲間間の相互行為を成立させているのかに着目して検討することとした。

4.3.1.　5歳児の傾向：「模倣された子どもにもたらされる身体による模倣の機能」から広がる相互行為として収集された事例の発現数

　表4-1に示したように，5歳児では，「模倣された子どもにもたらされる身体による模倣の機能」から広がる相互行為が11例観察された。事例は，収集時には詳細な記述を重ねるように努めたが，模倣された子どもの様子とその後の相互行為の部分に絞り，要約として記載した（表4-12）。模倣された子どもに下線，各機能の現れとして読み取れた行為に波線，その後の相互行為（模倣された子どもと模倣した子どもの変化）に 囲み枠 を記した。子どもの名前は仮名とした。

第4章 模倣されたことから広がる子ども間の身体による相互行為の発達的特徴　161

表4-12　5歳児に見られた模倣された子どもから広がる相互行為の事例

機能の名称は表4-1（p.140）を参照

NO 事例名 日時	事例の概要	読み取れた機能				
		機能i	機能ii	機能iii	機能iv	機能v
1 ガシャガシャを自分で表す 4.25/ 9:33-9:40	男児4人，女児1名，大型ブロックと大型積み木を使って遊ぶ。ユミが，折り紙の三角を大型ブロックのてっぺんに向けて，ガシャガシャと調子をつけて叩く。男児4名が，模倣しながらも各々が何かを加えたり組み替えたりしながら加わる。ユミは（機能ii）その様子を注意深く見ながらも，男児らの行為には合わせず，（機能iv）「ガシャガシャ」と言いながら，男児Aの持っていたブロックに向けてつつく行為を楽しそうに繰り返す。その後はガシャガシャという言葉のリズムを変化させて，合わせるように大型ブロックの角に折り紙を乗せて，その形を見て遊ぶ。		○		○	
2 まねするの，やめてほしいんだけど… 5.16/ 9:30-9:40	トウヤは，ソウゴのすること（テラスで走り滑り込むようにして座るなど）を逐一模倣する。トウヤは同じようにしようとするが，ソウゴに比べてすべてが不器用な動きになる。ソウゴは，トウヤが模倣すると，すぐにその場所を移動するが，トウヤは，そのこと自体も模倣してソウゴについてまわる。ソウゴは（機能ii）模倣されることを半分受け入れながらも半分拒むようにしながら続けるが，徐々にトウヤがついてこられないように早く走ったり，他の子どもに話しかけたりする。その後，「やめろ，やるな」と言って逃げる。トウヤはソウゴの模倣をすることを諦める。		○			
3 おはようございますの儀式 5.30/ 9:40-9:44	ツトムが「おはようございます」と言いながら，図書館の入り口に立って足を踏み鳴らす。後ろから来た2人の男児が，ツトムの様子を見てツトムを挟んで後ろで止まり同じ節で言いながら足を踏み鳴らす。ツトムが，（機能iv）そのリズムのまま，いっそう大きな動きの足踏みしながら図書館に入る。「よし，（好きな本を）借りるぞ」とさらに大きく足踏みをする。ツトムと2人の男児からは，様々な節やリズムとそれに合わせた足踏みが生まれる。			○	○	
4 ここは怪獣の国だ 5.30/10:20-10:28	【事例4-11】として本文中に記載			○	○	
5 手遊びいろいろ（リコ） 5.30/10:42-10:46	リコと向き合う位置にユキとサチが座り，リコが次々に繰り出す手遊びを模倣し一緒に行う。リコは（機能ii）両手をクミに差し出しユキの手を握って微笑む。リコは（機能iv）最初の手遊びを早口で始める。			○	○	
6 やると思った（ミコ） 5.30/10:42-10:46	じっと見ていたミコが一緒に始め，その手遊びをゆっくり一動作ずつ確認するように行う。ユキとサチがそれを模倣すると，ミコは（機能i）「やると思った」と言う。その後，突然，ミコが（機能iv）両腕を激しく揺らし，リコがそれを模倣する。（機能iv）ミコとリコは2人揃ってどんどん激しく揺らす。向かいのユキとサチも一緒に揺らす。首も振りながら皆で「わっわっ」と言いながら続けた後，4人でいっせいに笑い，机に上半身を伏せる。そのパターンを何度も繰り返す。		○		○	

項目	内容						
7 全部折るからね 6.6/ 9:35-9:44	保育室内の折り紙ゾーン。ハナが折り紙を折る。ミクが上から覗き込み同じものを折り始める。ミクがハナの左隣に座る。ハナは（機能v）ミクに、折る手元が見やすいように自分が少し下がって折り進めるながら、「大丈夫，全部作るから」と言う。その後，一緒に折り続ける。	○					○
8 ボウルを冠るときどうなるの 6.6/ 9:20-9:30	ケンジが、透明なボウルを冠ってお玉を持って遊ぶ。保育室の真ん中に座り込んでボウルを置き、お玉を左手で交互にそれを叩く。コウタが来て、同じリズムでケンジの頭を叩く。ユリが正面に座って、お玉を受け取って同じリズムでボウルを叩く。他児4人が寄ってきて、ケンジに（機能ii）様々な行為を仕掛け、個々で応答する（ケンジに抱きついて、一緒に床に寝てボールを交互に被せ合うなど）ケンジは（機能iv）近くにあった鍋を拾いボウルの上に重ねて頭に冠ったり、落ちないよう静かに歩いたり、他児らと向かい合ってボクシングの仕草を始めたりと、次々にアイディアを出して他の子どもたちの仕掛けに応じるようにして遊び続ける。		○	○			
9 同じことする、同じこと言う、繰り返しは楽しい 6.10/12:11-12:14	給食時、リコが、左隣のケンジを見て、食べ終えた皿のなかのものを食べるようなふりをする。ケンジが模倣する。再度、リコが上を向いて口を大きく開けて「あーんごくごく」と言いながら飲むふりをする。ケンジがまねてリコと一緒に同じことを言い同じように飲むふりをする。その後、リコが次々に繰り出す動作や口調をケンジが模倣する（コップの裏を見てフフフと言う。顔を見つめて「さっきさー，さっきね」ーと歌う、など）途中からサキが加わると、リコは（機能iv）「あれやってさー」と歌いながら体を傾けたり揺らしたりしながら大きな動作で新しい仕草を繰り出して楽しむ。				○		
10 にんじんになる 6.25/14:00-14:25	にんじんになる身体表現活動。リキオが「こうだよ」とまっすぐに立って尖る。横にいたタカシ、マサオ、それを見て一緒の動作をする。（機能iv）リキオはいっそうまっすぐに手を伸ばす。リキオはいろいろなアイディア（肘を曲げて葉っぱを表現する、指をふって細かい葉を表現する）を繰り出す。				○		
11 床をすべろうよ 7.4/14:40-14:44	降園前、床の水拭き雑巾がけ。テルオが水拭きした後の水の残った床に沿って走ってきて滑り、床に手をつく動きを、周囲を見ながら繰り返す。見ていたソウタは、その横に並んで小走りで模倣しようとする。テルオ（機能ii）が合わせるようにしてゆっくり滑る。ソウタは保育室の隅に走り、その位置から水拭きした後の床の上を走るが、テルオのようにうまくいかず、保育室をただ走り回り始める。（機能i）テルオは、それを見て足を止め、つまらなさそうに保育室から出ていく。		○				

「機能ⅰ：他者とかかわることの端緒が得られる」機能については，3歳児のように，同期や同調そのものを楽しむような比較的無自覚なやりとりが消失した。また4歳児のように，他者を誘うために意識して，身体による行為によって他者が自分を模倣することを仕掛けるという方略を，他者とかかわ

ることの端緒とする様子も見られなかった。「iii：自己の行為のイメージに気づき他者とのかかわりが広がる」機能については，前項において4歳児で収集された2事例が，3歳児と同質同傾向の事例と読み取れていた。具体的には，模倣されたことによって，自分の行為が意味付けられたように感じて，一緒にすること自体を楽しむ様子であった。それは，模倣された子どもよりも，模倣する側の意味付ける力に依存した相互行為の成立であった。今回の観察の5歳児では，模倣された側の機能としては析出されなかったことから，4歳の時点で発現しにくくなる機能として捉えることが妥当と考えられた。

4.3.2. 5歳児における模倣された子どもから広がる相互行為の特徴

　5歳児における模倣された子どもから広がる相互行為の特徴は，「ⅰ．自己欲求を整理し自己表現の動機とする」「ⅱ．ナラティブ的思考と論理的思考が共存する」「ⅲ．自己の意図をもち相互行為の見通しをもつ」の3点に見られた。

4.3.2.i.　自己欲求を整理し自己表現の動機とする

　以下の【事例4-11（表4-12：事例NO.4）】は，「機能ⅱ：他者の行為に気づき他者のイメージを認めて新たな行為が生まれる」と「機能ⅳ：自己の行為のイメージに気づき行為が自覚的になる」の2機能が読み取れた事例である。この組み合わせが，5事例見られた。

【事例4-11（表4-12：NO.4）】「ここは怪獣の国だ」2013.5.30.　10:20-10:28　保育室
　　男児7名が保育室で遊ぶ。①ケンジが段ボールで作った赤い車を持って，ブルブルと言いながら大型積木の周囲を歩く。②タカシも，段ボールで作った緑の車で遊ぶ。③2人の周囲を他児が思い思いに遊ぶ。④ツトムが保育室に入ってきて，2人の様子をじっと見る。⑤タカシが緑の車を置いたすきに，ツトムがそれを持ち上げる。⑥ケンジが車をひっくり返して逆さまにして，車の窓部分に手を入れて鳥の羽のように揺らして歩き始める。⑦ツトムがそれを見て，段ボールを逆さまにして，ケンジの振り方と同じように振って歩く。⑧ケンジは（機能ⅳ）「ガオー」と言いながら足を踏みならして歩く。⑨2人の周囲に他児らが寄ってきて「ヒューヒュー」と言いながら，2人にゴムボールを投げつけたり，抱きかかえようとしたりする。⑩ケンジとツトムは（機能ⅱ）就かず離れずの状態で，どちらともなく同じ動きを繰り返す。⑪他児らもそれぞれ怪獣のようになって2人に動きや声を発する。⑫ツトムは羽で攻撃する。⑬（機能ⅱ）ボールをぶつける相手に対して，そのボールを拾い積木の上から転がし床に転がるようにして応える。⑭ケンジがその大型積木に食料を置き，食べてエネルギー補給をするかのようなふりをする。⑮ツトムと味方であるかのように，ツトムの羽と抱き合うようにし，他児らに襲いかかるようにする。⑯他児は，2人に向かっていくようにして絡みながら遊び続ける。
　　⑰保育者が片付けを促すと，他児らはそれぞれ片付けをして，手洗い場に行く。⑱2人は，その間も羽を揺らして保育室を歩き続けるが，ツトムが保育室から出て行く周囲の様子を見て，動きを止め，「いかん，おれたちは遅れとる！よし，片付けだ！トイレにいくぞ！」と言い，ケンジを誘うように急いで段ボールを片付ける。⑲ケンジもツトムの様子を見て「よし，いかん，おれたち遅れとる！」と同じ口調で言い，片付け始める。

　ツトムやその他複数の他者に模倣された（④⑤⑦）ケンジが，他者の模倣行為を受け入れ，自己の行為で応答し始める（⑥）。それによって，他者とのかかわりが誘発される（⑦）。そのかかわりのなかで，ケンジは，自己の行為の意味やイメージに気づき，ケンジなりのアイディアが生まれている（⑧）。模倣されたことによって，他者を認識し他者にかかわり，自己を意識するという2つの機能が入り混じって，最終的に，創造的な自己表現が生まれている。創造力とは，他者に潜んでいるアイディアであり，他者性を獲得する過程で創造性が生まれる[18]とされ，その実相と捉えられる。3歳児，4歳児においても，自己表現が個人に突然生まれる様子が見られた。また，4歳児の特徴として自分のやりたいという欲求とやりたくないという欲求を調整できないために，他者との相互行為に不安定さを与える様子が見られた。

第 4 章　模倣されたことから広がる子ども間の身体による相互行為の発達的特徴　　165

それに対して 5 歳児では，他者が介入し，自分のしたいことを妨げられるような状況（⑨）が生まれても，（ケンジとツトムは）それぞれのやりたいこと（欲求）を，周囲の状況にあわせて整理し，何かを創り出す動機にして自分なりの表現を生み出している（⑩）。それによって，自分なりの表現も発展し（⑫⑬⑭），さらには他者との連鎖（⑪⑫⑮⑯）も生まれている。

4.3.2.ii.　ナラティブ的思考と論理的思考が共存する

【事例4-11】で，さらに注目したいのは，保育者が片付けを促し，他児らが片付けをして手洗い場に行ってしまった場面（⑰〜）である。ツトムとケンジは，その間も，段ボールの羽を揺らして保育室を歩いたが，突如ツトムが周囲を見て「いかん，おれたちは遅れとる！　よし，片付けだ！　トイレにいくぞ！」と，まるで台詞のような言い回しで言い切り，ケンジもそれに応え，2 人で鳥型の恐竜に見立てた段ボールを，恐竜になったまま片付け始めた様子だった（⑱⑲）。それまでの相互模倣によるかかわりのなかでの自己表現は，恐竜というファンタジーの世界を創り出す営みに通じていたようだ。加藤[19] は，子どもの思考は，論理的思考とナラティブ的（物語）思考[20] との二面性を持ちながら形成されるとし，幼児期後期には，ファンタジー遊びの中で，ナラティブ的思考を基礎にした虚構的知性が育つと指摘する。この知性は，論理的な思考や認識様式とは異なるものの，幼児期後期の知的世界として意味を持つとされるように，本事例からは，相互模倣を通して，ファンタジー遊びを現実に移行させ，虚構世界で現実の問題をも解決しようする姿が見られた。

また，本事例のような怪獣ごっこは，想像的探検遊び[21] の一種と捉えられる。想像的探検遊びとは，物語世界を軸に架空の対象や出来事について想像を膨らませ，それを仲間と共有し，集団的な情動の高まりに浸りながら，身体全体で探索，探求を繰り返す性質を持つとされる。ツトムとケンジは，片付けに遅れたという極めて現実的な危機を和らげるように，片付けに遅れた

こと自体を危機的状況という遊びの場面として設定し，自ら設定した状況を楽しむために恐竜のまま片付けを実行している。それは，彼らがその遊びをリードしていた怪獣の役としての立場から，役に感情を移入しつつも，そこに溶解せずに，その役の意義を併存させるメカニズム[22]に沿った行為とも考えられる。また，遊びのなかでの子どもは，自分自身でもあり他人でもあるという状況をつくることができる。また，子どもは自分自身の行為を制御するのに苦労するが，その行為が他の人間の行為という形態で与えられているならば，彼らはそれを容易に制御することができるとされる[23]。このように，ツトムとケンジが，遊びを中断して片付けに移れたのは，"模倣する—模倣される状況"から生まれる"自己でありながら他者にもなれる場"の力に基づいていると説明できる。

　以上，身体的行為によって相互に模倣し合うことによって生まれた「他者の行為に気づき他者のイメージを認めて新たな行為が生まれる機能」や，「自己の行為のイメージに気づき行為が自覚的になる機能」が，ナラティブ的思考と論理的思考を共存させ，相互行為を多層化する役割を担っていることが示された。

4.3.2.iii.　自己の意図をもち相互行為の見通しをもつ

　【表4-12：事例 NO. 2　（まねするの，やめてほしいんだけど…）】【表4-12：事例 NO.11（床をすべろうよ）】は，「機能 ii：他者の行為に気づき他者のイメージを認めて新たな行為が生まれる」として分類された。「新たな行為」として，模倣した相手が，自分（模倣された子ども）を模倣しなくなったとわかった時に，自分の行為をやめた事例である。

　3歳児では，反射的に無条件に模倣されることで，模倣される側にとって自己への強い気づきの意識が生まれていた。それが他者に対しての不快で不愉快な感情を湧かせ，他者のイメージを認められず，他者を妨害するという「新たな行為」を生み出し，結果的に身体による相互行為を途切れさせてい

た。4歳児ではやや複雑で，例えば模倣された子どもは，自分のイメージや
アイディアを貫こうとする。そのため模倣されることを明確に拒まないまで
も，自分の主導権の維持を意識しながら他者との相互行為を継続させる。結
果として，そのイメージに添える子どもだけが残り，相互行為における仲間
のサイズが頻繁に変化し，最終的には小さくなり，途切れるという特徴が捉
えられた。

　この発達的変化を踏まえると，【表4-12：事例NO.2】のトウヤの模倣の
仕方は，3歳児に見られる反射的な模倣と同質と見なされる。具体的には，
ソウゴが走れば走る，ソウゴが靴箱に身体を斜めにして寄りかかれば寄りか
かるといった行為である。したがって，この相互行為を途切れさせる要因
は，模倣されたソウゴ側のトウヤの行為に対する戸惑いにあったと読み取れ
る。

　一方，もうひとつの事例【表4-12: 事例NO.11（床をすべろうよ）】における
模倣されたテルオは，ソウタに模倣してもらえなくなったから自分の行為を
止めたという単純な様相とは少々異なっていた。テルオは，水拭き後の水の
残った床を滑ることを誰かと一緒に楽しみたくて，周囲を見ながら動き始め
た。ソウタに対しては，自分がゆっくり滑り，ソウタができそうなことを繰
り返した。自分の動き自体を模倣してほしいのではなく，一緒に遊べる場を
作りたかったと読み取れた。それに対して，ソウタはテルオの誘う行為を全
く感じ取れずに去ったため，相互行為は早々に途絶えた。

　以上2事例からは，相互行為を途切れさせる要因が，相対する子どもの力
の差に由来すると考えられた。では，5歳児の力とは何か。

　「機能iv: 自己の行為のイメージに気づき行為が自覚的になる」機能として
読み取れた【表4-12：事例NO.3（おはようございますの儀式）】【表4-12：事
例NO.9（同じことする，同じこと言う，繰り返しは楽しい）】【表4-12：事例
NO.10（にんじんになる）】の3事例では，模倣された子どもは，他者に何か
を伝えたいという動機をもとに，一緒に楽しむことを誘うという意図を持っ

て動きを発している。さらに他者との相互行為のなかで，結果的に同じよう
な動きが生まれたとしても，お互いに思わず模倣してしまうという状況が減
り，状況を読み取って，同じ場を作り出して遊ぶことができるようになって
いる。また「機能 v：自己が肯定され他者に対しての直接的な行為が生まれ
る」の【表4-12：事例 NO. 7 （全部折るからね)】の場合でも，ハナは，ミク
に模倣される以前に，ミクに見られただけで，ミクの思いを察し，その後の
かかわりの見通しをもち，折り紙を折る自分の手元を相手に見やすくしてい
る。「（折り方を一つずつ）教えてあげる」ではなく「（私が）全部作るからね，
（私の折り方を見てればいいよ。一緒に最後までやろうね)」というハナの言い方か
ら，それらを読み取ることができた。

　このような 5 歳児の相互行為にかかわる子どもの姿に比べて，明らかにト
ウヤやソウタのそれは，5 歳としては幼い応答であった。模倣された子ども
すなわち受け手側の意識の違いとして，4 歳において，模倣される側が模倣
しそうなことを仕掛ける特徴を顕著に示していた。これに対し 5 歳では，他
者に自分を模倣させることが目的でなく，その後の場や時間を共有すること
を促す行為としてのきっかけをつくり出す力を持てるようになっている。こ
のことは，相互行為が途切れる 2 事例（NO.2，NO.11）から，5 歳児の特徴と
して逆説的にも示された。清水[24] は，身体的な存在者の表現を，同じく身体
的な存在者である他者が受け止めることを「承認」とし，表現と承認のやり
とりが「理解」を形成するとした。こうした行動の相互作用によって，それ
ぞれの行為に自己意識や自覚が生じるとしている。このことを踏まえれば，
自己の意図をもち相互行為の見通しを立てる力が，5 歳児の相互行為を支え
ていると言える。しかしながら一方で，5 歳児においても他者との意識のズ
レを受容する力は充分に備わっていないことも示唆された。

4.3.3.　5歳児において仲間間の相互行為を成立させる方略は何か

　本節では，5 歳児において減少した相互模倣に替わって相互行為を成立さ

第4章 模倣されたことから広がる子ども間の身体による相互行為の発達的特徴　169

せる方略があるとすれば，それは何かを考えてみたい。観察時，同型もしくは類似した動きの発現は認められるものの，眼前に広がる子どもたちのこの相互行為は，模倣行為に端を発したと言えるのだろうか，と解釈に戸惑った事例が17事例収集された。そのような解釈に至った要因が2種類考えられた。主たる事例の概要（位置関係の図示によって内容を補う）を提示し考察をする。

4.3.3.i. 全体をイメージしながら他者の行為の部分を切り取って自分の行為に取り入れる（8事例）

　1つ目は，模倣された子どもの様子を見れば，機能のいずれかを読み取ることが可能と考えられたが，それ以前の「模倣したとされる子ども」の行為が，そもそも模倣なのかという疑念が生まれた事例である。

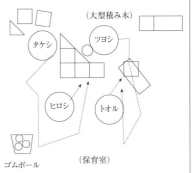

【事例4-12】「大型積み木とボールと男児たち」　2013.6.6.　9:42-9:50　保育室
　大型積み木で遊ぶ男児4名。①ツヨシは大型積み木で傾斜面を作った後，それに続けて薄い板を乗せて橋を作り，最後にタケシと傾斜面を作る。②タケシがゴムボールを持ってきて，自転してハンマー投げのように投げ，ツヨシが積んだ積み木に当てる。③ヒロシが，そのゴムボールを拾い，自転して止まった後，積み木の上からボールを傾斜面に転がす。④トオルがそのゴムボールを拾ってきて，別の傾斜面から転がす。⑤ツヨシは，それを拾って自分が作った平らな面に持っていき，ゴムボールを強く落として弾ませる。ボールは勢いよく床に転がる。⑥トオルが「危ないじゃないかよ。なんで，こうするんだよ，投げるなよ」と言い，その平らな面の部分にゆっくりゴムボールを転がし，続けてゴムボールを持って自分が橋の上に立ち，その後飛び降りる。⑦タケシが一番高い積み木の上にボールを置き，ゴムボールを転がさずに手で持って傾斜面をグネグネと蛇行させながら動かす。⑧ツヨシが，ゴムボールを持たずに傾斜面に手のひらを置くようにして，手首をグネグネ曲げながら下まで動かす。⑨タケシが傾斜面の下から手首をグネグネさせてツヨシの手とすれ違うように動かす。（後略）

この事例は，大型積み木を組み立て，ゴムボールを持ち込んで遊ぶ男児同士のやりとりである。ツヨシとタケシが積み木を組み立てる（①），タケシがハンマー投げのように投げる（②），トオルの斜面を使ったボールころがしや積み木に乗る行為（⑥），タケシがボールになる行為（⑦）。各々の子どもが少しずつ他者と同じことをする。換言すれば，他者のすることの一部分を自分の行為に取り入れて変化させて連続させたり（④⑧），別のことに転じさせたり（⑦）して遊ぶ様子が読み取れる。その際の子ども間の，他者に投げかけたり他者から受けたりする関係も入り組んでおり，投げかけることと受けることなどを，一人が何役もこなしている。幼児期の会話形態の発達的特徴として，5歳以上になると三者間会話からさらに集団的会話が可能になるとされている[25]。言葉をほとんど伴わない本事例のような身体的な相互行為の特徴も，この発達的変化の知見に重なるものがある。

このことを踏まえると，本事例が，模倣行為に端を発した相互行為と捉えにくい要因として，まず模倣した側の子どもたちの行為が，相互行為の全体像をある程度イメージし，意図的に他者の行為の部分を切り取り，自分の行為にはめ込む様子として読み取れたためであった。また自分の行為の部分を切り取られた側の子どもも，やりたいことが，ある程度共有されているために，模倣されたという意識が強く生まれていない。結果として，双方ともに他者の動きとの類似性，同調性を条件とする模倣の力を借りなくても，相互行為を成立させている。

以上，全体をイメージして他者の行為の部分を切り取り自分の行為に取り入れる行為によって，相互行為を成立させられることが，5歳児の特徴として認められた。5歳児において，模倣されたことから広がる相互行為が減少した要因のひとつであろう。

4.3.3.ii. 自分を客観的に捉えて, 場の状況を語って仕掛ける (9事例)

【事例4-13】「あ〜, 楽しそう」 2013.5.16. 9:49-9:54 保育室

女児5名で大型段ボールを3つ繋げトンネルにして, 一列になって順番にくぐり始める。①ケントが保育室に入ってきて, 女児らの様子をしばらく見る。段ボールをくぐる女児らの動きのリズムに合わせるようにした歩調で段ボールのトンネルの入り口付近まで近寄り立ち止まり,「あ〜, 楽しそう」と大きな声で語るように言う。②ルミが「入れてでしょ!寝転べ!」と大きな声で言う。ミカ「寝転んでよ!」タエ「そうしたら, みんな入れないじゃん」。ケントはトンネルの入り口付近にさらに近づき, 女児らに③「あ〜, 楽しそう〜」と語るように言う。トンネル

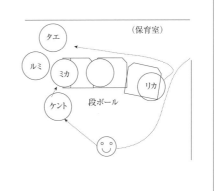

の中には入らないで立ったまましばらく見続ける。入り口近くに来たリカが「ここからだよ〜, 寝てくださ〜い!」と同じような口調で言うのを聞いて, ケントは素早く腹這いになってトンネルに入る。(後略)

この事例に注目したのは, ケントが「あ〜, 楽しそう」という, 状況を解説するような言い方で遊びに加わろうとしたことである (①)。ルミが「入れてでしょ!」と応答しているが (②), ケントは引き続き (③)「あ〜, 楽しそう〜」と言う。「楽しそうだから入れて」ではない。動きを発する前に, 自分の位置を第三者的にして, 眼前の状況を語っている。

【事例4-14】「ここ空いてますよー」 2013.5.16. 9:32-9:37 保育室

男児4名，女児4名が大型段ボールで遊ぶ。それぞれが別々の段ボールのなかに身を縮ませて潜り込む。①ひとつの段ボールに男児2人で並んで身を寄せるようにして入って声をたてて笑う様子を見たユウタは，周囲で立って眺めている他児らに向かって，②誰にとはなく「ここ空いてますよー」と言う。ヨシキが寄ってきて覗き込むと，ユウタが「ここ，空いてますよー，電車，出発しまーす」と高い声で声色を使って言う。ヨシキが，ユウタの頭の方から段ボールに笑顔で入り込み，他児と同じようにする。(後略)

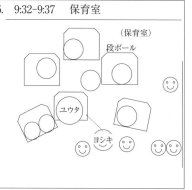

　この事例では，ユウタは，ひとつの段ボールに2人で並んで入って（①）遊びたいから，だれかに自分のとなりに入ってほしいという気持ちを，そのまま言葉にせず，「ここ空いてますよー」（②）といった第三者的な言い方，さらには「ここ，空いてますよー，電車，出発しまーす」（③）という場の状況を語る言い方で他者の動きを誘っている。それは，自らで遊びの状況を作り出そうとするかのようであった。

　この2事例からは，遊びの冒頭，身体的な行為を起こす前に，状況を読み自己のなかで何らかの対話をした後，自己を提示する，状況を語る，あるいはその両者を宣言する様子が読み取れた。この時期の子どもは「これは○○だよ」などと意味付けしてから遊びを展開するという特徴を持つ。身体的な相互行為でのこのような冒頭での語りは，約束やルールの確認としての意味付けの意義とはやや異なり，自らの直接経験と切り離して自らの身体を外在化させ客観視する[26]ための叙述的な発話と捉えられた。

　このように，模倣という行為に入れ替わるように，叙述的な発話によって相互行為への参入や勧誘を仕掛ける方略を使う様子が，5歳児の特徴として認められた。自分を客観的に捉えて，場の状況を語って仕掛ける姿である。客観的自己意識と言語の獲得が，自他理解に大きな転換をもたらすことは，

実験的な研究[27]から明らかにされている。本研究の観察からは，遊びという自由度の高い時間と空間のなかでも，相互行為を展開させるために，一つの方略として，この力を応用していることが示唆された。

4.3.4.　総括

　本節では，５歳児における模倣されたことから広がる子ども間の相互行為の特徴を，３歳児，４歳児との比較をもとに検討した。

　模倣されたことから広がる身体の相互行為は，４歳になっても消失はしないが３歳に比べて減少することが認められていたが，５歳ではさらに減少することが示された。

　そのなかでも，５歳児における模倣されたことから広がる身体の相互行為には以下の３つの特徴が見られた。

　（１）自己欲求を整理し自己表現の動機とする

　（２）ナラティブ的思考と論理的思考が共存する

　（３）自己の意図をもち相互行為の見通しをもつ

　幼児期後期に，イメージ表現の中核を担う動作に言葉が加わっても，言葉が動作に置き換わるわけでない[28,29]とされるように，減少したとは言え，模倣されたという受動性が，相互行為に果たす役割は決して小さくはないことが確認された。

　次いで，減少した相互模倣に替わって相互行為を支える方略という視点に考察を転じた結果，（１）全体をイメージしながら他者の行為の部分を切り取って自分の行為に取り入れる，（２）自分を客観的に捉えて場の状況を語って仕掛けるという２つの行為が，模倣行為にもたらされる機能に入れ替わるようにして，５歳児の仲間づくりの方略として相互行為に現れることが認められた。

　しかしながら，模倣と模倣でない行為の境界線はそれほど明確ではなかった。例えば「ナラティブ的思考と論理的思考を共存させる」ことと，「自分

を客観的に捉えて場の状況を語って仕掛ける」ことは，いずれも自己や他者の多面性を認識して，その場の関係性を視野に入れ，自己の行為を客観化する力を礎としている。他者とかかわることで，他者を通した自己理解を進めるプロセスを有する点において共通しており，その発現の仕方の相違とも言えるからである。

引用・参考文献

1 無藤隆（1997）協同するからだとことば，金子書房，161-175

2 砂上史子（2007）幼稚園における幼児の仲間関係と物との結びつき：幼児が「他の子どもと同じ物を持つ」ことに焦点を当てて，質的心理学研究，6，6-24

3 無藤隆（2003）保育実践のフィールド心理学の研究の進め方と枠組み，無藤隆・倉持清美編，保育実践のフィールド心理学，北大路書房，8-19

4 山本登志哉（2000）群れ始める子どもたち：自律的集団と三極構造，岡本夏木・麻生武編，年齢の心理学：0歳から6歳まで，ミネルヴァ書房，103-141

5 岩田純一（1998）＜わたし＞の世界の成り立ち，金子書房，132-143

6 岡林典子（2003）生活の中の音楽的行為に関する一考察：応答唱＜かーわってー・いいよー＞の成立過程の縦断的観察から，保育学研究，41（2），210-217

7 岡本拡子（1998）保育者と子どもたちの間でかわされる音楽的なことばのやりとり，保育学研究，36（1），28-35

8 砂上史子（2011）幼稚園の葛藤場面における子どもの相互行為：子どもが他者と同じ発話をすることに注目して，子ども社会研究，17，23-36

9 岡本夏木（2005）幼児期：子どもの世界をどうつかむか，岩波新書，211

10 山本弥栄子（2007）子ども同士の言語的コミュニケーションにおける一考察：会話の自然発生的過程の検討，創発：大阪健康福祉短期大学紀要，5，51-60

11 佐藤学（2000）プロムナード・身体をめぐる断章，栗原彬・小森陽一・佐藤学・吉見俊哉編，越境する知 1 身体：よみがえる，東京大学出版会，2

12 浜田寿美男（1999）「私」とは何か，講談社，125-126

13 茂木健一郎（2003）意識とはなにか，ちくま新書，134-135

14 前掲5，152-161

15 Nadel, J.（2002）Imitation and imitation recognition: Functional use in preverbal infants and nonverbal children with autism. In A.N. Meltzoff & W. Prinz（Eds.）

第 4 章　模倣されたことから広がる子ども間の身体による相互行為の発達的特徴　175

The Imitative Mind Development evolution and brain bases. Cambridge. UK: Cambridge University Press. 42-62

[16] 瀬野由衣 (2010) 2 ～ 3 歳児は仲間同士の遊びでいかに共有テーマを生み出すか：相互模倣とその変化に着目した縦断的観察，保育学研究，48 (2)，157-168

[17] 松井愛奈・無藤隆・門山睦 (2001) 幼児の仲間との相互作用のきっかけ：幼稚園における自由遊び場面の検討，発達心理学研究，12 (3)，195-205

[18] 佐伯胖・藤田典・佐藤学編 (1995) 表現者として育つ，東京大学出版会，193-194

[19] 加藤繁美 (2007) 対話的保育カリキュラム＜上＞，理論と構造，ひとなる書房，134-144

[20] J.S. ブルーナー (2004) 教育という文化，岡本夏木・池上貴美子・岡村佳子訳，岩波書店，52 (Bruner.J (1996) *The Culture of Education.* Harvard University Press)

[21] 藤野友紀 (2008) 遊びの心理学：幼児期の保育課題，石黒広昭編，保育心理学の基底，萌文書林，116-148

[22] エリ・ペ・ストレルコワ (1989) 芸術作品の作用にもとづく感情移入の発達の条件，ごっこ遊びの世界，神谷栄司訳，法政大学出版局，162-208

[23] デ・ベ・エリコニン (1989) 幼稚園期の子どもの遊びの心理的諸問題，ごっこ遊びの世界，神谷栄司訳，法政大学出版局，154-156

[24] 清水満 (1997) 共感する心、表現する身体，新評論，73-77

[25] 山本弥英子 (2002) 幼児間の会話の発達過程―遊びの分類・会話の集団的形態・伝達特徴による検討―，龍谷大学教育学紀要，創刊号，35-51

[26] 佐伯恵子 (1983) 子どもの「自己」の発達，東京大学出版会，64-76

[27] Brownell, C.A., & Kopp, C.B. (2007) Transitions in Toddler Socioemotional Development: Behavior, Understanding, Relationships. In Brownel, C.A., & Kopp, C.B. (Eds.) *Socioemotional Development in the Toddler Years.* Guilford. 66-99

[28] 砂上史子 (2000) ごっこ遊びにおける身体とイメージ：イメージ共有として他者と同じ動きをすること，保育学研究，38 (1)，177-184

[29] 木下孝司 (1998) "ふり" が通じ合うとき，秦野悦子・やまだようこ編，コミュニケーションという謎，ミネルヴァ書房，151-172

第5章　幼児間の身体による模倣に関する総括的討論

　本研究では，保育という場における幼児間の身体による模倣行為の機能と
役割を検討した。本章では，第1章，第2章，第3章，第4章で得られた結
果と考察を整理し，その後，序章で既述した他領域での模倣につながる論考
を背景として，身体による模倣の持つ力，保育者の援助を総括的に論じる。
そこでは，本研究における身体による模倣機能や役割の検討によって，保育
という場にどのような示唆が得られたのかを確認する。最後は，今後の展望
と残された課題をまとめる。

第1節　結果の総括

　序章では，保育において身体による模倣を論じる意義と課題を明らかにし
た。次いで，模倣に関連する用語や概念を整理して，本研究における身体に
よる模倣の位置付けを行った。

　保育という場において，幼児間の身体による模倣行為がどのような課題を
持っているのかを整理し，次いで，なぜこれまで，保育において相互行為と
しての身体による模倣に焦点が当てられてこなかったのかを考察した。その
理由は，これまでに，模倣を幼児期の子どもの社会生活の主要な行為として
尊重する視点が少なかったためであり，同時に模倣より創造の方がすばらし
いという感覚的な了解を超えるだけの視点，つまり模倣の仕方や模倣の見方
を正面から考えることがなかったという経緯に由来することが指摘された。

　次いで，心理学など保育周辺領域を概観し模倣研究の動向を俯瞰した。そ
こでは，模倣を個人の知的発達の機序としてだけでなく，社会的な相互行為
として捉える近年の方向が示された。さらに，模倣を身体の相互行為として

考察する背景として，哲学的な思索，文化人類学，ヒューマンインターフェース分野の実相を通覧し，模倣につながる用語や概念を整理するなかで，他者との交流のなか，身体が応答し合う現象が様々に確認され，模倣が知的発達過程を象徴する機能だけでなく，乳幼児から成人に至るまで，ひととひとがかかわる身体的な相互行為（コミュニケーション）としての意義や機能を持っていることが示された。その一方で，模倣とコミュニケーション両者の関係を対象として取り上げた研究は少なく，なかでも幼児期を対象とした研究が著しく不足していることがうかがえた。

　第1章は，幼児の身体による模倣の機能を明らかにすることが目的であった。身体に強く焦点を当てた身体表現活動の場において発現する模倣の機能を分類し，その分類に対する日常生活全般における適応の是非を検討した。その結果，身体表現活動において見出された模倣機能は，幼児の日常生活全般にわたる模倣発現の様相に適応することが認められ，相互行為としての身体による模倣の機能が，以下の4つに類型化された。観察事例や保育者の記述エピソードの解釈から，機能別の特徴を描き出すことで，類型化の有効性を確認した。

　Pattern I ：行為のはじめのきっかけやタイミングを求める

　Pattern II ：行為をなぞらえたり，やりとりをしたりして楽しむ

　　　　 i 一緒にできる楽しさの機会が保障される

　　　　 ii 同調することで動きが広がる

　　　　 iii まねされることで他者に関心を持つ

　　　　 iv まねし合うことから自己表現が息づく

　　　　 v 他者と行為でつながることで世界が変わる

　Pattern III ：自分の行為，心情やイメージを意識する

　Pattern IV ：自分にないイメージや行為のアイディアを取り込む

　　　　 i 主として方法や技術のアイディアを取り込む

第5章　幼児間の身体による模倣に関する総括的討論　179

ⅱ 主としてイメージを取り込む

ⅲ 主として感情や感覚を取り込む

ⅳ 主として対象へのあこがれとして取り込む

　以上の模倣機能分類と各機能の特徴の考察から，身体による模倣を他者との相互行為として認める知見が得られた。それは，「きっかけ」（安心感，意欲などをもとに他者とかかわるきっかけを得る），「一致」（感情の一致，時間的な一致，感覚の一致，イメージの一致などによって，他者と身体的な一致を得る），「意識」（他者と自己の双方を意識する），「取り込む」（他者に沿い，他者から何かを取り込む）といったキーワードにまとめられた。また，幼児期の身体による模倣には，模倣が自己と他者の調整，あるいは自己ともう一人の自己いわば内なる他者との調整を図る機能があることが示唆された。本章第3節では，このことに関して総括的に討論する。

　第2章は，実証的な研究であった。第1章で明らかにされた模倣機能の分類と各機能の特徴をもとに，保育における「身体活動場面」で模倣の果たす役割を検討した。その結果，以下のような役割が見出された。

　・安心感や勇気をもたらす

　・一緒にする快感情をもたらす

　・他者と身体感覚を共にする

　・他者の能動性を受け止めて自己肯定感を高める

　・他者との関係のなかで自己表現を導く

　・他者との関係のなかで新たな世界を生み出す

　・他者認識を通した自己認識が自己理解を促す

　・他者の感覚や意図を取り込んで自分の技能や表現を豊かにする

　・他者にあこがれる気持ちが挑戦する意欲を育む

　以上のような役割により，身体による模倣によって身体感覚を共にすることが，遊びの「流行」を生み出すことが実証され，保育という場における身

体による模倣の有効性が具体的に検証された。

第3章では「模倣された子ども」に着目した。第1章において，模倣されることで他者に関心を持つ機能が見出されたが，そこでは，子どもにとって他者に模倣される実相が捉えられ，模倣される側に何かをもたらすからこそ，模倣が相互行為と位置付けられると考えられた。そこで「模倣された子ども」にもたらされる機能と役割を，観察事例と保育者の記述エピソードから考察した。その結果，「模倣された子ども」にもたらされる機能は以下の5つに分類された。

（模倣された子どもは，模倣されたことによって）

　　　　ⅰ 他者とかかわることの端緒が得られる

　　　　ⅱ 他者の行為に気づき他者のイメージを認めて新たな行為が生まれる

　　　　ⅲ 自己の行為のイメージに気づき他者とのかかわりが広がる

　　　　ⅳ 自己の行為のイメージに気づき行為が自覚的になる

　　　　ⅴ 自己が肯定され他者に対しての直接的な行為が生まれる

引き続き，得られた身体による模倣の機能を踏まえて，機能間の関連に着目し，模倣出現以前の文脈とその後の展開の分析から，身体による模倣機能が相互行為に果たす役割を論証した。特に3歳児を対象とし，自由な遊びのなかでの展開を対象とした。

模倣されることは，他者からの受容，他者からの投げかけや認識となり，他者との様々な共同的な行為への手がかりとなることが示された。それは，模倣した他者を認識し受け入れることによって，他者を理解し，自己を認識し自己を理解することに結びついていた。模倣されるという受け手の経験が，それらの過程を促進させる重要な役割を担うことも認められた。これらのことについては，さらに本章第3節でも討論を試みる。

第4章は，引き続き，模倣された子どもに着目し，そこから広がる身体に

第5章　幼児間の身体による模倣に関する総括的討論　181

よる相互行為における3歳児，4歳児，5歳児の発達的特徴を考察した。模倣された子どもにもたらされる機能から広がる身体による相互行為の発現は，3歳児に比べて4歳児，さらに5歳児では明らかに減少していた。しかし，事例からは3歳児，4歳児，5歳児の特徴が顕著に考察された。3歳児では，模倣されたことによって，他者とかかわることの端緒を得て，同じ発話や同じ行為をしながら同調や同期を繰り返すこと自体を楽しむことが多い。4歳児では，模倣された側が，自分の行為のイメージを模倣される以前から抱き，模倣されることを意識して他者を誘う方略をとって開始されるという特徴が見られた。急激に減少した5歳児における模倣されたことから広がる身体の相互行為には，自己欲求を整理し自己表現の動機とする，ナラティブ的思考と論理的思考が共存する，自己の意図をもち相互行為の見通しをもつといった特徴が見られた。以上から，幼児期後期には減少したとは言え，模倣された子どもにとって，他者という存在をもうひとりの主体として感じるという受動性が，3歳児だけでなく4歳児，5歳児の相互行為においても重要な要因として存続していることが示された。また，5歳児における減少した相互模倣に替わって相互行為を成立させる方略の一端，全体をイメージしながら他者の行為の部分を切り取って自分の行為に取り入れる，自分を客観的に捉えて場の状況を語って仕掛けるといった方略も見出された。

　以上，保育という場を対象として，観察と調査をもとに，幼児間の身体による模倣について検討した。その結果，幼児期の相互行為としての身体による模倣には，「私はこう感じる」「次はこうしよう」「今度はこうしたい」「あなたにこうしてほしい」「あなたとは少し違う」「あなたと一緒だ」など，言語にしてしまうと無秩序で唐突になり，うまく分かり合えないが，身体的なやりとりならば感じ合えるといった「ひととひとのほどよい距離」を生み出し，身体の双方向性のもとで「他者とのほどよい一致点」を紡ぎ出す機能があると考えられた。それが身体による模倣のもたらす豊かさであり，子ども

の身体的な相互行為の広がりと深まりを媒介する役割を持つ機能であると考えられた。本章第3節において，他者とのほどよい一致とはどのような営みを称しているのかという観点から，幼児における身体による模倣の力を総括的に論じる。

第2節　身体による模倣の類型化・図式化の意義

　前節（第1節）で整理した模倣機能類型化やその図式化は，保育者の援助にどのように還元できる可能性を持つのであろうか。

　序章第4節の研究方法で述べたように，本研究において模倣の機能や役割を明らかにすることは，模倣の法則化を追究するものではなく，個の理解を深める視点の追究と位置付けた。それは，保育という場で，同じことが起こらない子どもの行為の解釈に対して，再現性という研究の原則確保のために，現象を法則化することには大きな意味がないと考えたためである。本研究では，筆者の参与観察によって得た事例をもとに，保育者が記述した多くのエピソードからの考察を加えた。保育者の記述エピソードは，幅広く多岐にわたっており，子どもの傾向の全貌を把握するには充分であったが，それらは二次的な資料であるため，深い背景や文脈までは理解できない部分もあった。また筆者の観察事例では，筆者が気になった1つの遊びの場面を見続ける場合が多く，事例の対象児は決して多くない。したがって，各エピソードや事例が，いずれの模倣機能としても読み取れる可能性は否定できなかった。さらに模倣発現の頻度や，その後の子ども間のかかわりを見届けること，保育者と子どもの関係と，子ども間の関係の違いを検討することには限界があった。そのため本機能の類型化の有効性については，保育の場での引き続きの観察と考察の余地が残されていることも確かである。

　とはいっても，保育という場における個の理解は，保育者にとって集団を扱うという大前提が存在することは自明である。そこで，本研究における筆

第5章　幼児間の身体による模倣に関する総括的討論　　183

者の観察事例と保育者の記述エピソードとをもとにした類型化や図式化は，集団と個を双方向に理解することを可能にしたと考えられる。

　以上を踏まえ，他者との相互行為としての身体による模倣の類型化や解釈，図式化が，保育者の保育行為に及ぼす影響や適応の可能性についてまとめると以下のようになる。

　第1に，本研究における身体による模倣機能の類型を適応すれば，保育者は，身体による模倣そのものが持つ機能をもとに，子どもの内面を理論的に理解することができる。同時に，模倣の捉え方について，従来の独自な表現への端緒というだけの解釈を超え，相互行為としての理解や受容が可能となる。そのため，保育者は，模倣発現を視野に入れたり意図したりして，保育内容を考えられるようになる。例えば，子どもが一緒にいて一緒に何かをするということにさえも大きな意味を読み取ることができる。

　第2に，模倣機能の類型を適応すれば，保育者は，模倣によって自己と他者の相互に引き起こされる身体感覚を，双方のイメージや意図を感受するための媒体として多様に捉えられる。それによって保育者は，子どもの身体的な相互行為を豊かにするために，身体を使った遊び環境を整備する重要性を意識することができる。例えば，まねっこごっこを子どもの遊びとして認めたうえで，様々な場面で，模倣行為を生かす工夫ができるようになる。特に，身体表現活動において，模倣行為（運動）を基軸とした段階的なプログラムを構成し，年齢・発達段階に適応させた教材作りが可能となる。子どもにとって，保育者（指導者）の模倣を最初の段階とすれば，子ども同士における1人対1人の相互模倣を次段階としてみる。そこでは，ジャンケン遊びのように動きをやりとりして，身体の相互行為を楽しむような教材が作成できる。現在，一部を実践し，その効果の検証を試みている。

　第3に，模倣機能の類型を適応することによって，保育者は，ひとつの模倣の発現をもとに，子どもの行為やかかわりが連なる様子を捉えることができる。それによって，子どもの他者理解と自己理解の過程や，模倣行為の前

後の意味も把握できる。そして、そこから保育者は、見通しを持った援助やかかわり方を工夫することができるようになる。例えば、他者とうまくかかわることができない子どもに対して、その子どもが、周辺の子どものどのような行為に関心を示しやすいのかを、模倣行為の発現状況によって受け止める。そこから、その子どもにとっての、他者とのかかわるための糸口を見出してあげることが、援助の一助となる。

第3節 身体による模倣の力：「まねしてもいいよ」と言える理由と援助の視点

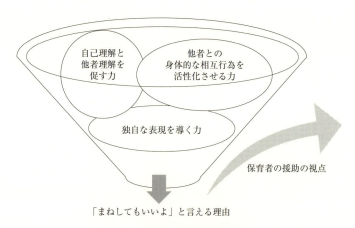

図5-1 身体による模倣の持つ力

本節では、身体による模倣の持つ力について論じる。身体による模倣の力を論じることは、子どもの模倣行為を保育者がどのように受け止めたらよいのかという当初の問題意識に戻るものであり、「まねしてもいいよ」と言える理由を探ることでもある（図5-1）。

本研究で既に明らかにされた「模倣する子ども」「模倣された子ども」に

第 5 章　幼児間の身体による模倣に関する総括的討論　　185

もたらされる機能と役割から，身体による模倣の持つ力は，3つに整理できると考えられた。「他者との身体的な相互行為を活性化させる力」「自己理解と他者理解を促す力」「独自な表現を導く力」である。

　以下では，それぞれの力について，序章で既述した他領域での模倣につながる論考を踏まえながら論じ，そのうえで，保育における保育者の援助の視点をまとめる。

5.3.1.　他者との身体的な相互行為を活性化させる力

　身体による模倣には，「他者との身体的な相互行為を活性化させる力」がある。本節では，この力について，3つの点から述べる。1つ目は，これまでに明らかにされた模倣機能の多様性と身体的な相互行為の関係である。2つ目は，序章であげた文化人類学の知見から，模倣と身体的な相互行為のつながりを考える視点である。3つ目は，この力の考察から導き出された「通じ合い，共に，を感じ合うために」という援助の視点である。

5.3.1.1).　模倣機能の多様性からうかがえる身体的な相互行為の実相

　本研究における模倣機能の分類とその特徴を明らかにする検討を通して，模倣が発現するのは，個人がそもそも社会的な存在であり，人間にとって自分が何者であるかという認識が徹底的に他者の存在を前提にし，他者とのかかわりに条件付けられている所以と考えられた。自己が分かり，他者が分かり，自他が分かり合う状況が生じ，それを契機に相互理解が深まっていくことがうかがわれたのである。模倣機能が多様に分類されたのは，他者との相互行為の現場における多面性の実相と考えられた。

　同時に，幼児間の模倣のほとんどが，身体の双方向性を基軸としていることも認められた。子どもは，言葉を支える了解の，非常に広い，半ば無意識的な基盤を，からだとして持っているのではないかと竹内[1]が問いかけているが，まさに言語によるかかわりを持ち始めながらも，依然として身体的な

かかわりを並行させる幼児期独特の相互行為の様相が，幼児の日常生活における模倣行為に象徴的に映し出されていると考えられた。大人の模倣行為が，意識的にその対象の行為の特徴を拡大しカリカチュアライズする，異化するという機能に中心が置かれるのに対して[2]，子どもの場合には，身振りをもって他者のからだをなぞる，他者の全体像を自分に現出させる，他者を感じとる，他者と自分との関係を理解するという機能が中心となる姿が，各機能より考察された。

5.3.1.2). 身体的な相互行為としての模倣

ここでは，序章で取り上げた文化人類学に戻り，その知見に関連付けて身体的な相互行為としての模倣を考察する。近年，最も感受性豊かに身体的な相互行為（コミュニケーション）の秩序や構造の解明に価値を与えているのは，文化人類学の領域ではないかと考えられる。人類学者の著述は，模倣行為を「同調」「同期」「共振」といった概念に拡大して捉え，身体的な相互行為としての模倣の意義を新たな視点から実相的に再構築するものだった。身体的な相互行為としての模倣についての人類学的な研究とは，知的な探究であるだけでなく，人類にとっては鏡をのぞくようなものでもある[3]。それは言葉を多く必要としない相異なる人間社会の相互行為の様相を浮き彫りにすることで，私達の生きる現代社会を逆に照らし，私達が当然に了解してきた他者とのやりとりの方策への自省を促す深遠な思索に溢れていた。そのことは，言葉を多く持たないために，依然として身体による相互行為を息づかせる幼児期の模倣行為の意義に大きな示唆を与える。

　例えば，文化人類学における菅原論[4]は，グヴィ社会（ボツワナ共和国，ブッシュマンの一方言集団）の同時発話という相互行為研究を通して，これまでの非言語コミュニケーション研究の枠を越えた身体のコミュニケーションの核心に迫ろうとしていた。相互行為の同期場面から，他者との同時的な経験が一体感の共有を実現させ，それが身体のコミュニケーションの核であるこ

とを実証的に説いていた。そこでは，「身ぶりとことばの照応」を解き明かし「私の身ぶりは私のことばと同時性を持つものではなく，他者のことばと同時性を持つ」と述べる。身体相互のやりとりが，相互行為に根源的な強調を生み出し，共感が他者理解から自己理解を促す可能性を示唆していた。模倣によって発現する「言葉にしなくても分かり合える他者とのほどよい一致」とは，まさにこのような共振の現象に通じるものと理解された。

　このような同期，同調，共振に関する知見を背景にすれば，模倣する子どもにとっては，「（模倣する子どもにもたらされる機能のPatternⅠ：）行為のはじめのきっかけやタイミングを求める」に見られたように，模倣行為が安心感やはじめの合図のような意味をもたらすことも頷ける。一見すると主体的でないように見える模倣にも，子どもなりの意味があり，ひととひとがかかわることのきっかけになっているという視点で受け止めることによって，模倣行為自体に肯定的な意味を認めることができる。

　また，子ども同士が同じことをする場合も，それらが身体的には必ずしも同型でない点にも着目できる。「（模倣する子どもにもたらされる機能のPatternⅡ：）行為をなぞらえたり，やりとりをしたりして楽しむ」の観察事例や保育者の記述エピソードには，違うことを前提にした相互模倣が多く見られた。例えば，男児2人が「ボクはゾウになる」「ボクもゾウになる」と言いながら，いかにも模倣し合うように動きをやりとりしている場面において，双方のゾウの型や動き方がまったく似ていない状況が見られた。子どもにとっての模倣は，他者と全くの同型である必要がなく，同じようなことにも意味があると考えられた。それは「（模倣する子どもにもたらされる機能のPatternⅡⅰ：）一緒にできる楽しさの機会が保障される」に見られたように，一緒に同じことをする快感情が生じる様子から認められた。また，「（模倣する子どもにもたらされる機能のPatternⅡⅱ：）同調することで動きが広がる」に見られたように，動きのリズムを同期させることによってもたらされる身体感覚からの快感情が，模倣する子どもだけでなく模倣される子どもにも得られ

ている様子からもうかがえた。そこからは，模倣によって同じようなことをすることが，他者とのイメージの共有という相互関係を築き上げる役割を担っていると示唆された。

そのことは，例えばブッシュマン（ボツワナ共和国，セントラル・カラハリ・ブッシュマン）の採集活動を扱った今村論[5]においても説かれていた。同調すると，行動そのものに緩急のリズムがつき，そのリズムにのることで，その行為への集中度が増すだけでなく，他者と共存する体験を鮮やかなものにしていく様相である。言葉を多く用いない彼らのコミュニケーションと，幼児期のそれとは共通する部分が多く見られる。身体による模倣は，個人内のからだとこころの相互作用を活発にし，同時に自己と他者の相互作用も活性化する力を持つのであろう。また，ブッシュマンの採集の場面において，真面目な採集作業でさえ，「うたう行為」が相互行為の目的になり，ひとが快楽に身を任せる場面が描写されていた。それは，元来ひととひとに共有されている気分が，身体による模倣をきっかけに表出し響き合う様相であり，相互行為としての模倣の力と捉えられる。

5.3.1.3)．援助の視点：通じ合い，「共に」を感じ合う過程を見つめて意味付ける

以上の2点の考察により，保育の営みにおいて，子どもが，身体による模倣によって身体感覚を共にし，共感的な他者と出会い，次には自分自身も共感的他者となり，「共に」の世界を創り出す過程が生まれることが裏付けられた。相互行為（コミュニケーション）とは，ひとがひとを分かる，分かろうとする営みと本論では定義してきたが，身体での模倣が，はっきりと言葉で伝えなくても通じ合い，「共に」を感じ合いながら，かかわりを築くための力になっていると捉えられた。子どもにとって，「分かる」とは，通じ合い，感じ合うことに始まるのであろう。

再び以下に記す保育の場での事例は，保育者が，他者との身体的な相互行為としての模倣に対する援助を考えるうえで示唆に富んでいる。

『消極的な2人が仲良くなることにより，生活の場面などでまねをし合うことが多くなるように感じられる。例えば，サトルとタツキはお互いに絵を描くことが苦手だが，向き合って絵を描く機会から，2人で何気ない会話をしてお互いの絵を見て少しずつ模倣をしながら楽しく描いている様子が見られるようになった。その後，2人は苦手なことも一方がやろうとすると，必ずまねして一緒にするようになった。例えば，かけっこなどの場面では，2人とも運動があまり得意でないので，2人ともやらないかなと思っていたが，2人で誘い合うようにして戯れながら走るようになった姿には驚いた。(2008.10，A幼稚園，3歳児)』

　この事例の保育者は，消極的なサトルとタツキの2人が仲良くなることにより，生活の場面などで模倣をし合うことが多くなることを実感として捉えている。それは，この保育者が，サトルとタツキに限らず，子ども達に発現する多様な現象の過程を丁寧に見つめているから可能になった視点と考えられた。その過程を認めることで，身体による模倣を，サトルとタツキにとって誘い合う行為として見つめ，共に楽しむという意味を付与して肯定的に捉えている。「まねしてもいいよ」と言える理由を，2人の身体による模倣を通して保育者自身が得ている。

　また，この保育者は，一方の子どもに発現した身体による模倣が，相手に沿いながら相手を分かろうとする力を生み，かつ自己効力感を高める力を生み出していることを感じ取っている。と同時に，模倣し合う他者からも，同じ現象を引き出す力があることをも感じ取っている。サトルとタツキの相互模倣では，双方に，その力が生じることによって，身体的な相互行為が活性化している。このような見方は，北村[6]論のトゥルカナ（北ケニアの牧畜民）の交渉に見られる，他者の身体に共振する能力や共感する能力を引き出す力に通じるものと考えられた。身体による模倣には，他者と共振し共感する力があると同時に，向き合う他者からも共振し共感する現象を引き出す力があることが示される。保育者が，子ども間の身体による模倣に対して，このよ

うな双方向的な過程に意義を認め，そこに意味を付与すれば，「まねしても
いいよ」と言葉に出さなくとも，保育者の醸し出す雰囲気により身体的な相
互行為が活性化されていくだろう。

　以上のように，身体による模倣によって子ども間に生まれる「他者との身
体的な相互行為を活性化させる力」への保育者の援助は，まず，子ども間が
通じ合い，「共に」を感じ合う過程を，子どもの身体による模倣の在り方や
動きから理解し，丁寧に見つめることから始めたい。その際，本研究で明ら
かにされた身体による模倣機能の類型が，行為の解釈の指標として活用でき
る。それを踏まえて，子ども間の「共に」に意味を付与して受け止めること
が，保育者にとって有効な援助の視点になると考えられた。

5.3.2. 自己理解と他者理解を促す力

　身体による模倣には「自己理解と他者理解を促す力」がある。自己理解と
他者理解の過程を活性化する力とも言える。

　本節では，この力について3つの視点から述べる。1つ目は，各模倣機能
別に，自己理解と他者理解の過程の実相を描く視点である。2つ目は，「模
倣される子ども」という視点である。3つ目は，この力の考察から導き出さ
れた「子どもと一緒に変わる身体を意識する」という援助の視点についてで
ある。

　本論文では，自分や他者の存在に気づくことを「自己認識」「他者認識」
とし，自分の行為への意図を持つことや，他者の行為の意図を受け止め理解
することを「自己理解」「他者理解」と捉えてきた。

5.3.2.1). 模倣機能別に見た自己理解と他者理解の実相

　第1章で明らかにされた模倣の機能別に，模倣する自己と模倣される他者
の相互行為の在り方に特化して，身体による模倣がどのような現象を導くの
かをまとめる。機能別の特徴について，自己と他者との相互行為としての身

第 5 章　幼児間の身体による模倣に関する総括的討論　　191

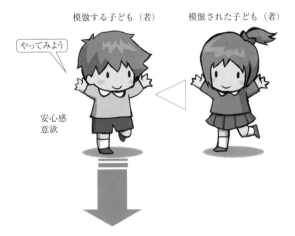

図5-2　「PatternⅠ：行為のはじめのきっかけやタイミングを求める」自己と他者との相互行為のイメージ

体による模倣の役割という視点で図式化する。図式化は，まず事例別の記述に沿って模倣の流れを示し，その後，共通する要因を軸にイメージモデルとして作成した。

　以下では，各類型のイメージモデルについて説明を加え，幼児期の相互行為としての模倣の特徴を述べる。

　「(模倣する子どもにもたらされる機能の) PatternⅠ：行為のはじめのきっかけやタイミングを求める」模倣は，他者を取り込んで自己の安心感や意欲を導く。それは，他者を認識することで自己を認識することである。図5-2のイメージモデルに描いたように，模倣する子どもは，他者をなぞることによってやってみようという安心感や意欲を喚起させている。保育者は，このような身体による模倣の場合，模倣する子どもには主体的な意思やイメージが希薄と捉えがちである。しかし，イメージはあってもそれを表現することが難しいと感じている子どもや，仲間関係が充分に形成されていない子どもにとっては，他者を見て模倣するという行為が，表現するきっかけになる可能

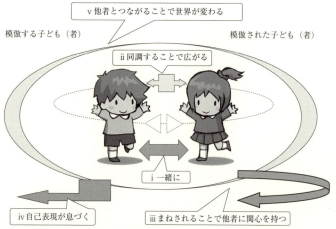

図5-3 「PatternⅡ：行為をなぞらえたやりとりをして楽しむ」
自己と他者との相互行為のイメージ

性がある。他者の行為を通して，無意図的ではあるが自分を勇気付けているようだ。保育者は，これらを相互行為としての身体による模倣によってもたらされる力と受け止めることができる。

「（模倣する子どもにもたらされる機能の）PatternⅡ：行為をなぞらえたりやりとりをしたりして楽しむ」模倣は，他者の動きやリズムに自己を合わせ，互いにつながることを通して，他者を意識し自己表現を導く。それは，他者を認識することで自己を理解し自己を発揮することである。図5-3のイメージモデルには，ⅰ他者と一緒に，ⅱ動きやリズムを同調させることで，ⅲまねされることで他者に関心を持ち，ⅳ自己表現が息づき，ⅴ他者とつながることで世界が変わる様相の5つの機能を描いた。模倣し合うことによって，少しずつ異なった自己認識や他者認識が行われているようであった。そう考えてみると，子どもにとっては，まねし合いっこ自体が遊びになっている場合が多いことも頷ける。模倣をもとに自己と他者が1つの対象にかかわることが，一緒に遊ぶ状況を支えているからであろう。特に身体活動の場合で

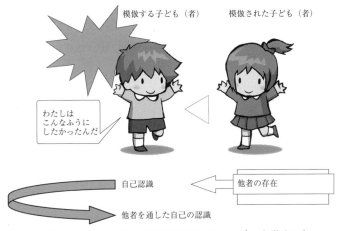

図5-4 「PatternⅢ：自分の行為やイメージを意識する」
自己と他者との相互行為のイメージ

は，子どもは，動きの模倣によって，他児の行為の意図や，活動の進行具合を読み取り，自分の表したいことを見つけている。それによって，イメージを共有させ，皆とつながっていくようであった。また「ⅲまねされることで他者に関心を持つ」場合には，子どもが模倣されることによって，他者への親近感や興味・関心を芽生えさせていた。そこから，他者を受容することと自己を認識することを互恵的とも言えるように作用させている。模倣されることによって，自己と他者の境界が明確でない幼児が，自己と他者を重ね合わせ，その後には，自己と他者を重ねつつも，自己と他者を区別していく過程が導かれることが示唆されたのである。谷村[7]は，自己意識を持つことは自己を「他者の他者」として把握することと述べているが，相互的な身体による模倣は，子どもにとって，この「他者の他者」を体感する機会となっていると考えられた。子どもは，言葉にすると無秩序になるような曖昧さを持ちながらも，模倣によって適度な他者理解を促進させている。保育者は，子ども達のまねし合いっこがもたらす豊かさを感受することによって，子ども

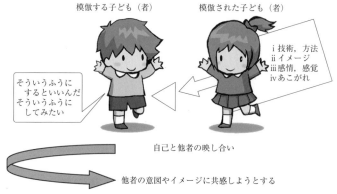

図5-5 「PatternⅣ：自分にないイメージや行為のアイディアを取り込む」自己と他者との相互行為のイメージ

の内面を解釈する可能性が期待できる。

「（模倣する子どもにもたらされる機能の）PatternⅢ：自分の行為，心情やイメージを意識する」模倣は，他者の様子を自己に表すことを通して自己を認識し直す。それは，他者を通した自己認識である。図5-4のイメージモデルに描いたように，子どもは，他者を見てその行為を模倣することによって，「わたしはこんなふうにしていたんだ」と改めて自分の行為の意味を感じ取るようであった。それによって，自己を見つめ直し，変わり，「わたしはこんなふうにしたかったんだ」と新しいものを生み出すきっかけを得ている。模倣しながらも自己を表すことを通して，他者の存在を通した自己認識が促されるのである。

「（模倣する子どもにもたらされる機能の）PatternⅣ：自分にないイメージやアイディアを取り込む」模倣では，自己と他者の映し合いを通して他者の意図をイメージし共感する現象を導く。それは，自己と違う他者を認識し理解することである。図5-5のイメージモデルに描いたように，他者の「ⅰ技術・方法」「ⅱイメージ」「ⅲ感情・感覚」を，そういうふうにするといいん

第5章　幼児間の身体による模倣に関する総括的討論　195

だと感じて自己に取り込む。また，そういうふうにしてみたいという「ivあこがれ」の気持ちから模倣を発現させ，他者の意図やイメージに共感し，自分なりの表現を始める。これらの様相を，自己と他者の映し合いと捉えた。それは，幼児期の身体による模倣が，身体の動きや動きのリズムを媒体とした他者との交渉の役割を担っていると感じられたからである。特に，模倣による他者とのイメージの交流が，結果として一人ひとりの独自な表現を拓いていると考えられ，独自な表現は他者との相互行為のなかで生まれることが示唆された。

5.3.2.2). 「模倣された子ども」という視点から捉えられた自己理解と他者理解

　第1章「(模倣する子どもにもたらされる機能のPatternⅡ：) 動きをなぞらえたり，やりとりをしたりして楽しむ」のなかの「iiiまねされることで他者に関心を持つ」模倣の考察より，模倣の相互関係が日常の人間関係のみに依存せず，新たな人間関係を創り出しているという知見を得た。模倣された子どもは，行為そのものを模倣されたと感じるのではなく，自分そのものをまねされたと感じるようであった。そこで，第4章では，「模倣された子ども」にもたらされる模倣の機能を検討した。模倣されたことによって，他者が自分に働きかけてきたように感じ，閉じていた自分が開き始め，他者と交わる楽しさを感じ始める場面が見られた。そのことは，Nadel et al.[8]が述べる「模倣する者と模倣される者の役割は固定的でなく転換しやすい，子どもは模倣されればされるほど模倣するようになり，模倣されないと模倣しなくなる」という実験からの知見が，保育の場において具現化されたと考えられた。そこから，他者とのかかわりのほどよい広がりは，模倣関係の頻繁な転換に裏付けられることが示唆された。

　再度「模倣される子ども」の様子に関する観察事例を省察する。

　『カズオは紙を巻いて剣を作った後，保育者に「かっこいいね」と言葉をかけられても何も答えずに，一人で剣を持って，テラスを走り回った。ショ

ウゴが，カズオの剣をまねして作り始めた。その後，ショウゴが，その剣の使い方やストーリーを言葉としぐさで，近くにいたタカシと保育者に一生懸命伝えながら，剣を自分の背中に携えるようにして忍者のように走って遊び出した。すると，カズオはその様子をしばらく見た後，タカシをまねして背中に剣を携えて走り出した。その後，カズオは自分の剣を周囲に見せながら，剣を使った戦いのストーリーを語り始めた。そのストーリーに合わせるように，ショウゴと一緒に剣を持って走って遊んだ。(2007.6.18, H幼稚園，3歳児)』

　この事例のカズオは，他者（ショウゴ）に模倣され，自分の行為が名付けられ，その後には一連の文脈として意味付けられたことによって，自分の行為の意図を自身でほどよく理解し，模倣を仕返すことで他者との自然なかかわりが誘発されていた。それによって自らの遊びのストーリーも広がり始めた。このことは，「カウンター模倣」という概念からも裏付けられた。Grusec et al.[9]は，2歳児から5歳児の仲間の間で生じた模倣後の行動のなかに，カウンター模倣と呼ばれる行動が見られることを報告している。カウンター模倣とは，模倣された子どもが模倣を仕返す行為であり，それによって模倣後には，模倣前の遊びのレベルが上昇し，社会的相互作用が発展する役割を持つと報告されている。模倣された子どもが模倣を仕返すという相互行為は，子どもにとって，遊びという流動的で柔軟な時間と空間で発現しやすい模倣であることも本研究で明らかにされた。そこでは，模倣による身体的な相互行為を通して，自他の境界が明確でない幼児が，自他をほどよく重ね合わせ，次いで自他を重ねつつ自他をほどよく区別する過程が導かれている。

　この過程の存在は，模倣が発現しにくい子どもの様子からも逆説的に認められた。『4歳女児の色水遊びの場面（水のなかに植物などを入れて色のついた水を作る）。4人の子が向かい合う位置で立って，お互いの様子を当初はうかがうことなく，各々の思いにかなう色水を作り続けた。カオリの右となりに

立つナオミも，色水を作り始める。ナオミは，他児に比べてやや不器用な様子。花びらの量に対して水量が多いためにきれいな色水が作れない。保育者は，ナオミに，きれいな色水を作っているユウキやリサコのしぐさを見るようにしむけてみる。保育者が「見て」と言うのではなく，保育者自身がユウキやリサコの2人を見ながらそのしぐさを模倣してみる。ナオミは，一度は保育者を見たが，全く気にしない様子で，それまでと同じように水をたっぷりと注ぎ続けた。(2008.5.27，H幼稚園，4歳児)』

　ナオミには，他者を模倣するという行為が発現していない。他者と別の他者が相互に模倣関係を築いていても，ナオミの並行的な遊びの状況には変化が生まれなかった。それは，まずナオミが，自分自身の行為を意識できていないためと思われた。したがってナオミは，他者の行為に自分とは違った意図があることに気づかず，他者の行為を意識的に見ることがない。その結果として他者とのかかわりを築けない状況に陥っている。

　さて，この事例の考察に関連させて，療育という世界に目を向けてみる。療育とは，障害を持つひとへの発達援助である。療育場面においての模倣の役割には，概観すると2つの志向が見られる。一方は，言語訓練法の一環として模倣を扱う場合であり，他者の模倣が社会的意識の出現を促し，言語の量や質を向上させるという役割である。この言語訓練の発想は，他者の動機や意図を配慮した行動の獲得を促すという方法へと応用されている[10,11,12,13]。

　もう一方は，身体意識の形成をもとに自己意識や他者意識の発達を促すプログラムの一環として，身体動作としての模倣を活用するものである。ムーブメント教育[14,15]，ムーブメントセラピー，ダンスセラピーなどに見られる。ダンスセラピー[16]では，身体の「同調（synchronous）」や「共振（sharing）」の経験を促すプログラムによって，身体の関係性から自己を意識させ他者への関心や信頼意識を目覚めさせ，他者の身体を探索し模倣行為の発現を促すことで，コミュニケーティブなジェスチャーの幅を広げる方法を用いる。そこでセラピストが語る言葉は，本事例のナオミの状況を理解するため

の保育者のかかわり方への示唆に富む。以下のコメントの「私」を保育者とし，「彼女」を先の事例のナオミに置き換えて考えてみる。

『私（保育者）は，身体的レベルにおいて彼女（ナオミ）の世界を反映することから始める。私は，彼女と一緒に動くことで彼女の言語を話すことを試みる。最初はより直接的な模倣，つまり私が遅れて応答するのだ。彼女が私の存在を認め，その信頼関係を築いたとき，私は偏った状態から離れ，より相互の対話が知らぬ間に始まっていることを発見した。私達は同調したのだ。』[17]

保育者が「ナオミの言語を話す」とは，「ナオミの身体の動きを模倣する」ことである。保育者はナオミに対して，「やってごらん」と言うのではなく，ナオミの動きに沿ってナオミを模倣し，ナオミと一緒のことをする。それによって，ナオミは保育者という他者の存在を認識し，保育者の意図を共有することで，共にいる感覚を味わう。そこから，同じことをしている自己を認識する。ナオミ自身のしていることをナオミ自身に気づかせるような保育者の模倣行為が，彼女の自己理解と他者理解を促すのである。また，その場合には，保育者は，保育者自身の身体を子どもの身体に柔軟に沿わせるような意識を持ち，子どもの緊張感をほぐし，子どもが自己肯定感を持てるように工夫することが必要となるだろう。

以上，対する2つの事例の考察から，模倣が「自己と他者」間の調整をしたり，あるいは自己ともう1人の自己いわば内なる他者との調整を図ったりする様相が認められた。ここでいう調整の持つ意味を考えるために，模倣された子どもの内面の動きを，図5-6にイメージモデルとして示した。模倣される子どもにとって，他者の意図を正確に理解できなくても，他者に自分に似ているという状況を見せられたり，自分になってくれる他者の存在を感じたりして，「わたしはそんなふうにしていたんだ」と認識し，自分のイメージが他者にもあることを共有していくことこそが，自己理解や自己肯定感を生み出す。調整とは，自己と他者の意図を一致させていくことであり，それ

第5章　幼児間の身体による模倣に関する総括的討論　199

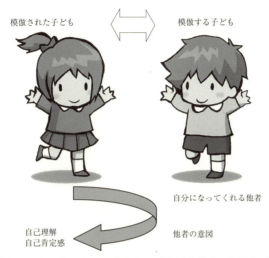

図5-6　模倣されたことによって生まれる「自己と他者の調整」イメージモデル

が，身体による模倣によって紡ぎ出されるほどよさの一端と考えられた。

最後に，近年の脳科学におけるミラーニューロン[註5-1]の知見を視野に入れ

註5-1　ミラーニューロン
　　ミラーニューロンとは，1990年代以降の脳科学における最大の成果ともいわれ，イタリア，パルマ大学のGaresse,Vittorioらによって偶然に発見された。その名前が示唆するように，動物が自ら行動するときと，その行動と同じ行動を他の同種の個体が行っているのを観察しているときの両方で活動電位を発生させる大脳皮質の前頭葉にある神経細胞である。
　　ミラーニューロンは，行動の学習と模倣に貢献するとされ，相手の行為を見た際に，あたかも自分がしているかのようなシミュレーションを実行する作用があるという。このような模倣出現のメカニズムをもとに，ミラーニューロンには相手の出している運動の指令を推測して模倣を行う機能があるのではないかと考えられている（茂木健一郎（2001）心を生みだす脳のシステム，日本放送出版協会，19-38）。
　　また，ミラーニューロンは，心の理論（他者の心的状態の推定），次いで展開されたシミュレーション説とも結び付けられ，他者の意図に関する理解の過程が論じられることが多い。
　　Meltzoffは，心の理論を獲得するための出発は模倣行為にあると主張する（Meltzoff,A.N. (2005) Imitation and other minds : The "Like Me" hypothesis, Hurley, S. & Chater, N. (eds.), *Perspectives on Imitation : From Neuroscience to Social Science,* MIT Press, 2, 55-77）。模倣行為をもとにして，自分を知り，それをもとにして他者の心の理解に至るとしたのである。
　　Gordonは，シミュレーション説を他者の行為の模倣をベースとしているとした（Gordon, R.M. (2005) Intentional agents like myself. Hurley, S & Chater, N. (eds.), *Perspectives on Imitation : From Neuroscience to Social Science,* MIT Press, *2*, 95-106）。そして，ミラーニューロ

る。模倣する側に起こることが模倣される側にも同様に起こるという本研究の考察は，このミラーニューロンの存在が，自分と他者の間で行為の志向性を共有する役割を担い[18]，それらは運動を伴った身体感覚を媒体とするという理論からも裏付けられる。もちろん，ミラーニューロンの働きは他者の行為の知覚であり，模倣行為そのものを詳細に説明する根拠までは得られていない[19]。しかしながら，模倣が発現する要因として，他者の行為を自分の行為としても見ることができるという共感覚的知覚が生起しているという説明ができる点において，本研究における身体による模倣と結び付けて考えることが可能である。そこからは，身体による模倣が，他者を意識するだけでなく，他者と一緒にいる自分を意識することにつながる行為であることが示され，身体による相互の模倣を通じて自分を把握する力と他人を把握する力が同時に育まれていくことが示唆されるのである。身体的な相互行為は，自己の思いや考えを他者に伝えるためだけに行うのではなく，むしろ自己と他者が分かり合うためになされる際に大きな意義を持つのであろう。したがって，身体による模倣を媒体とした他者と相互行為は，言語的なかかわりと身体的なかかわりが混在し，空想と現実を自由に往還できる幼児期にこそ，最も豊かにその機能が発揮されると考えられる。

5.3.2.3). 援助の視点：子どもと一緒に変わる身体を意識する

以上，模倣機能別に見た自己理解と他者理解の4つの機能，及び「模倣された子ども」という視点から捉えられた自己理解と他者理解の獲得過程の考察に総じて言えることは，身体による模倣によって他者を認識することが自

この発見者である Gallese は，他者の気持ちになるときに起きるものが模倣であり，これを支える脳の神経システムの根拠がミラーニューロンの機能であるとした。自閉症スペクトラムの人にはミラーニューロンの欠損があり，それが他者の意図の理解を困難にし，模倣発現を欠如させたりするという仮説を提示することからもうかがえる（Gallese, V., Eagle, M.N., & Migone, P. (2007) Intentional Attunement: Mirror Neurons and the Neural Underpinnings of Interpersonal Relations, *Journal of the American Psychoanalytic Association*, 55, 131-176)。

己を認識し，さらには自己を理解することに結び付いているということだった。他者の起こす変化に対応していくことは，まず自らの身体を通して他者の意識と同化することであり，それは自己と他者の映し合いとも捉えられた。ひとがひとを分かるということは，他者への理解を通して自己を理解することであり，幼児期の身体による模倣行為は，そのような過程を発現させる重要な役割を担っていることが示唆された。

　このことは，森[20]が，Neisser の「対人関係的自己」の論[21]に依拠し，自己知覚がからだの共振を通して知覚される過程の存在を，幼児の遊び事例から明らかにした知見からも裏付けられる。森は，子どもの身体の動きが，社会的な相互作用を通して得られる他者との行為可能性の情報を知覚しており，身体の動きこそが，他者と接触するための媒体とした。そして，人間の認識の発達において，からだの動きには重要な意味があり，「からだの共振」を，双方が随時信号をやりとりし合っている行為と捉えた。この「からだの共振」を，本研究の相互行為としての身体による模倣と同義もしくはそれを含む概念と考えれば，身体による模倣には，他者認識を通した自己認識，他者理解から自己理解という過程が存在することが裏付けられる。

　そこで保育者は，前節（5.3.1.3. 援助の視点：通じ合い，「共に」を感じ合う過程を見つめて意味付ける）でも述べたように，身体による模倣によって，子どもの相互行為が積み上げられていく過程を，見通しを持って読み取り，子どもの模倣行為を受容しなければならないだろう。そのような視点を持つことによって，子どもが様々な行為の過程を通して自らの身体の緊張感をときほぐし，自己肯定感を持てるように工夫することが可能になると考えられる。その場合に，保育者は，身体による模倣を通して，子どもの身体の在り方を敏感に感じ取ることが，子どもの内面を理解するために必要な援助と考えられた。身体で他者を感じる方法の多様さは，本研究において身体による模倣の機能が多様であることからもうかがえる。

　そのためにも，保育者自身の身体を，子どもと一緒に変えていくことが求

められる。具体的には，2つの方向がある。一方では，保育者が，保育者自身の身体を，子どもの身体に柔軟に沿わせ，応答させるイメージを持ち，自身の身体を変えていく意識を持つことである。もう一方は，保育者が，保育者自身の身体を柔軟にすることで，子どもの身体をときほぐし変えていくという意識を持つことである。その意味で，保育者自身も，自らが模倣する存在であり，模倣される存在でもあるという意識を持ち，身体を通した他者理解，自己理解の過程を意識的に経験することが必要と考えられる。

5.3.3. 独自な表現を導く力

身体による模倣には「独自な表現を導く力」を活性化する力がある。

本節では，この力について3つの視点から述べる。1つ目は創造への端緒としての模倣の価値の再認識という視点である。2つ目は，身体による模倣が創り出す世界という視点，3つ目は，この力の考察から導き出された「模倣のできる子どもと捉える」という援助の視点についてである。

5.3.3.1). 創造への端緒としての身体による模倣の価値の再認識

本研究の目的の1つは，創造の源という模倣の位置付け以外のところに模倣の価値を見出すことであった。新たな価値として，すでに前節までに「他者との身体的なコミュニケーションを活性化させる力」「自己理解と他者理解を促す力」の2つの力をまとめた。しかし一方で本研究の考察過程では，身体による模倣には「子どもの独自な表現を導く力」があることが示され，創造への源としての価値が改めて強調された。

例えば，「(模倣する子どもにもたらされる機能のPatternⅣ：) 自分にないイメージや行為のアイディアを取り込む」の場合である。事例やエピソードからは，身体による模倣によって，自分にないイメージや行為のアイディアを取り込み，感情や感覚を取り込み，また他者へのあこがれとして取り込んでいく様子が様々に捉えられた。他者の技術や方法，イメージという部分を取り

込んで自分もしてみるという行為は，模倣の機能としては最も理解しやすい。そこでは，模倣した子どもは，何らかの意図を持っている他者の行為を発見し，その子どもの行為の意図をある程度了解したうえで模倣している。感情や感覚を取り込むとは，他児の様子の楽しさ，何かをしたことでほめられて嬉しそうだなどのように，その子どもの抱いた感情や感覚を味わいたくて模倣行為に至る。それは，素朴な感情のレベルで共感を求める模倣と考えられた。感情こそが，人間の知性の最も高度なレベルに至る役割を果たす一部と見なされ[22]，その一部が創造的なプロセスを創る脳のメカニズムとされる脳科学の知見からも，自分らしさとは，身体による模倣によって他者の感情や感覚を取り込むことからも生まれるという解釈が可能となる。

　また，「（模倣する子どもにもたらされる機能のPatternⅡ：）行為をなぞらえたり，やりとりをしたりして楽しむ」のように，子どもは，他者を一方的に模倣することだけでなく，相互に身体によって模倣し合うという状況を多く創り出すことによって，自身のこころとからだを解放し，そのことによって自分らしい表現を生み出しているという解釈もできた。自分らしい表現，すなわちそのような独自性を導きだす創造力とは，限りなく自由な場から生まれるとは限らず，むしろ制約のあるところから生まれるようであった。その制約のなかで，情報を圧縮させて外に表す過程に，身体による模倣の機能が大きな役割を果たしていると言える。

　以上から，身体による模倣は，創造の端緒であることを再認識させられ，創造と模倣の区別をつけることさえ簡単ではないことが示唆された。

5.3.3.2）．身体による模倣が創造する世界

　第2章において，身体による模倣は，子ども達の間，特に子ども達の遊びに「流行（はやり，ブーム）」を巻き起こす力を有していることが示された。他者に身体で同調する模倣によって「共に」という感覚を味わい，一方で曖昧な部分を残しながら，他者とのかかわりを楽しむことによって，他者との

共感に至る。共に1つのことを行うことによって，遊びに流行を生み出しているようであった。

創造力と言われる力には様々な現れ方があり，そのなかには，複数の人間の相互作用を通した創造を指す「共創」という概念がある[23]。遊びの流行は，「共創」の一端と捉えられる。そこでは他者の存在が重要なきっかけになるのである。

そのことは，創造力が特別な力でなく，だれもが持ちうる能力であることを示唆している。少なくとも幼児期には，どの子どもにも生まれる可能性があると言えるだろう。そのような解釈は，保育者つまり大人が，子どもの身体を敏感に感知できるかどうかにかかわってくるとも言える。独自な表現を導く力としての身体による模倣行為の捉え方として，保育者は，その行為を子ども個人に完結したものとして見るのではなく，関係性から見ることが重要なことも示された。

横山[24]は，Tarde の模倣的人間観の論[25]を説いて，集団の数が増えるほど，個々の成員の自由度は増すとして，集団から自由であることによって理性や意志が守られるのではなく，個人が個性的で創造的であるためには，集団が必要と述べている。個人の創造力や，個性を重視することは，すべてを多様化することではなく，基礎的な部分では他者と同一であることも必要と考えられる。

一方，佐藤[26]は，個性とは表現するものではなく，表現されるものとし，それは個々の身体がすでに個性であるからと述べる。子どもの個性を育むためには，保育者は，子どもが交わりながら育つことに関心を注ぐことが求められるため，今後は，子どもの学びの方法に，身体性を取り戻すことが必要と提言している。

以上，身体による模倣によって，個と個が交歓し，様々な関係を創出することによって，創造力が生まれると考えられた。

5.3.3.3). 援助の視点:「模倣ができる子ども」と捉える

　身体による模倣が，身体性という概念のもとに，子どもの創造的な学びの過程に意義を与えることが示唆された訳であるが，特に，保育における領域「表現」は，それにどのようにかかわるのだろうか。この領域が目ざしているものの1つに，「創造性を豊かにする」ことがあり，感じたことや考えたことを自分なりに表現して楽しむというねらいが掲げられている。本研究における身体による模倣を焦点とした考察から，「自分なり」すなわち自分らしい表現は，限りなく自由な場から生まれるとは限らず，むしろ制約のあるところからも生まれることが示唆された。そこでは，関係性という視点から個人を捉えることが重要なことも示された。これらの点において，領域「表現」のねらい，特に「自分なりに」の持つ意味の理解を深めることができたと考えられる。

　では，そこでの保育者は，身体による模倣行為をどのように捉えたらよいだろうか。

　保育者は子どもの模倣行為に対して，「模倣をしてしまう・模倣しかできない」と捉えるのではなく，「模倣ができる」という視点で見つめたらどうだろうか。それらのことが内包された保育者の経験を以下に記す。

　『アキコとショウコは，いつも，「○○を描こう」「次は○○ね」と相談しながら色も形もそっくりな絵を描いている。たまたま2人が，色と形が少しだけ違う絵を描いたので，私が，それぞれに「アキコちゃんのおうちもかわいいし，ショウコちゃんのおうちもすてき。いろいろな形の屋根やいろいろな色のおうちがあるものね」と話しかけた。まねすることを駄目と言わず，まねっこのなかでのそれぞれの良さを，その都度具体的な言葉で知らせるようにした。そこから，2人がまねし合うなかでの，それぞれの「○○ちゃんみたいに描きたい」という気持ちを認めるようにした。他者と一緒にすることで描く楽しさを味わい，自分で描きたいものを考え表現できるようになっていくようであった。2人の姿から，まねすることは駄目なことではない，

まねすること自体がすごいことかもしれないと私自身が実感として教えられた。(2009.5, R幼稚園, 4歳児)』

　この保育者は, アキコとショウコの模倣し合う姿に対して, 「模倣をしてしまう, 模倣しかできない」と見るのではなく, まず「模倣ができる」関係を好意的に受け止め, 次いで, それぞれが「模倣ができる」力を持っていることによって, それぞれの表現が生まれるという見方をしている。模倣の能力は, 他者との関係を築く力でもある。模倣自体は恥じるべき行為ではなく, 創造よりも簡単で安易なことでもなく, 創造より得る物が少ない行為でもないことを, この保育者は実感としてつかみ取っている。子ども達が模倣をし合うことを, 欠けているものを充足させ合っているという見方でなく, 自分にないものを認めて, 他者からそれを受け取ることを楽しんでいると意義付けて, 子ども達を援助している。

　また, この保育者は, 子どもに発現する身体による模倣を, 創造的な行為との「差」と捉えるのではなく, 「違い」と捉えているとも考えられる。「差」は, 比較する対象によってまちまちで不確かであるが, 「違い」は対象がどうあれ, 違いそのものが変わることはない[27]。「違い」こそが, オリジナルであり個性と考えれば, 個人が創造的であるかどうかは, 他者との差ではなく, 他者との違いによって生まれる。身体による模倣によって, 他者と一緒であることから違いを認識し, 自己を認識する過程が生まれ, そこから自己表現が生まれる。

　子どもにとって, 他者を認め自己を知るという力がなければ, 模倣すらできないのではないか。保育者は, 模倣を通して何かを身につけた結果のみを評価するのではなく, 模倣ができる力をもっと評価してもよいと考える。

第4節　「好ましくない模倣」を考える

　幼児期の模倣のほとんどは, 身体を媒体としており, 他者との相互行為は

第 5 章　幼児間の身体による模倣に関する総括的討論　207

文字通り身体的な相互行為と言えるものであった。幼児期の身体による模倣
行為には，他者との身体的な相互行為を活性化させる力，自己理解と他者理
解を促進させる力，独自な表現を導く力があることが認められ，これらが，
ときにはいずれかに強調的に，ときには相即不離に営まれる。そこで保育者
が保育行為において必要な視点は，通じ合い，「共に」を感じ合うという視
点，保育者自身が子どもと一緒に変わる身体を意識する視点，模倣できる子
どもという捉え方から模倣を評価する視点であることを提言した。そのよう
に考えてみると，「まねしてもいいよ」と言える理由は，保育者側の見方に
こそ大きくかかわると考えられる。

　本研究では，身体による模倣をより積極的に捉えるという目的に沿って，
模倣が良い影響を及ぼしていた，何かが豊かになったと感じられる場面とい
う観点から，保育者によるエピソードを収集したり，観察を行ったりしたた
め，結果として，好ましくない結果を生んだ模倣のエピソードや，模倣に対
する否定的な見方を記述するエピソードは見られなかった。したがって，そ
のような否定的な捉え方の考察を行うこともなかった。

　しかし，子どもの身体による模倣には，意味も分からず，まったく同じよ
うにしてしまう行為も多く，その場合には，大人や強い者が示す権威的な側
面に依存するという非主体的な行為となることも否定できない。幼児の特性
としての「何でもまねする」という模倣性の高さゆえに，保育などの集団の
場で，大人の都合に合わせるようなことが生まれてしまう危険性もあるだろ
う。その危険性への配慮が必要なことを了解し，大人は，子どもの模倣行為
を，コピーや二番煎じと一括りにせずに，また大人の都合に沿わせる管理的
な機能を強要しないようにしたい。身体による模倣を，ひとがひとを分か
り，共にあるためのひとの自然な姿として捉え，子ども同士あるいは子ども
と大人の関係のいずれかにかかわらず，模倣の背後にある動機やその後の変
容に目を向けることが重要であろう。

　また，子ども同士の場合には，模倣することや模倣されることが，からか

いになる場合もあるし，それがいじめの原因や手口になることさえある。さらには，その手口を広く伝播させてしまう力もある[28]。子どもにとって，他者の行為を反面教師として捉えるよりも，そのまま同じことをする方が直接的だろう。また，そのような情報の伝達には，模倣が介在することを，保育者は認識していなくてはならないだろう。

Tarde[29] は，社会の在り方について，「模倣：そのモデルの通りにする」と同時に，「反対模倣：まったく反対のことをする」という概念を視野に入れることを提起している。そこでは，ひとは相互に反対模倣することによって，絶えず同化し合って社会を形成しているとする考えもあるが，一方で，反対模倣が，モデルとなる行為への反発という動機から発現する場合もあり，さらには，無視するという行為によって，ひととひととの関係を歪ませていく場合もあると考えられている。

本研究では，身体による模倣が相互行為に及ぼす好ましい影響という観点で事例収集したため，模倣が相互行為を歪ませ好ましくない結果を生むという機能の検討には至らなかった。しかし，幼児間の模倣行為が，からかい，無視，いじわるなどの要因になる場合や，それらを伝播させる機能があることも否定できない。好ましくない身体による模倣という視点あるいは中立的な視点での両義的な検討が必要となる。このような「好ましくない模倣」の対応を視野に入れるためには，模倣を促進させるものと抑止させるものについての研究が必要[30] と考えられる。本研究における幼児の身体による模倣行為においても，次なる課題の1つとして，子ども達の相互行為のなかの何が模倣を促進し，何が模倣を抑止させているのかを考えていくことが必要である。それによって「まねしてもいいよ」という理由を，より明らかにすることができると考える。

第5節　展望と課題

5.5.1. 展望

　本節では，身体による模倣を発現させる要因は何かという課題に触れる。それは，前節において指摘した，模倣を促進させるものと抑止させるものは何かについての研究の一端になりうるかもしれない。本研究では，この課題への追究は未だ充分ではないが，すでに第2章における模倣の実証的な検討でも用いた「幼児の感性」を，身体による模倣発現の基盤として新たに提案することで，今後の展望をまとめる。

　子どもが何かを表すということの基盤に「感性」が語られることは多い。「いろいろな物の美しさなどに対する豊かな感性を持つ」[31]という領域「表現」のねらいは，感性が生きる力の基礎を支え，それを育むことが幼児期に求められていることを唱え，感性に価値を置いている。

　そこで，鈴木[32]は，「感性」が模倣行為にどのように関連しているのかを検討するために，幼児期の感性尺度の開発を手がかりとして「幼児の感性」の具体化を試みた。

　その結果，図5-7に示すように，幼児の感性が豊かに働いている際の共通点として，「対象を受け止め，自身のなかで構想し，外部に出力する」という3側面が活発に還流して展開することが明らかにされた。それらを「感受と交流」「判断と志向」「創出と伝達」と命名した。五感を拡げて，対象を「受信し」「交流させ」「身体を使って表す」ことを示している。

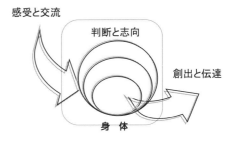

図5-7　幼児期の感性の仕組み

そして，そのような流れが，幼児期には3つの因子「第Ⅰ因子：独自な感受と創出」「第Ⅱ因子：能動的な応答」「第Ⅲ因子：情緒的・道徳的な共感」にまとめられる行動様式として表れていることが明らかにされた。すでに第2章において，「独自な感受と創出」，「能動的な応答」に関連付けた考察がなされたので，本項では，特に「情緒的・道徳的な共感」と身体による模倣の関連を述べる。

「独自な感受と創出」因子において，幼児の場合には，受け止める力と表現力が別の性質や能力として独立した役割を持って捉えられていないことが示された。それは，「能動的な応答」因子に見られるように，子どもが「じっと考え込むよりも動きながら考える」といった能動的な状態にあることが感性の豊かさを引き出すとされていることからもうかがえる。そして，そのような能動的な態度は，外部に対して柔軟に応答できる身体性に支えられていることが明らかにされた。「動きながら考える」という状況を生み出す行為の1つが，身体による模倣と捉えられる。

「情緒的・道徳的な共感」因子は，他者のなかで生きる自分を捉えることを基盤とした共感を示す。そこでは，身体による模倣行為が，共感を促す場合に重要な媒体となっていた。共感とは，他者に感情を移入することによって，思わず一緒に涙を流したり，応援したり助けたりといった他人を顧慮する態度であるが，同時に約束を守るという良識や正義感，「ごめんなさい」や「ありがとう」を言うための良心や協調といった社会的な感受性にも支えられていた。幼児期の道徳的な規範意識やそれを獲得していく過程は，子どもの社会的活動の文化的な模倣行為が必要であり，同時に他者へのおもいやりに通じるものであることが示唆された。共感するということに対して，情緒的であることと道徳的であることには目的としての相違はあるが，志向する方向は共通していると言える。したがって，他者との身体による相互行為が薄ければ，このような感性は鈍くなる。同時に自らを顧みることができなくなり，他者の立場に立つことも，さらに社会と自分とのかかわりを考える

ことも弱くなるのだろう。子どもは，相互行為としての身体による模倣によって他者の行動に沿い，他者になることによって，新たな自分を形成することが明らかにされた。

　以上のように考えてみると，感性とは，自己の内奥にのみ向かうのではなく，他者を含めた社会・環境に向かっており，自己の社会化の程度すなわち自己理解と他者理解の程度が，感性の形成や発揮を規定すると考えられた。その意味で，感性は，他者との相互行為を促進させる基盤となる可能性が見出され，他者との相互行為としての身体による模倣発現の基盤として通じることが認められた。今後，幼児期の感性を背景に相互行為という核によせて，身体による模倣を検討する新たな方向性が見出され，研究の展開のための一視点となると考えられる。

5.5.2.　今後に残された課題

　本研究は，保育現場が抱える身体的な相互行為の不全などの現代的な課題を背景にし，身体による模倣行為の機能を明らかにし，その機能の果たす役割を検証し，それらを総括するために身体による模倣の持つ力についての考察を重ねた。その結果，身体による模倣が，多様な機能を持ち，かけがえのない役割を果たし，幼児期の子どもにとって大きな力を持つ行為であることが示された。そこでは，保育者が感覚的に捉えていた身体による模倣の持つ力を，実相として，さらには理論的に見つめることができた。保育者が子どもを理解するうえでの有用な視点を提示したところに本研究の意義があると言える。次なる視点として，本章第4節で述べたように，子ども達の相互行為の何が模倣を促進し，何が模倣を抑止させているのかを考えていくことが必要であり，それによって「まねしてもいいよ」という理由を，確かにしていきたいと考える。

　そのために，以下の課題が残されている。

　1つ目は，子ども同士の模倣の機能と，対大人への模倣の機能の相違を明

確に示すまでには至らなかった点である。本研究では，乳幼児の知的発達の機序としての模倣でなく，相互行為としての模倣を焦点としようとしたため，子ども同士の模倣機能と，対大人への模倣機能の双方の模倣には共通点が多いことを前提としていた。しかし，他者へのあこがれとして取り込むといった機能に見られるように，子どもにとって，大人である保育者の存在は独特な機能を持つことも自明である。対大人への模倣機能という側面からの考察が，今後求められる。

　2つ目は，1つ目の課題にも関連する。本研究では，身体による模倣に対する保育者の在り様とその援助方法の探究を課題の1つとしたが，実際には子どもの姿に注目する比重が大きかった。子どもの姿の解釈から保育者の援助の視点を導くことに努め，各章で検討がなされたが，保育者側の支援の実証的な考察が充分でなく，援助の方策としての体系を得たとは言えない。同じ様相に見える模倣も，発現から展開への流れが多様で多層なことがうかがえたため，保育者側が子どもから受ける影響も含めてさらに検討したい。

　3つ目は，幼児期の模倣によって得られた力が，どのように持ち越されて生かされるのかという課題に接近するために必要な，発達という視点を加えた保育における実践的な検討が残されたことである。Jones[33]は，乳児における模倣の縦断的な発達調査から，模倣は1つの根本的なメカニズムを備えた1つの行動の能力ではなく，異なるタイプの知識を組み合わせて発現する行為と報告している。本研究で得た模倣機能の類型を用いて，さらなる実証的研究に向かう必要がある。例えば，それぞれの模倣機能がある時期に一斉に機能し始めるのか，あるいは，発達の過程でそれぞれ別の経路で発達していた機能が連携して機能し始めるのかなど，様々な対象や領域との共通点や相違点を探ることを含めた今後の探究が望まれる。前節で提案した幼児の感性を視野に入れた実践的で縦断的な観察を積み重ねることで，新たな発見がもたらされる可能性もある。

第5章　幼児間の身体による模倣に関する総括的討論　213

　以上，残された課題に向けて，保育の場での実践や省察を続けていきたい。今を生きるひとの身体を焦点とした模倣の機能と役割を明らかにしていくことで，幼児期の生活さらには生涯にわたる豊かな生き方を支える礎石が積み上げられていくだろう。

引用・参考文献

[1] 竹内敏晴（1983）子どものからだとことば，晶文社，31

[2] 前掲1，27

[3] 澤田昌人（1996）音声コミュニケーションがつくる二つの世界，菅原和孝・野村雅一編，コミュニケーションとしての身体，大修館書店，243

[4] 菅原和孝（1996）ひとつの声で語ること：身体とことばの「同時性」をめぐって，菅原和孝・野村雅一編，コミュニケーションとしての身体，大修館書店，246-287

[5] 今村薫（1996）同調行動の諸相：ブッシュマンの日常生活から，菅原和孝・野村雅一編，コミュニケーションとしての身体，大修館書店，71-93

[6] 北村光二（1996）身体的コミュニケーションにおける「共同の現在」の経験：トゥルカナの「交渉」的コミュニケーション，菅原和孝・野村雅一編，コミュニケーションとしての身体，大修館書店，288-315

[7] 谷村覚（1993）「他者の他者」としての自己，現代のエスプリ，307，53-62

[8] Nadel-Brulfert, J., Baudonniere. P.M.E. (1982) The social function of reciprocal imitation in 2-year-old peers, *International Journal of Behavioral Development*, 5, 95-109

[9] Grusec, J.E., Abramovitch, R. (1982) Imitation of peers and adults in a natural setting : A functional analysis, *Child Development*, 53 (3), 636-642

[10] 小林重雄・杉田忠男・平野忠夫・坂田よう子（1983）自閉症児の語らい拡大と文構成の訓練における新しい試み，障害児の診断と指導2-6，学苑社，14-20

[11] Toth, K., Dawson, G., Meltzoff. A.N., Greenson, J., & Fein, D. (2007) Early social, imitation, play, and language abilities of young non-autistic siblings of children with autism, *Journal of Autism and Developmental Disorders*, 37 (1), 145-157

[12] Beadle-Brown, J., Whiten, A. (2004) Elicited imitation in children and adults with autism : is there a deficit?, *Journal of Intellectual and Developmental Disability*, 29 (2), 147-163

[13] Meyer, J.A., Hobson, R.P. (2004) Orientation in relation to self and other : The

case of autism, *Interaction studies*, 5 (2), 221-244

14 Frostig,M., 小林芳文訳, (2007) ムーブメント教育・療法, 日本文化科学社

15 小林芳文編著 (1988) ムーブメント教育実践プログラム, コレール社

16 Janet, B. (1978) The study of an autistic child, Costonis, M.N. (ed.) Therapy in Motion, *University of Illinois Press*. 5-34

17 前掲16, 26

18 茂木健一郎 (2001) 心を生みだす脳のシステム, 日本放送出版協会, 197-200

19 佐伯胖 (2008) 模倣の発達とその意味, 保育学研究, 46 (2), 347-357

20 森司朗 (1999) 幼児の「からだ」の共振に関して：対人関係的自己の観点から, 保育学研究, 37 (2), 152-158

21 Neisser, U. (1993) The perceived self, Neisser, U. (ed.), The perceived self : Ecological and interpersonal sources of self-knowledge, *Cambridge University Press*, 3-21

22 茂木健一郎 (2005) 脳と創造性, PHP 研究所, 96

23 前掲22, 107

24 横山滋 (1991) 模倣の社会学, 丸善ライブラリー, 179-189

25 Tarde, J.G., 池田祥英・村澤真保呂訳 (2007) 模倣の法則, 河出書房新社

26 佐藤学 (1997) 学びの身体技法, 太郎次郎社, 47-49

27 鈴木裕子 (2009) 子どもの表現と保育者の援助, 榎沢良彦編, 保育内容・表現, 第三版, 同文書院, 149

28 前掲24, 21-24

29 前掲25

30 前掲24, 232-234

31 平成21年幼稚園教育要領・保育所保育指針における感性と表現に関する領域「表現」の「ねらい」(2010), 1

32 鈴木裕子 (2009) 幼児期の感性を具体化する試み：幼児の感性尺度の開発を手がかりとして, 保育学研究, 47 (2), 132-142, 第 3 章：脚註3-1参照

33 Jones, S. S. (2007) Imitation in infancy : The development of mimicry, *Psychological Science*, 18 (7), 593-599

引用・参考文献

【A】

Abramovitch, R., Grusec, J.E. (1978) Peer imitation in natural setting, *Child Development*, 49 (1), 60-65

明石要一・新井誠 (1990) 子どもの流行, 深谷昌志・深谷和子編著, 子ども世界の遊びと流行, 現代心理学ブックス, 85-106

穐丸武臣 (2003) 幼児の運動遊び, 子どもと発育発達, 1 (3), 161-164

穐丸武臣 (2007) 保育者養成の立場からの提言, 子どもと発育発達, 5 (1), 21-24

麻生武 (1996) ファンタジーと現実, 金子書房

麻生武 (1997) 乳幼児期の"ふり"の発達と心の理解, 心理学評論, 40 (1), 41-56

麻生武 (1992) 身ぶりからことばへ, 新曜社

麻生武 (2003) ことばの背景としてのからだ, 麻生武, 浜田寿美男編, からだとことばをつなぐもの, ミネルヴァ書房, 51-68

朝岡正雄 (2005) 動きの模倣とイメージトレーニング, バイオメカニクス学会誌, 29 (1), 31-35

阿部初代 (1985) 幼児の身体表現, 清水印刷, 12-13

尼ヶ崎彬 (1990) ことばと身体, 勁草書房, 211-212

尼ヶ崎彬 (2003) なぞりとなぞらえ：身体的模倣とコミュニケーション, 模倣と創造のダイナミズム, 山田奨治編, 勉誠出版, 49-66

【B】

Bandura, A., 原野広太郎訳 (1975) モデリングの心理学：観察学習の理論と方法, 金子書房

Bandura, A., 原野広太郎訳 (1979) 社会的学習理論：人間理解と教育の基礎, 金子書房

Bates, L.E. (1975) Effects of a child's imitation versus nonimitation on adult's verbal and nonverbal positivity, *Journal of Personality and social Phychology*, 31, 840-851

Beadle-Brown, J., Whiten, A. (2004) Elicited imitation in children and adults with autism: is there a deficit?, *Journal of Intellectual and Developmental Disability*, 29 (2), 147-163

Brownell, C.A., & Kopp, C.B. (2007) Transitions in Toddler Socioemotional Development: Behavior, Understanding, Relationships. In Brownel, C.A. & Kopp, C.B. (Eds.) *Socioemotional Development in the Toddler Years*. Guilford. 66-99

【C】

Condon, W.S., Sander, L.W. (1974) Synchrony demonstrated between movements of the neonate and adult speech, *Child Development*, 45 (2), 456-462

千葉浩彦（1990）むかう感情・ゆれる感情，佐伯胖・佐々木正人編，アクティブ・マインド：人間は動きのなかで考える，東京大学出版会，128-140

【D】

デ・ベ・エリコニン（1989）幼稚園期の子どもの遊びの心理的諸問題，ごっこ遊びの世界，神谷栄司訳，法政大学出版局，154-156

【E】

Ekman, P., Friesen, W.V. (1969) The repertoire of nonverbal behavior: Categories, origins, usage, and coding, *Semiotica*, 1 (1), 49-98

エリ・ペ・ストレルコワ（1989）芸術作品の作用にもとづく感情移入の発達の条件，ごっこ遊びの世界，神谷栄司訳，法政大学出版局，162-208

榎沢良彦（1997）園生活における身体の在り方：主体身体の視座からの子どもと保育者の行動の考察，保育学研究，35 (2)，258-265

榎沢良彦（1998）子どもの行動空間と身体性：生きられる空間の視座からの子どもの行動の解釈，保育学研究，36 (2)，177-184

榎沢良彦（2004）生きられる保育空間：子供と保育者の空間体験の解明，学文社

遠藤純代（1995）遊びと仲間関係，麻生武・内田伸子編，講座 生涯発達心理学２，人生への旅立ち：胎児・乳児・幼児期前期，金子書房，229-263

遠藤純代（2003）乳幼児の仲間に対する模倣（１），人文論究，72，北海道教育大学函館人文学会編，87-101

遠藤利彦（2002）問いを発することと確かめること：心理学の方法論をめぐる一試論・私論，下山晴彦・子安増生編，心理学の新しいかたち，誠信書房，47

遠藤利彦（2007）イントロダクション：「質的研究という思考法」に親しもう，遠藤利彦・坂上裕子編，はじめての質的研究法，東京図書，19

【F】

Forman, D.R., Aksan, N., & Kochanska, G. (2004) Toddlers' responsive imitation predicts preschool-age conscience, *Psychological Science*, 15 (10) , 699-704

Frostig, M., 小林芳文訳, (2007) ムーブメント教育・療法, 日本文化科学社

藤井美保子 (1999) コミュニケーションにおける身振りの役割：発話と身振りの発達的検討, 教育心理学研究, 47 (1), 87-96

藤岡喜愛 (1938) イメージ：その全体像を考える, 日本放送出版協会

藤野友紀 (2008) 遊びの心理学：幼児期の保育課題. 石黒広昭編, 保育心理学の基底, 萌文書林, 116-148

古市久子 (1995) 幼児の身体表現活動における諸側面についての一考察, エデュケア 16, 大阪教育大学幼児教育教室, 19-25

古市久子, 横山勝彦 (1996) 身体学習における『模倣』の構造：幼児教育と武道の技能獲得過程の類似点を通して, 大阪教育大学紀要第Ⅳ部門, 45 (1), 59-72

古市久子 (1998) 幼児におけるダンス模倣の過程について, 大阪教育大学紀要第Ⅳ部門, 46 (2), 193-206

【G】

Gallese, V., Eagle, M.N., & Migone, P. (2007) Intentional attunement: Mirror Neurons and the neural underpinnings of interpersonal relations, *Journal of the American Psychoanalytic Association*, 55, 131-176

Gaston, E.T. (1968) Music in Therapy, *The Macmillan Company*, 17-19

Gibson, J.J. (1979) The echological approach to visual perception, *Houghton Mifflin*, 古崎敬他訳 (1989) 生態学的視覚論, サイエンス社

Gordon, R.M. (2005) Intentional agents like myself. Hurley, S & Chater, N. (eds.), *Perspectives on Imitation: From Neuroscience to Social Science*, MIT Press, 2, 95-106

Grusec, J.E., Abramovitch, R. (1982) Imitation of peers and adults in a natural setting: A functional analysis, *Child Development*, 53 (3), 636-642

【H】

浜田寿美男訳編 (1983) ワロン／身体・自我・社会, ミネルヴァ書房

浜田寿美男 (1994) ピアジェとワロン：個的発想と類的発想, ミネルヴァ書房

浜田寿美男 (1998) 私のなかの他者, 金子書房, 32-33, 53-99

218

浜田寿美男（1999）「私」とは何か，講談社，108-109，151-162，163-176

浜田寿美男（2002）身体から表象へ，ミネルヴァ書房，59-76，76-82，96-97

浜田寿美男（2005）「私」をめぐる冒険，洋泉社，54-101

平成21年幼稚園教育要領・保育所保育指針における感性と表現に関する領域「表現」
　の「ねらい」（2010），1

【I】

池上貴美子（1998）早期乳児の顔の模倣の発生的機序に関する研究，風間書房

池田裕恵（2003）子ども，それは想像する存在，子どもと発育発達，1（3），179-180

生田久美子（1987）「わざ」から知る，東京大学出版会，77-82

石田春夫（1989）「ふり」の自己分析：他者と根源自己，講談社

板倉聖宣（1978）模倣と創造，仮説社

市川浩（1975）精神としての身体，勁草書房

市川浩（1985）＜身＞の構造：身体論を超えて，青土社

井上知香（2008）共振的かかわりにみる保育者の身体的応答性：「揺らぎ」と「揺る
　ぎなさ」の存在，人間文化創成科学論叢，11，349-357

井上洋平（2007）幼児期におけるふり行動の発達的研究：ふり行動の二重性に関する
　一考察，立命館産業社会論集，43（1），77-93

今村薫（1996）同調行動の諸相：ブッシュマンの日常生活から，菅原和孝・野村雅一
　編，コミュニケーションとしての身体，大修館書店，71-93

岩田純一（1998）＜わたし＞の世界の成り立ち，金子書房，132-143

【J】

Janet, B. (1978) The study of an autistic child, Costonis, M.N. (ed.) Therapy in Mo-
tion, *University of Illinois Press,* 5-34

Jones, S.S. (2007) Imitation in infancy: The development of mimicry, *Psychological
Science,* 18 (7), 593-599

J.S. ブルーナー（2004）教育という文化，岡本夏木・池上貴美子・岡村佳子訳，岩波
　書店，52 (Bruner, J (1996) The Culture of Education. *Harvard University
Press*)

【K】

片岡牧子（1991）幼児の身体運動による表現に与える模倣と物語化教材の効果に関す

引用・参考文献　219

る一考察，日本保育学会第44回大会発表論文集，320-321

加藤繁美（2007）対話的保育カリキュラム＜上＞，理論と構造，ひとなる書房，134-144

金子明友訳（1981）スポーツ運動学，大修館書店，175-190

金子明友訳（1998）マイネル遺稿，動きの感性学，大修館書店，85-103

金子智恵（2005）「わたし」のなかの他者：自己意識の形成に及ぼす「他者性」の重要性，梶田叡一編，自己意識研究の現在 2，ナカニシヤ出版，203-226

岸太一（2003）感情的共感と同化行動に関する研究，早稲田大学大学院人間科学研究科博士論文（未刊行）

北村光二（1996）身体的コミュニケーションにおける「共同の現在」の経験：トゥルカナの「交渉」的コミュニケーション，菅原和孝・野村雅一編，コミュニケーションとしての身体，大修館書店，288-315

木幡順三（1980）美と芸術の論理，勁草書房，171-175

木下孝司（1998）"ふり"が通じ合うとき，秦野悦子・やまだようこ編，コミュニケーションという謎，ミネルヴァ書房，151-172

鯨岡峻（1997）原初的コミュニケーションの諸相，ミネルヴァ書房，103-117

鯨岡峻（2006）ひとがひとをわかるということ，ミネルヴァ書房，266-275

鯨岡峻・鯨岡和子（2007）保育のためのエピソード記述入門，ミネルヴァ書房，7-8

國本桂史（2003）子どもが熱中する遊び，子どもと発育発達，1(3)，157-160

小林寛道（1990）幼児の発達運動学，ミネルヴァ書房，267-270

小林重雄・杉田忠男・平野忠夫・坂田よう子（1983）自閉症児の語らい拡大と文構成の訓練における新しい試み，障害児の診断と指導2-6，学苑社，14-20

小林登（2000）育つ育てるふれあいの子育て，風濤社

小林登（2008）胎児・新生児の「動き」から「心と体」の関係を考える：母子間のエントレインメントも含めて，人体科学，17，1-8

小林芳文編著（1988）幼児のためのムーブメント教育実践プログラム，コレール社

近藤充夫（2007）保育者養成過程における「保育内容」の歴史的変遷と今後の課題，子どもと発達発育，5(1)，10-13

【L】

Lukacs, G., 城塚登，高幣秀和訳（1979）芸術の哲学，紀伊國屋書店，51-195

【M】

McEwen, F., Happé, F., Bolton, P., Rijsdijk, F., Ronald, A., Dworzynski, K., & Plomin, R. (2007) Origins of individual differences in imitation-links with language, pretend play, and socially insightful behavior in two-year-old twins, *Child Development*, 78 (2), 474-492

Mead, H.G. (1934) Thought, communication, and the significant symbol, MorrisW.C. (ed.), Mind self and society from the standpoint of a social behaviorist, *The University of Chicago Press*, 68-75

Meinel, K.B. (1960) Volk und Wissen Volkseigener Verlag, 金子明友訳 (1981) スポーツ運動学, 大修館書店, 175-190

Meinel, K.B. (1960) Astbetik der Bewegung, 金子明友訳 (1998) マイネル遺稿, 動きの感性学, 大修館書店, 85-103

Meltzoff, A.N. (2005) Imitation and other minds: The "Like Me" hypothesis, Hurley, S. & Chater, N. (eds.), *Perspectives on Imitation: From Neuroscience to Social Science*, MIT Press, 2, 55-77

Meltzoff, A.N., Moore, M.K. (1977) Imitation of facial and manual gestures by human neonates, *Science, New Series*, 198 (4312) , 75-78

Meyer, J.A., Hobson, R.P. (2004) Orientation in relation to self and other: The Case of Autism, *Interaction Studies*, 5 (2), 221-244

牧亮太 (2009) 幼児のコミュニケーションの一様式としてのからかい：観察・エピソード分析による多角的検討, 乳幼児教育学研究, 18, 31-40

正高信男 (2001) 子どもはことばをからだで覚える, 中公新書, 76-79

増澤菜生 (2008) 非言語療法に関する研究：ナラティヴを生み出す三項関係とMSSM, 現代社会文化研究, 41, 45-62

増山真緒子 (1991) 表情する世界：共同主観性の心理学, 新曜社, 119-135

松井愛奈・無藤隆・門山睦 (2001) 幼児の仲間との相互作用のきっかけ：幼稚園における自由遊び場面の検討, 発達心理学研究, 12 (3), 195-205

松尾太加志 (1999) コミュニケーションの心理学, ナカニシヤ出版, 1-3

松岡心平 (1995) 芸の伝承：想像力の共同体, 佐伯胖・藤田英典・佐藤学編, 表現者として育つ, 東京大学出版会, 159-192

箕浦康子 (1999) フィールドワークの技法と実際：マイクロ・エスノグラフィー入門, ミネルヴァ書房, 2-20

宮崎清孝 (1989) 世界の生成と「感情」という問題, 発達, 38, 70-78

無藤隆（1996）身体知の獲得としての保育，保育学研究，34(2)，144-151

無藤隆（1997）協同するからだとことば，金子書房，161-176

無藤隆（2003）保育実践のフィールド心理学の研究の進め方と枠組み，無藤隆・倉持清美編，保育実践のフィールド心理学，北大路書房，8-19

村上隆夫（1998）模倣論序説，未來社，5-21

茂木健一郎（2001）心を生みだす脳のシステム，日本放送出版協会，197-200

茂木健一郎（2003）意識とはなにか，ちくま新書，134-135

茂木健一郎（2005）脳と創造性，PHP研究所

本山益子（2003）子どもの身体表現の特性と発達，西洋子・本山益子・鈴木裕子・吉川京子，子ども・からだ・表現，市村出版，19

森司朗（1999）幼児の「からだ」の共振に関して：対人関係的自己の観点から，保育学研究，37(2)，152-158

【N】

Nadel-Brulfert, J., Baudonniere, P.M.（1982）The social function of reciprocal imitation in 2-year-old peers, *International Journal of Behavioral Development,* 5, 95-109

Neisser, U.（1993）The perceived self, Neisser, U.（ed.），The perceived self : Ecological and interpersonal sources of self-knowledge, *Cambridge University Press,* 3-21

内藤哲雄（2001）無意図的模倣の発達社会心理学：同化行動の理論と社会心理学，ナカニシヤ出版

名須川知子（1997）幼児前期の身体から派生する表現活動に関する研究，兵庫教育大学研究紀要，17(1)，115-122

名須川知子（2006）保育内容「表現」論，ミネルヴァ書房，111-125

中澤潤（2006）発達研究における量的なアプローチ・質的なアプローチ，発達，27(105)，2-9

西洋子・本山益子（1998）幼児期の身体表現の特性Ⅰ：動きの特性と働きかけによる変化，保育学研究，36(2)，157-169

西洋子・柴眞理子（2001）身体表現活動の場での共振の発現可能性，表現文化研究1(1)，24

西洋子（2002）身体によるインタラクティブなコミュニケーション，神戸大学大学院人間科学研究科博士論文（未刊行），14

西澤範夫（1998）子どもが論理をつくる「教育の厳選」，美育文化，54

【O】

岡野満里・丹羽劭昭（1976）幼児のリズム・パターンへの同期に関する発達的研究，体育学研究，20(4)，221-230

岡林典子（2003）生活の中の音楽的行為に関する一考察：応答唱＜かーわってー・いいよー＞の成立過程の縦断的観察から，保育学研究，41(2)，210-217

岡本夏木（2005）幼児期：子どもは世界をどうつかむか，岩波書店，85-91

岡本拡子（1998）保育者と子どもたちの間でかわされる音楽的なことばのやりとり，保育学研究，36(1)，28-35

奥美佐子（2004）幼児の描画過程における模倣の効果，保育学研究，42(2)，163-174

【P】

Piaget. J., 大伴茂訳（1968）模倣の心理学，黎明書房

Piaget. J., 中垣啓訳（2007）ピアジェに学ぶ認知発達の科学，北大路書房

【R】

Rachman, S. (1997) The best of behaviour research and therapy, *Elsevier Science*

【S】

Sike, G.B., 岡田陽・高橋孝一訳（1973）子供のための創造教育，玉川大学出版部，6-7

Stipek, D.J., 馬場道夫監訳（1990）やる気のない子どもをどうすればよいか，二瓶社，297

齋藤孝（2003）コミュニケーション力，岩波新書，74

佐伯恵子（1983）子どもの「自己」の発達．東京大学出版会，64-76

佐伯胖（1987）補稿，なぜ，今「わざ」か，生田久美子，「わざ」から知る，東京大学出版会，150

佐伯胖（2007）共感：育ち合う保育のなかで，ミネルヴァ書房，1-37

佐伯胖（2008）模倣の発達とその意味，保育学研究，46(2)，347-357

佐伯胖・藤田英典，佐藤学（1995）表現者として育つ，東京大学出版会，159-192

佐々木正人（1987）からだ：認識の原点，東京大学出版会，vii- x

佐々木玲子（2003）子どもの動作リズムとタイミング，子どもと発育発達，1(5)，301

引用・参考文献　223

佐藤眞子（1996）乳幼児期の人間関係，人間関係の発達心理学2，培風館

佐藤学（1995）「表現」の教育から「表現者」の教育へ，佐伯胖・藤田英典・佐藤学編，表現者として育つ，東京大学出版会，221-238

佐藤学（1997）学びの身体技法，太郎次郎社，47-49

佐藤学（2000）プロムナード・身体をめぐる断章，栗原彬・小森陽一・佐藤学・吉見俊哉編，越境する知1　身体：よみがえる，東京大学出版会，2

澤田昌人（1996）音声コミュニケーションがつくる二つの世界，菅原和孝・野村雅一編，コミュニケーションとしての身体，大修館書店，243

柴紘子・柴真理子（1981）動きの表現，星の環会，まえがき，57-71，18-23

柴眞理子（1993）身体表現：からだ・感じて・生きる，東京書籍，122-141

柴山真琴（2006）子どもエスノグラフィー入門，新曜社，192-196

清水満（1997）共感する心、表現する身体，新評論，73-77

白川佳代子（2003）スクイグル・ゲームと言語獲得：「環境としての母親」と「遊びフォーマット」について，臨床描画研究，18，22-23

菅原和孝（1996）コミュニケーションとしての身体，菅原和孝・野村雅一編，コミュニケーションとしての身体，大修館書店，8-16

菅原和孝（1996）ひとつの声で語ること：身体とことばの「同時性」をめぐって，菅原和孝・野村雅一編，コミュニケーションとしての身体，大修館書店，246-287

杉原隆・森司郎・吉田伊津美（2004）2002年の全国調査から見た幼児の運動能力，体育の科学，54，161-170

杉原隆・森司郎・吉田伊津美（2004）幼児の運動能力発達の年次推移と運動能力発達に関与する環境因子の構造分析，平成14-15年度文部科学省科学研究費補助金（基盤研究B）研究成果報告書

鈴木裕子・西洋子・本山益子・吉川京子（2002）幼児の身体表現あそびにみられる物語展開の過程，名古屋柳城短期大学紀要，24，117-127

鈴木裕子・西洋子・本山益子・吉川京子（2002）幼児期における身体表現の特徴と援助の視点，舞踊学，25，23-31

鈴木裕子（2003）幼児の身体表現あそびにみられる物語展開の過程（2）：図式の適応とその利用，名古屋柳城短期大学紀要，25，93-102

鈴木裕子（2004）幼児の身体表現あそびにみられる物語展開の過程（3）：模倣の意味に着目して，日本保育学会第57回大会発表文集，510-511

鈴木裕子・鈴木英樹・上地広昭（2005）幼児の身体活動評価尺度の開発：子どもアクティビティ尺度，体育学研究，50（5），557-568

鈴木裕子（2005）幼児の身体表現における模倣の意味：物語展開過程における検討，名古屋柳城短期大学紀要，27，83-92

鈴木裕子（2006）幼児の身体表現における模倣の機能，日本保育学会第59回大会発表論文集，610-611

鈴木裕子（2007）幼児期の身体的表現における模倣の豊かさ，日本保育学会第60回大会発表論文集，726-727

鈴木裕子（2007）身体的コミュニケーションとしての模倣に関する論考，名古屋柳城短期大学研究紀要，29，119-133

鈴木裕子（2008）幼児の身体表現活動において発現する双方向的な模倣の機能，名古屋柳城短期大学研究紀要，30，115-123

鈴木裕子（2008）幼児期における感性の果たす役割：模倣発現を基盤として，日本保育学会第61回大会発表論文集，634

鈴木裕子（2008）幼児の自己表現とそれを受容する視点：模倣行為を焦点として，第9回日本人権教育研究学会研究大会発表抄録

鈴木裕子（2008）幼児期の身体的な模倣の機能の検討：模倣される子どもを焦点として，日本乳幼児教育学会第18回大会研究論文集，40-41

鈴木裕子（2009）幼児の身体的コミュニケーションにおける模倣の機能，教育実践学論集，10，57-67

鈴木裕子（2009）幼児の身体活動場面における模倣の役割に関する事例的検討，発育発達研究，42，24-32

鈴木裕子（2009）幼児期における模倣機能の類型化の有効性：幼児の身体表現活動を焦点とした検討，子ども社会研究，15，123-136

鈴木裕子（2009）幼児期における身体による模倣の意味：相互行為としての模倣を焦点として，人権教育研究，9，26-40

鈴木裕子（2009）保育において身体による模倣を論じる意義，名古屋柳城短期大学研究紀要，31，99-113

鈴木裕子（2009）幼児の感性を具体化する試み：幼児期の感性尺度の開発を手がかりとして，保育学研究，47（2），132-142

鈴木裕子（2009）子どもの表現と保育者の援助，榎沢良彦編，保育内容・表現，第三版，同文書院，149

鈴木裕子（2012）模倣された子どもにもたらされる身体による模倣の機能と役割，保育学研究，50（2），141-153

鈴木裕子（2015）5歳児における子ども間の相互行為：仲間づくりの方略に着目し

て，愛知教育大学教育創造開発機構紀要，5，11-18

砂上史子（2000）ごっこ遊びにおける身体とイメージ：イメージ共有として他者と同じ動きをすること，保育学研究，38(2)，177-184

砂上史子・無藤隆（1999）子どもの仲間関係と身体性：仲間意識の共有としての他者と同じ動きをすること，乳幼児教育学研究，8，75-84

砂上史子・無藤隆（2002）幼児の遊びにおける場の共有と身体の動き，保育学研究，40(1)，64-74

砂上史子（2007）幼稚園における幼児の仲間関係と物との結びつき：幼児が「他の子どもと同じ物を持つ」ことに焦点を当てて，質的心理学研究，6，6-24

砂上史子（2011）幼稚園の葛藤場面における子どもの相互行為：子どもが他者と同じ発話をすることに注目して，子ども社会研究，17，23-36

関根和生（2008）自発的身振りの発達に関する心理学的研究の展望：幼児期の変化を中心に，教育心理学研究，56(3)，440-453

瀬野由衣（2010）2～3歳児は仲間同士の遊びでいかに共有テーマを生み出すか：相互模倣とその変化に着目した縦断的観察，保育学研究，48(2)，157-168

【T】

Toth, K., Dawson, G., Meltzoff. A.N., Greenson, J., & Fein, D. (2007) Early social, imitation, play, and language abilities of young non-autistic siblings of children with autism, *Journal of Autism and Developmental Disorders*, 37(1), 145-157

高橋たまき（1998）ふり遊びにおけるメタ・コミュニケーション能力の発達，科学研究費補助金成果報告

竹内敏晴（1975）ことばが劈かれるとき，思想の科学社

竹内敏晴（1983）子どものからだとことば，晶文社，27-31

竹内敏晴（1999）教師のためのからだとことば考，ちくま学芸文庫

竹宮惠子（2003）模倣が育てる創造の土壌，山田奨治編，模倣と創造のダイナミズム，勉誠出版，17-48

谷村覚（1993）「他者の他者」としての自己，現代のエスプリ，307，53-62

【U】

宇田川久美子（2004）「自閉症児の心の世界」への参入と統合保育における共生の可能性：「モノ的世界」と「ヒト的世界」の橋渡しを手がかりにして，保育学研究，42(1)，59-70

宇田川久美子（2008）障碍児と「共に生きる」保育：自閉傾向のある子どもとのかかわりを通して，青山学院大学大学院文学研究科博士論文（未刊行）

内田伸子（1994）想像力，講談社，7-10

【W】

Wehman, P. (1977) Imitation as a facilitator of treatment for the mentally retarded, 田嶋善郎訳, 精神薄弱児指導における模倣学習, リハビリテーション研究, 25, 2-10

若林文子・安藤幸・信本昭彦（2000）幼児の模倣運動に関する発達的研究：単独運動と協同運動の比較，広島女子大学子ども文化研究センター，5，1-14

鷲田清一（1998）悲鳴をあげる身体，PHP 研究所，16-36

鷲田清一（2005）表象としての身体，大修館書店，211

渡辺江津（1974）新訂舞踊創作の理論と実際，明治図書出版，32-34

渡辺富夫（1985）成人間コミュニケーションにおけるエントレインメント（音声 - 体動同期現象）の分析，情報処理学会論文誌，26 (2)，272-277

渡辺富夫（1999）エントレインメントと親子の絆，正高信男編，赤ちゃんの認識世界，ミネルヴァ書房

渡辺富夫（2005）身ぶりは口ほどにものを言う，長尾真編，ヒューマン・インフォマティクス，工作舎，85-104

【Y】

やまだようこ（1987）ことばの前のことば，新曜社

やまだようこ（1996）共鳴してうたうこと・自身の声がうまれること，菅原和孝・野村雅一編，コミュニケーションとしての身体，大修館書店，40-70

山本登志哉（2000）群れ始める子どもたち：自律的集団と三極構造，岡本夏木・麻生武編，年齢の心理学：0 歳から 6 歳まで，ミネルヴァ書房，103-141

山本弥英子（2002）幼児間の会話の発達過程―遊びの分類・会話の集団的形態・伝達特徴による検討―，龍谷大学教育学紀要，創刊号，35-51

山本弥栄子（2007）子ども同士の言語的コミュニケーションにおける一考察：会話の自然発生的過程の検討，創発：大阪健康福祉短期大学紀要，5，51-60

淀川裕美（2010）2-3 歳児における保育集団での対話の発達的変化：「フォーマット」の二層構造と模倣 / 非模倣の変化に着目して，乳幼児教育学研究，20，95-107

横山滋（1991）模倣の社会学，丸善ライブラリー

謝　　辞

　本稿の中心は，2010年，兵庫教育大学大学院連合学校教育学研究科，学校教育実践学専攻教育臨床領域における博士論文「保育における幼児の模倣行為の機能と役割」です。その後，特に「模倣された子ども」に焦点を当てた研究を進め，それらを加え，全体を加筆修正し，本書に至りました。

　次世代に生きる子ども達の生き生きとしたからだや感動するこころを育てたいという大きな夢を描き，子ども達の動くからだと動くこころ，この双方向のかかわりを大切に考えてきました。みんなちがってみんないい・・・そんな保育の視点を見つけられたらと，子どもを愛しながらも保育に悩む保育者の方々のすばらしき感覚を僅かでも客観化できたらと，不遜な願いを抱いて身体による模倣の研究を始めました。今後は得られた成果を発展させられるよう，微力ながら研究を続けていきたいと思います。

　兵庫教育大学・名須川知子教授には，博士課程指導教授として，いつも適切な指導と多くの貴重な助言をいただきました。私の博士課程への入学希望を快諾いただき，その後も，終始，温かく励まし続けてくださいました。私の曖昧で断片的な仮説を的確な言葉にしてくださり，論文へと導いてくださいました。そして，いつもお祈りくださいました。先生の直感的とも思えるひらめきのおかげで，そのなかの一編の論文は日本保育学会研究奨励賞を戴くことができました。ご指導いただいたことを今後の研究や教育に生かし精進していくことで，ご恩に報いようと誓っております。

　岡山大学・高橋敏之教授，岡山大学（元兵庫教育大学）・渡邉満教授，上越教育大学・鈴木情一教授，兵庫教育大学（元鳴門教育大学）・橋川喜美代教授，鳴門教育大学・浜崎隆司教授，元兵庫教育大学・田中亨胤教授には，博士候補認定試験・論文審査・論文指導等において多くのご指導を賜りまし

た。学位論文としての方向性や構成の在り方に留まらず，用語の定義，事例の分析，表記など細部に渡る貴重なご教示を賜りました。厚く御礼申し上げます。

兵庫教育大学名須川ゼミの皆様，名古屋柳城短期大学の教職員の皆様，愛知教育大学幼児教育講座の皆様から頂いた有形無形のご支援，ご厚情に深く感謝申し上げます。

そして，幼稚園，保育所の子ども達，保育者の皆様には，実践や調査に快くご協力いただきました。お名前のすべてを挙げられないほど多くの方々のご協力なくして，本研究は成し得ませんでした。本当にありがとうございました。

また，本書中のイラストは，模倣研究を学会等で発表する際にスライドやポスター内で用いたものです。これらのイラストを作成してくれた石原亜由子さん，いつも無理を聞いていただき，感謝しています。

本書の出版は，独立行政法人日本学術振興会平成28年度科学研究費助成事業，科学研究費補助金，研究成果公開促進費「学術図書」（課題番号16HP5198）の交付を受けています。出版に際して，風間書房，風間敬子代表取締役には，力強い励ましや的確なアドバイスを頂きました。このご縁を嬉しく感じ，心より感謝申し上げます。

最後に，どんなときも見守り支えてくれた夫・英樹，いつも応援し協力し続けてくれた息子・大輝，良順，母と義母に感謝の言葉を綴ります。

2016年10月吉日

鈴木裕子

著者略歴

鈴木　裕子（すずき　ゆうこ）

1983年　愛知教育大学教育学部卒業
1985年　愛知教育大学大学院教育学研究科（修士課程）修了
2010年　兵庫教育大学大学院連合学校教育学研究科学校教育実践学専攻
　　　　（博士課程）修了　博士（学校教育学）
名古屋柳城短期大学専任講師，准教授，教授を経て，
現在，愛知教育大学教育学部教授

専攻：保育内容学，身体表現論，身体教育学

論文
幼児期における身体表現の特徴と援助の視点，舞踊学，25，2003
幼児の身体活動評価尺度の開発：子どもアクティビティ尺度,体育学研究,
50（5），2005
幼児の感性を具体化する試み：幼児期の感性尺度の開発を手がかりとし
て，保育学研究，47（2），2009（日本保育学会研究奨励賞）
幼児期における模倣機能の類型化の有効性：幼児の身体表現活動を焦点
とした検討，子ども社会研究，15，2009
模倣された子どもにもたらされる身体による模倣の機能と役割，保育学
研究，50（2），2012
「表現」における保育士の専門性を考える：保育士への意識調査をもとに
して，保育士養成研究，30，2013
幼児の「遊び込める」姿に含まれる要素の検討,こども環境学研究,12（2），
2016

保育における幼児間の身体による模倣

2016年11月15日　初版第1刷発行

著　者　鈴　木　裕　子

発行者　風　間　敬　子

発行所　株式会社　風　間　書　房

〒101-0051　東京都千代田区神田神保町1-34
電話 03（3291）5729　FAX 03（3291）5757
振替 00110-5-1853

印刷　藤原印刷　製本　井上製本所

© 2016　Yuko Suzuki　　　　　　　　NDC 分類：140
ISBN978-4-7599-2147-2　Printed in Japan

JCOPY 〈㈳出版者著作権管理機構　委託出版物〉

本書の無断複製は，著作権法上での例外を除き禁じられています。複製され
る場合はそのつど事前に㈳出版者著作権管理機構（電話 03-3513-6969,
FAX 03-3513-6979, e-mail:info@jcopy.or.jp）の許諾を得て下さい。